西南科技大学 2022 年度一般教育教学改革与研究项目（编号：22xn0073）

绵阳市 2023 年度市级社会科学研究规划项目（编号：MY2023YB006）

发展与转型

新时代高校德育工作创新研究

王静 鲁炜中 著

DEVELOPMENT AND TRANSFORMATION:
A CREATIVE RESEARCH ON MORAL EDUCATION IN UNIVERSITIES IN THE NEW ERA

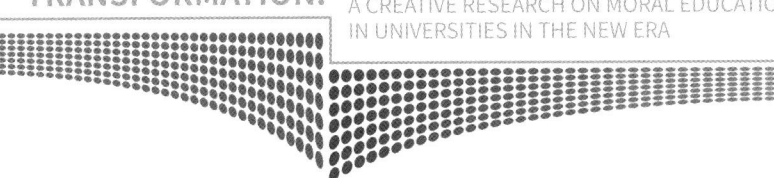

中国社会科学出版社

图书在版编目(CIP)数据

发展与转型：新时代高校德育工作创新研究／王静，鲁炜中著．—北京：中国社会科学出版社，2023.5
ISBN 978-7-5227-1739-5

Ⅰ.①发… Ⅱ.①王…②鲁… Ⅲ.①高等学校—德育工作—研究—中国 Ⅳ.①G641

中国国家版本馆 CIP 数据核字（2023）第 069928 号

出 版 人	赵剑英
责任编辑	耿晓明
责任校对	李　军
责任印制	李寡寡

出　　版	中国社会科学出版社
社　　址	北京鼓楼西大街甲 158 号
邮　　编	100720
网　　址	http://www.csspw.cn
发 行 部	010-84083685
门 市 部	010-84029450
经　　销	新华书店及其他书店

印　　刷	北京明恒达印务有限公司
装　　订	廊坊市广阳区广增装订厂
版　　次	2023 年 5 月第 1 版
印　　次	2023 年 5 月第 1 次印刷

开　　本	710×1000　1/16
印　　张	16.5
插　　页	2
字　　数	252 千字
定　　价	79.00 元

凡购买中国社会科学出版社图书，如有质量问题请与本社营销中心联系调换
电话：010-84083683
版权所有　侵权必究

序

  一切教育的最终目的是形成健全的人格和健康的心智，德育是一切教育的根本，重视德育是当代教育发展的必然趋势。《国家中长期教育改革和发展规划纲要（2010—2020年）》将"德育为先"作为三大战略主题之首。中国历史正进入一个新的时代，政治多极化、经济全球化、信息网络化的趋势影响着社会生活的每一个领域，作为高等教育一部分的高校德育也不例外，也正经历着一系列新的变化和挑战。始终铭记"创新是高校德育的生命，发展是高校德育的主题"，重视高校德育，紧扣新时代发展背景，创新德育工作体系，是目前高校德育发展的重大课题。

  德育创新既是德育实践的创新，又是德育理论的创新，德育创新的根本目的是培育时代要求的有创新能力的道德主体。德育创新不是对道德传统和德育传统的摒弃，也不是盲目地提出某种新目标和新要求，而是立基于现实，在分析总结历史经验的前提下，根据时代的发展趋势和现实要求，进行合理的理论构建和实践指导。德育创新是新时代提出的一个大课题，如何处理好继承与创新的关系是亟待解决的现实问题。

一　高校德育创新的紧迫性

  由于各方面因素的不均衡影响，我国高校德育总体的发展水平不高，实效性较差，没有取得预期的德育效果，一定程度上束缚了高校德育的长远发展。囿于客观的历史条件和社会环境，我国高校德育创新迫在眉睫。

中国社会的转型要求高校德育必须创新发展。中国特色社会主义进入新时代，改革开放不断深入，多元文化相互交织与激荡，经济体制深刻变革，网络新时代快速发展，都向高校德育提出了挑战。社会转型下高校德育的外部环境、社会条件、工作条件，以及学生的思想观念、道德选择、价值取向发生了深刻变化，德育创新面临更大的挑战。

教育的本质要求高校德育必须创新发展。"立德树人"是教育的本质要求，党的十八大把"立德树人"明确为教育的根本任务。"立德树人"是具有中国特色、符合中国实际的全面发展的人的教育，它强调"育人为本，德育为先"；强调素质教育，全面发展；强调"全员育人、全过程育人、全方位育人"。当前，一些高校一味重视专业发展，过分强调专业训练和职业导向，强调与市场经济接轨，忽视了对大学生的道德教育，这些现象从根本上抑制了高校德育的积极发展。

大学生自身的变化要求高校德育必须创新发展。当代大学生的主流思想是健康、积极、向上的，他们能够将自己融入社会发展潮流中，将自己的命运与国家的命运结合起来。但是，社会环境的变化会导致大学生思想的变化。大学生的思想存在着三对矛盾，即关注国家大事与在政治问题上有模糊认识之间的矛盾；接受新鲜事物能力强与辨别能力差之间的矛盾；主体意识、成长意识增强与制约其成长、发展的压力增大之间的矛盾。在大学生成长过程中，或多或少都会遇到这些矛盾，帮助大学生正确对待、克服这些矛盾，助力其健康发展，是高校现时代德育创新发展的新方向。

二　高校德育的创新价值

高校德育创新是提高高校德育实效性的需要。长期以来，高校在开展德育工作的过程中，积累了丰富的理论和实践经验，一定程度上对高校德育的发展起着积极作用。但是，随着新时代的到来，新形势的发展变化,传统的德育模式已不适用于高校德育的发展。想要改变这种不利情况,高校必须与时俱进,促进德育创新。对于高校德育工作者来说,应站在时代发展的高度,重新审视高校德育,加快德育创新的步伐,从根本上提高德育的实效性。

高校德育创新是新形势发展的客观需要。当今世界全球化趋势增强,政治、经济、文化多极化发展,和平与发展仍然是时代的主题,但单边主义、霸权主义盛行。高校必须始终保持清醒的头脑,认清时代发展的主要特点,发展具有中国特色的高校德育工作;借鉴国外先进德育思想的同时,时刻警惕危险思想的传播,掌握高校德育的主流思想阵地。在强调高校德育工作重要性的同时,注重德育创新,为新形势下的德育工作增添活力。

三 高校德育创新的现实支撑

党和国家历来都十分重视高校德育工作。2016年,习近平总书记在全国高校思想政治工作会议上强调"要坚持把立德树人作为中心环节,把思想政治工作贯穿教育教学全过程,实现全程育人、全方位育人,努力开创我国高等教育事业发展新局面"。同年12月,《中共教育部党组关于学习贯彻落实全国高校思想政治工作会议精神的通知》提出"各地各高校要充分认识加强和改进新形势下高校思想政治工作的艰巨性、复杂性,把这项工作作为长期战略任务来抓"。2017年,中共中央、国务院印发《关于加强和改进新形势下高校思想政治工作的意见》,强调要"推进高校思想政治工作改革创新"。2020年,教育部等八部门发布《关于加快构建高校思想政治工作体系的意见》,指明了高校思想政治工作体系的指导思想和目标任务以及理论武装体系、学科教学体系、日常教育等体系。每年,各级地方教委会组织高校思想政治理论课骨干教师研修,为高校德育工作的开展储备人才和力量。这些都明确了新时代高校德育工作的方针、原则,阐明了一系列实际问题,为开创新时代高校德育工作指明了方向。

高校德育必须且只能走创新发展之路，立足新时代发展背景，在各方支持下，科学吸取优良经验，创新高校德育工作。新时代的到来，必将为高校德育提供更广阔的发展空间，高校德育也一定会迎来更新更大的发展！

前　言

育人为本，德育为先。一直以来，党和国家把育人作为学校教育之本，把德育放在学校教育首位，大学生思想政治教育工作得到高度重视，取得显著成效。德育本身是动态的教育过程，随着时代的发展更新德育的模式、方法等。中国特色社会主义进入新时代，教育环境发生了深刻变化，德育的目标、内容及受教育者自身的要求等也随之发生变化。这是一个创新和发展的时代，与这个时代同脉搏、共发展的高校德育应始终以"创新"为主题。只有跟上了时代，德育才会有效果；只有适应了变化，德育才会抓住根本。基于此，本书专门针对新时代高校德育工作创新进行理论研究和实践探索。

在当前高校德育工作中，存在着"重知性德育，轻生活德育""重外在德育，轻内在德育""重显性德育，轻隐性德育""重普遍德育，轻个性德育"等问题，同时在德育对象思想领域的动态把握与引领、新时代高校德育工作内涵建设和外在表达、新时代高校德育工作评估体系构建、德育工作的横纵向深挖和拓宽外延表达形式及体制机制建设等方面面临着不小的挑战。新时代背景下，深化立德树人的导向与引领，立足德育转型、改革与发展实际，创新德育工作方式与理念，将有助于高校德育工作翻开崭新篇章、站上历史新台阶。

本书主要运用理论研究、实证研究、案例研究等方法，从逻辑到现实、从历史到当下、从理论到实践，以高校德育的新时代背景为切入点，对新时代高校德育工作的系统性、整体性和创新性发展进行综合研究。主要对高校德育工作进行了系统性梳理，把握其历史发展脉络，顺应新时代发展要求，深化德育工作内涵，拓宽德育工作外延。

  本书旨在完善新时代高校德育工作体系，确立高校德育共同体的内在逻辑、时代使命、伦理诉求和本质要求等基本理念，剖析新时代高校德育工作生态的内涵与价值、基本特征、结构与功能，优化新时代高校德育工作生态，构建新时代高校德育工作思路方法。根据新时代高校德育工作的改革、发展与转型需要，着力解决高校德育工作队伍现存问题，提出提升新时代高校德育工作队伍能力建设的路径和渠道，创新性地构建了新时代高校德育体系。研究建立了高校德育工作案例库，通过对国内高校德育工作典型案例分析，系统凝练出新时代高校德育工作的创新做法和典型经验，为高校德育工作在理论构建和实践模式创新发展奠定了基础。

  本书分为八部分。第一章，高校德育工作综论，主要回顾高校德育工作的发展历程，凝练总结德育工作的理念、价值、功能及其发展演变；第二章，新时代高校德育工作面临的新形势、新问题与新机遇，着重对新时代加强和改进高校德育工作的思路与方法进行理论前沿探索；第三章，新时代高校德育工作体系的构建与实践，主要研判在中华民族伟大复兴战略全局和世界百年未有之大变局的同步交织、相互激荡的新时代背景下，高校德育工作面临的新形势、新问题和新挑战；第四章，新时代高校德育工作生态的建设与优化，主要探究新时代高校德育工作生态的内涵与价值、结构与功能、基本特征及其建设与优化；第五章，新时代高校德育工作队伍的建设，主要剖析新时代高校德育工作队伍的主要功能和建设现状，并在此基础上提出德育工作创新能力提升的关键举措；第六章，新时代高校德育工作思路方法的转型与重构，主要探索构建德育工作的新思路、新方法、新渠道、新举措；第七章，新时代教育新认知——德育共同体，主要基于德育共同体理念，将高校德育工作的认知、理论和方法纳入相对统一的框架，进行整体性研究；第八章，新时代高校德育工作实践案例与启示，主要在分析研究国内示范高校开展的德育教育经典案例的基础上，为新时代高校德育工作提供参考、借鉴和宝贵启示。

整体而言，研究从新时代背景出发，结合高校德育工作的新要求和新机遇，系统梳理了高校德育工作存在的显性问题，同时深挖隐性挑战，从高校德育的历史脉络着手，对新时代高校德育进行了全面梳理；从高校德育工作体系构建、德育生态环境优化、德育工作队伍转型、德育工作思路方法创新等方面多角度、多维度对高校德育工作进行了系统性论述；聚焦构建德育共同体，较全面地开展了新时代高校德育工作的创新、转型与发展研究。

由于高校德育这方面的课题理论性和实践性强，又处于发展变化中，需要探索的层面比较深，加之作者水平有限，虽经多次修改完善，书中仍然不免疏漏和不足之处，还需要不断修正、完善和提高，望各位专家和广大读者批评指正。

作者

2022 年 3 月

目　　录

第一章　高校德育工作综论 …………………………………… (1)
　第一节　高校德育工作的发展历程 ………………………… (1)
　第二节　高校德育工作的理念、价值和功能 ……………… (8)
　第三节　高校德育工作的主要内容 ………………………… (31)
　第四节　高校德育工作发展现状 …………………………… (34)

第二章　新时代高校德育工作面临的新形势、新问题与
　　　　新机遇 ……………………………………………… (38)
　第一节　新时代高校德育工作面临的新形势 ……………… (39)
　第二节　新时代高校德育工作面临的新问题 ……………… (47)
　第三节　新时代高校德育工作面临的新机遇 ……………… (55)

第三章　新时代高校德育工作体系的构建与实践 …………… (65)
　第一节　新时代高校德育工作体系的理论构建 …………… (65)
　第二节　新时代高校德育工作体系的实践探索 …………… (77)
　第三节　新时代高校德育工作体系的创新构建 …………… (82)

第四章　新时代高校德育工作生态的建设与优化 …………… (89)
　第一节　新时代高校德育工作生态的内涵与价值 ………… (90)
　第二节　新时代高校德育工作生态结构与功能 …………… (94)
　第三节　新时代高校德育工作生态的基本特征 …………… (105)

第四节　新时代高校德育工作生态建设与优化 …………… (108)

第五章　新时代高校德育工作队伍的建设 ……………… (123)
第一节　新时代高校德育工作队伍的结构素质与
　　　　建设现状 ………………………………………… (123)
第二节　新时代高校德育工作队伍的能力提升 ………… (138)

第六章　新时代高校德育工作思路方法的转型与重构 …… (155)
第一节　新时代高校德育工作思路创新 ………………… (155)
第二节　新时代高校德育工作方法的创新与发展 ……… (167)

第七章　新时代教育新认知——德育共同体 ……………… (181)
第一节　德育共同体的基本理念 ………………………… (182)
第二节　基于德育共同体理念的高校德育体系 ………… (189)
第三节　高校德育共同体的时代使命 …………………… (203)
第四节　高校德育共同体的发展要求 …………………… (207)

第八章　新时代高校德育工作实践案例与启示 …………… (212)
案例一："互联网＋德育" …………………………………… (212)
案例二："新育人模式" ……………………………………… (226)

参考文献 ……………………………………………………… (240)

后　记 ………………………………………………………… (252)

第一章 高校德育工作综论

国无德不兴,人无德不立。德育教育作为思想政治教育的重要途径,一直受到党和国家的关心和支持。在新时代背景下,加强大学生德育教育对于提升大学生的世界观、人生观、价值观具有特别重要的意义。

育人的根本在于立德。所谓德育,即是指从思想、道德、政治等方面所开展的教育,通过德育教育能够保证个体培养的正确方向,更好地促进个体全面发展。高校德育工作是一项对人的灵魂进行塑造的工作,是帮助大学生形成良好道德品质的重要途径。德育工作涉及大学生的德、智、体、美、劳等各个方面,贯穿高校教育的始终,是高校教育教学工作的灵魂。本章着重对高校德育工作的基础理论和知识进行阐述,主要探究高校德育的发展历程、理念、价值和功能,以及德育的内容和现状等。

第一节 高校德育工作的发展历程

我国古时就已有把远大的道德教育目标与儿童日常生活实践紧密联系起来的教育思想,要求儿童时期养成"黎明即起,洒扫庭除,要内外整洁"的习惯,青少年时期养成"诚意、正心、修身、齐家"的品行,长大以后才能"治国、平天下"。荀子曰:"不闻不若闻之,闻之不若见之,见之不若知之,知之不若行之。学至于行之而止矣。"朱熹认为道德修养只有两件事,即"理会"和"践行",要使道德修养达到目标，功夫全在践行上。王阳明认为躬行出真知，"身亲履历而后知"。在西方，古希腊时期人们就提倡个体通过自己参与活动或实践获得道德上的成熟。

20世纪初，杜威肯定了活动在道德发展中的作用，认为使儿童认识社会的唯一方法就是使他去实践①。主导西方古代和现代伦理思想史的"规范伦理学"是"实践伦理学"之一，它可以发现道德与现实生活、个人需求、兴趣和幸福之间的关系。马克思主义伦理学将人类感知的实践或活动引入人类知识和道德领域，科学确定了人类道德的发生和发展过程中实践的地位，并将道德理解为一种真正的人类活动。

总之，道德本质上是实践的，在一定意义上就是现实的人的活动。人的行为是衡量道德的最终指标，也是衡量道德教育的最终指标。在德育工作中，党和国家非常重视德育的实践环节。新中国成立后，高校德育实践大致经历了四个阶段。

一 新中国成立后高校德育实践的开端（1949—1956）

1950年7月，第一届全国高等教育会议通过了《高等学校暂行规程》，明确了校园思想政治教育和大学教育的目标。即高校要加强对马克思主义理论的教育和教学，重视对学生的理想教育、生活观、爱国主义和国际主义教育，这也被视为中国高校道德教育的开端。在该阶段，高校德育实践的内容是相当广泛的，其中最关键、最根本的内容是马克思主义理论教育，它是高校德育的灵魂。

在开展马克思主义理论教育的同时，党和国家把"五爱"作为国民公德，在高校大学生中开展了"五爱"教育，并把这一教育内容贯彻到大学教育的全过程，成为对大学生进行德育的核心内容。因此，在新中国成立初期，高校德育工作以新民主主义革命的剩余任务和社

---

① ［美］约翰·杜威：《我的教育信条》，彭正梅译，上海人民出版社2017年版，第56页。

会主义制度的选择为核心。这两项核心任务使从旧中国走过来的教师和学生能够更清楚地认知中国革命的历史,加深对当前和未来中国发展前景的认识。当时的高校道德教育集中在革命政治、反帝、反封建、爱国主义、新民主主义和基本民族道德的核心内容上,通常采用宣传、会议、报告会议以等形式开展德育。

二 社会主义建设初期的高校德育实践(1956—1966)

德育,在新中国教育史上正式以概念的形式进行表述是1957年2月,见诸毛泽东所著《关于正确处理人民内部矛盾的问题》。毛泽东指出:"不论是知识分子,还是青年学生,都应该努力学习。除了学习专业之外,在思想上要有所进步,政治上也要有所进步,这就需要学习马克思主义,学习时事政治。没有正确的政治观点,就等于没有灵魂。"① 我们用现时的眼光和对德育的广义理解来观察分析问题,实际上,采取学校教育形式用马克思主义武装知识分子的主张和实践从党的初创时期、土地革命时期就已经相继出现。那时通常使用的是"政治教育""阶级教育""思想教育""政治方向""政治立场"等概念。②

根据党的"调整、巩固、充实、提高"的方针,1961年9月教育部试行的《教育部直属高等学校暂行工作条例(草案)》(简称《高教六十条》),明确了高等学校的基本任务是"贯彻执行教育为无产阶级政治服务,教育同生产劳动相结合的方针,培养为社会主义建设所需要的各种专门人才"。高等学校培养目标是五个"具有"和一个"愿为",即具有爱国主义和国际主义精神;具有共产主义道德品质;具有辩证唯物主义的观点、劳动观点和阶级观点、群众观点;具有掌握本专业所需要的基础理论、专业知识和实际技能;具有健康的体魄;拥护共产党的领导,拥护社会主义,愿为社会主义事业服务、

---

① 毛泽东:《关于正确处理人民内部矛盾的问题》,人民出版社1957年版,第22—23页。
② 阎春娟:《高等学校德育的历史回顾与反思》,《北方论丛》2001年第5期。

为人民服务。还规定了高等学校思想政治教育的基本原则、内容、体制,明确了高等学校思想政治工作必须与教学、科研等业务工作紧密结合。实际上从理论与实践结合上界定了高等学校的德育地位,比较平稳地摆正了诸育的关系,出现了诸育协调发展的势头。

社会主义建设初期,在全国第一个社会主义意识形态形成的背景下,我国逐步开展了高校德育教育,总体上为学生创造了良好的心理观,其中最具典型性的是1963年开展的"向雷锋同志学习"教育活动。与此同时,受多方面的影响,不健康的思想意识开始在校园蔓延,大学生道德教育受到消极抵触。在内容上,对学生进行阶级斗争教育、反修防修教育,忽视了系统的马克思主义教育,思想政治理论、人生观、道德观、民主法制观发生重大偏移;在形式上,主要采取所谓"实用主义"的方法,以阶级斗争为纲,以参加社会的实际斗争和体力劳动为主要形式和评价标准。因此,虽然这一时期高校德育实践的内容和形式初步确立并逐渐丰富,但是这种实践总体上是单一的、是不完全科学的、偏离方向的、缺乏正确指导的德育实践,给高校的德育造成了负面影响。

三 改革开放后现代化建设新阶段高校德育实践的恢复与发展(1978—2012)

1978年12月18日到22日,在北京召开了党的十一届三中全会,邓小平同志提出了"对内改革,对外开放"的政策,从此开始了具有中国特色社会主义的改革开放道路。随着改革开放的发展,各种西方思想流派、理论观点和社会思想迅速进入中国。它开阔了人们的眼界,丰富了人们的科学认知,同时在一定程度上影响甚至改变了部分大学生的人生目标和价值观,使其出现了偏差。对个人的道德教育、理论指导和对心理的指导,很难达到预期的效果,必须借助系统、完整的教育,才能改变当时的局面。

1982年10月,教育部出台《关于在高等学校逐步开设共产主义思想品德课程的通知》,对开设思想品德课程提出具体要求;1985年

8月，中共中央出台《中共中央关于改革学校思想品德和政治理论课程教学的通知》，进一步完善了课程体系建设，包括"中国革命史""马克思主义基本理论""中国特色社会主义建设和改革理论"和"当代世界政治经济"四门课程；1986年，开设了"法律基础"课程；1987年，启动了"形势与政策"课程，并将其作为必修课程列入大学生教学计划。

在着力进行课程开发与教学改革的同时，高校德育的实用性和参与性也得到改善。1982年2月27日，教育部出台《高等学校学生守则（试行草案）》，旨在全面贯彻党的教育方针，加强高等学校学生思想政治教育工作，引导学生坚持坚定正确的政治方向，树立良好的道德品质。自此，全国各高校轰轰烈烈地组织开展了"五讲四美三热爱"等丰富多样的思想政治教育活动。这一阶段，高校道德教育实践创建了最初的课程体系，采用更加科学的课程方法，推动了教学改革，实践形式变得更加多样化，但与国家的实际需求相较，仍然有相当大的距离。

20世纪90年代以来，高校的思想政治理论课程和德育实践已进入改革与发展的新阶段。

第一，对德育目标、德育功能与德育价值、德育地位、德育内容和课程、德育方式和方法以及德育体制进行变革。这一时期逐步探索并建立了高校思想政治课程体系。

1994年8月《中共中央关于进一步加强和改进学校德育工作的若干意见》提出了"必须站在历史的高度，以战略的眼光来认识新时期学校德育工作的重要性"，"德育工作是一项社会性系统工程"，为了解决"五个如何"适应的问题要整体规划学校德育体系，并对德育系统中的诸要素及其相互关系提出了原则性意见。因此，学校德育体系进入整体规划的新阶段。

第二，1998年6月，中宣部和教育部联合发出通知，规定高校思想政治课应包括"马克思主义哲学原理""马克思主义政治经济学原理""毛泽东思想概论""邓小平理论""思想道德修养""法律基础""形势与政策""当代世界经济与政治",这也被称为"98"课程方案。2005年2月,中宣部与教育部联合发布《中共中央宣传部、教育部关于进一步加强和改进高等学校思想政治理论课的意见》,对高校思想政治理论课进行了新的调整。

第三,要求德育发挥个体教育价值,培养具有创新能力、超越能力的道德主体,注重"个性化",强调个性教育和责任教育。"道德教育要以完善人的生活、促进人的道德发展为目的,以对话、关怀为基本方式,注重培养学生的道德批判、道德选择能力,使学生在道德实践中丰富认识与体验并感悟道德生活的魅力。"① 2004年,中共中央国务院出台《关于进一步加强和改进大学生思想政治教育的意见》。该意见强调指出:"大学生是十分宝贵的人才资源,是民族的希望,是祖国的未来。""加强和改进大学生思想政治教育,提高他们的思想政治素质,把他们培养成中国特色社会主义事业的建设者和接班人,对于全面实施科教兴国和人才强国战略,确保我国在激烈的国际竞争中始终立于不败之地,确保实现全面建设小康社会、加快推进社会主义现代化的宏伟目标,确保中国特色社会主义事业兴旺发达、后继有人,具有重大而深远的战略意义。"②

四 党的十八大以来高校德育实践改革与发展(2012—)

党的十八大以来,习近平总书记站在社会主义事业后继有人和国家长治久安的战略高度对教育工作作出了一系列重要论述,反复强调"高校立身之本在于立德树人""要把立德树人的成效作为检验学校一切工作的根本标准""要坚持把立德树人作为中心环节,把思想政治工作贯穿教育教学全过程,实现全程育人、全方位育人""要把立德树人内化到大学建设和管理各领域、各方面、各环节,做到以树人

---

① 戚万学、唐汉卫:《以人为本的道德和以学生为本的道德教育》,《中国教育学刊》2003年第1期。

② 中共中央国务院:《关于进一步加强和改进大学生思想政治教育的意见》,中发〔2004〕16号,2004年10月15日。

为核心,以立德为根本"。党的十八大把立德树人作为教育的根本任务确立下来,再次强调要落实立德树人根本任务,并指出要"培养担当民族复兴大任的时代新人""培养德智体美全面发展的社会主义建设者和接班人"。

党的十九大报告提出"落实立德树人根本任务",要把立德树人融入思想道德教育、文化知识教育、社会实践教育各环节,贯穿基础教育、职业教育、高等教育各领域。党的十九届六中全会进一步强调"必须抓好后继有人这个根本大计",这是深刻总结我们党百年奋斗经验得出的规律性认识,是党中央站在历史和全局高度提出的重大战略任务。

2017年,中共中央国务院印发《关于加强和改进新形势下高校思想政治工作的意见》,指出:"高校肩负着人才培养、科学研究、社会服务、文化传承创新、国际交流合作的重要使命。加强和改进高校思想政治工作,事关办什么样的大学、怎样办大学的根本问题,事关党对高校的领导,事关中国特色社会主义事业后继有人,是一项重大的政治任务和战略工程。"[①]这一时期的高校道德教育实践在内容和形式上不断发展和完善,并不断进行改革和创新,已成为一种多元化、科学有序的高校道德教育实践。

党的二十大报告提出"我们要办好人民满意的教育,全面贯彻党的教育方针,落实立德树人根本任务,培养德智体美劳全面发展的社会主义建设者和接班人,加快建设高质量教育体系,发展素质教育,促进教育公平。"

综上,党的十八大以来,党和国家在高校德育教材体系、教学体系、教师队伍、学科支撑体系建设的创新发展上下功夫,切实推动了高校德育建设的高质量发展。十年间,我们在高校德育建设实践中积累了弥足珍贵的经验,必须倍加珍惜、长期坚持,并在新时代实践中

---

① 中共中央国务院:《关于加强和改进新形势下高校思想政治工作的意见》,中发〔2016〕31号,2017年2月27日。

不断丰富发展。一要坚持党对思政课建设的全面领导，全面贯彻党的教育方针，形成全党全社会协同办好思政课的大格局。二要坚持用习近平新时代中国特色社会主义思想铸魂育人，及时有效地把当代中国马克思主义、21世纪马克思主义的理论创新成果融入高校德育之中，确保思政课教学内容紧跟时代步伐、反映时代呼声，帮助学生筑牢世界观、人生观、价值观基础，增强做中国人的志气、骨气、底气，坚定不移地听党话、跟党走。三要坚持"八个统一"，深化对新时代思政课建设改革创新的规律性认识，善用"大思政课"，推进德育课程与思政课同向同行、同频共振，形成全员全程全方位育人的大格局。四要坚持教材体系、教学体系、教师队伍、学科支撑体系建设的协同推进，共同服务于新时代思政课教学的高质量发展。

第二节 高校德育工作的理念、价值和功能

一 高校德育工作的理念

随着改革开放和社会主义现代化建设的逐步深入，社会生活的日益网络化和信息化及高等教育体制改革的不断深化，大学生在思想观念、价值观念、思维方式和行为模式等方面发生了深刻而复杂的变化。

树立德育为首的教育观念，是加强高校德育工作的前提；建立行之有效的德育工作运行机制，是加强高校德育工作的关键；确立完整的德育内容体系，是加强高校德育工作的基础；树立"以人为本"的德育新理念，是加强高校德育工作的核心[①]。在新时代背景下，高校德育的本质被定义为一种新的复合体，它保持了适应性、超越性和连贯性，并成为关系性、发展性和实践性的有机统一体。

（一）高校德育的本质

高校德育的本质是高校德育理论的核心，它主要回答高校德育是

---

① 慕惠君：《新时期加强高校德育工作的思考》，《巢湖学院学报》2005年第4期。

什么的问题。只有明确高校德育是什么，才能科学制定高校德育的目标和内容，才能合理地制定有效的高校德育方法和途径。因此，不断探索高校德育本质对高校德育工作的长远发展起着至关重要的作用。

高校德育的本质揭示了高校德育要素之间的内在联系，决定了高校德育与其他教育之间的根本区别。改革开放40多年以来，学者们在探讨德育的本质问题方面存在着一定的争议，主要持有两种观点。从广义上讲，所谓的"大德育"与智力、身体、审美、工作教育等有关，主要包括道德教育、意识形态教育和政治教育等内容。一般而言，法律教育应服从政治教育，而性教育和心理教育服从于道德教育。《辞海》对德育的一般内容做出了类似的解释，即包括政治教育（即政治取向和态度教育）、思想教育（即观点和方法论教育）和道德教育（即人类行为和道德准则教育）。严格地说，道德教育不仅仅是指道德品行方面的教育，还包括在道德科学、道德情感、道德意志和道德行为等领域的教育。从外延来看，道德教育还包括学校道德教育、家庭道德教育和社会道德教育。

高校德育作为学校德育的一部分，是指以大学生为中心的学校德育。高校道德教育的主要内容包括政治教育、道德教育、思想教育和学生的心理素质教育。与其他德育相比，高校德育工作有其独特之处。《中国普通高校德育大纲（试行）》明确规定："高等学校德育，要继承和发扬中华民族优秀的德育思想和党的思想政治工作的优良传统，学习和借鉴国外有益经验和成果；要适应新的历史，不断改革内容与方法，不断创造新经验。"[①] 因此，对高校德育的深入探索，不仅是我国高校德育实践的现实需要，也是构建德育理论的必然要求。

高校德育在社会层面上具有历史和阶级特征，也具有深厚的民族特色。新中国成立之初，我国高校德育主要受中华民族传统文化和当时特殊国情的影响，高校道德教育的立场主要着眼于社会和集体基础，公民对高校德育的理解通常局限于道德教育。就社会价值而言，

---

① 全国教育委员会：《中国普通高校德育大纲（试行）》，1995年版。

高校德育的主要目的是满足社会发展的需要，主要基于政治意识的理解，强调道德和行为素养。因此，道德目标成为思想政治教育的焦点。

改革开放后，高校德育目标"新社会主义者"和"好公民"的制定始终是基于社会的需要，而不考虑个人发展的需要。高校德育经常采用内容灌输的方法，很少考虑学生的接受程度，理论和现实的矛盾与冲突容易导致学生产生叛逆心理。在进行道德教育过程中，通常没有实际的中介机构，这使得在高校接受和开展德育教育都变得困难。在追求高校德育目标时，往往采取统一的教育模式教授所有学生。而且目标体系没有层次，只着眼于创造社会平等，忽略了教育差异。高校德育实践过程中面临的这些实际问题对开展高校德育本质的深入研究提出了迫切要求，高校德育的目标、内容和方法等亟待改善和创新。只有满足当今社会的变革需要，高校德育才能为经济发展服务，为整个社会发展提供动力，促进社会各项事业的全面协调发展。

探索高校德育的本质还需要建立和借鉴道德保护理论。从德育发展的历史来看，德育实践始于学校。德育实践领域、发展历程和影响程度已远远超过了德育的理论研究成果。高校推行德育教育后，受传统道德教育实践的影响，其主要内容涵盖了理性道德教育、政治道德教育、科学道德教育等。高校德育实践要求优先于大学德育专业理论的发展，要发展高校德育实践，就需要对高校德育理论进行更加深入的研究。随着全球化时代的到来，国际社会中的问题正在迅速增长，跨领域教育交流的趋势变得越来越清晰。近年来，知识的价值取向占据了主导地位，伦理学领域的问题也变得越来越普遍。教育可用于培养政府意识形态并提供标准化的道德观念，从而在一定程度上减少由于快速变化而导致的生存和实际问题。因此，各国的教育理论加强了对德育的研究，主观主义、道德相对主义、非道德主义等各种理论令人眼花缭乱。同时，国际德育界已经发展了多种德育方法，如价值推理、价值分析和教育咨询法，这些方法都对探寻德育本质起着至关重要的作用。

(二) 中外高校德育本质思想的历史考察

"传统并不是一尊不动的石像,而是生命洋溢的,有如一道洪流,离开它的源头愈远,它就膨胀得愈大。"① 高校德育的发展与自身的历史传统密不可分,因此,对中外高校德育本质的历史考察成为探索高校学习德育本质的主要途径。

1. 中国近现代高校德育本质思想

1840年鸦片战争后,中国逐渐沦为半殖民地半封建社会。中华民族面临着两个重大的历史任务:一是推翻帝国主义和封建主义的压迫,追求民族独立与自由;二是实现国家的繁荣和人民的福祉。在这种情况下,一些具有先进思想的知识分子开始致力于社会的道德教育。康有为将中国的政治改革、救国和复兴视为建设德育的重要途径。他认为教育是国家繁荣的基石,也是社会良善与美德的决定性因素,应当利用教育的力量来培养人才。道德教育的主要目的是提高学生的主观意识,展现个人尊严,掌握社会文化和治理。梁启超从拯救国家、鼓励学校发展以培养人才的角度讨论了道德教育的必要性,建议学校"强调道德教育"的宗旨是"激发正直,发扬热情,使学生学习这些原则,在遇到困难的时候可以更好地拯救社会"②。他提出了"新民"的教育宗旨,认为"新民"包括民智、民力、民德三个方面,其教育的目的是要培育有权利、义务、自由和平等观念的资产阶级公民。可见,以康有为和梁启超为代表的中国资产阶级思想家的德育思想是基于政治上的考量,其目的是维护社会秩序。

囿于时代和阶级的双重限制,尽管近代中国社会已经积累了许多德育的经验和思想,但其对德育性质的思考仍未最终定型。在新中国成立初期,受苏联德育经验和解放区思想政治工作经验的影响,高校德育工作成为思想政治教育的核心。1958年,具有一定政治意义的"教育革命"把具有特定政治意义的"红"定为高校德育的唯一内

---

① [德] 黑格尔:《哲学史讲演录》,贺麟、王太庆译,商务印书馆2017年版,第8页。
② 智倩玉:《梁启超〈新民说〉研读综述》,《北方文学》2019第18期。

容，大学和教育道德彰显出强烈的思想色彩。1964 年以后，大多数高校积极组织发展了一批"革命后继者"。这一时期，高校德育成为对学生进行思想政治教育的工具。

1980 年，教育部、共青团中央《关于加强高等学校学生思想政治工作的意见》指出："学校的思想政治工作必须紧密结合为'四化'培养人才这个中心来进行。"1982 年，中国共产党第十二次全国代表大会提出"社会主义还必须有一个特征，就是以共产主义思想为核心的社会主义精神文明"。

进入 20 世纪 90 年代后，高校德育开始进入调整与反思阶段。随着全球化和社会主义市场经济体制的逐步形成，高校德育工作出现了许多新问题。最具代表性的是学生的总体道德水平下降。因此，维护和提高学生的基本道德素质成为高校最重要的德育任务。从那时起，由于提供了优质的教育和教育实践，高校的德育工作取得了较大的成功，其内容越来越丰富和完整。

2004 年，国务院印发《关于进一步加强和改进大学生思想政治教育的意见》，提出："以大学生全面发展为目标，深入进行素质教育。加强民主法制教育，增强遵纪守法观念。加强人文素质和科学精神教育，加强集体主义和团结合作精神教育，促进大学生思想道德素质、科学文化素质和健康素质协调发展，引导大学生勤于学习、善于创造、甘于奉献，成为有理想、有道德、有文化、有纪律的社会主义新人。"

2. 西方近现代高校德育本质思想

资产阶级革命后，西方国家集体有意识地维护资本主义制度，强调要培养青年对资本主义制度的认同感。但是，由于不同的传统和各国的现状，其实现形式有所不同。西方德育教育主要是通过宗教活动来实现的，实现控制思想、稳定社会秩序的目的。法国道德教育的目标是在士兵和学生中"培养共和主义精神"，并传播"自由资本主义的政治道德"。美国的情况又有所不同，随着社会的不断变化，新移民不断涌入，移民的同化已成为其社会发展的主要问题。因此，美国提出了"新自由"口号,开展了"品格教育"和"公民教育"等一系列道德教育活动。

第二次世界大战结束后,资本主义制度逐渐巩固。尽管西方国家仍将资本主义政治制度作为德育的前提,但大多数国家普遍对学校的德育工作进行了改变。特别是随着"政治社会化理论"的逐渐形成,家庭普遍将德育视为一种"隐性课程",将德育的基本要求渗透到社会、地理、历史和其他课程中,以避免传统资本主义政治伦理引发的青年叛逆心理问题。例如,美国教育家尼古拉斯·马斯特斯指出:"教育等社会问题在特定的政治制度中是不允许随意游荡的。有权力和影响力的个人和团体将竭尽所能地根据这一制度来塑造制度。"[①] 这个时代的道德教育的实质是融入法学教育、爱国主义教育和对合格公民的教育中。

1987年,时任美国总统里根强调大学应以爱国主义、奉献精神、自我修养、道德修养和纪律为主要内容,培养民族精神。学生必须遵守法律法规,了解法律责任和义务,要自觉维护国家尊严,高校必须集中精力教育学生从理论上理解和接受美国法律的合理性和权威性。

(三) 高校德育本质的马克思主义理论依据

马克思主义理论是高校德育工作的基本指导理论。关于人的全面发展的理论、个人与社会协调发展的理论以及社会生活的实践本质理论,是在新的历史条件下确立高校德育本质的重要理论依据。

1. 人的全面发展理论

任何人的职责、使命、任务都是全面地发展自己的一切能力。首先,个人需要的全面实现是衡量人的全面发展的重要标志。人的需要具有多样性、多层次性和发展性。基于充足的物质资源和精神资源,人的需要不断得到满足与人的全面发展得到实现完美结合起来,继而获得了更加自由的生活境界。其次,人的社会关系的全面丰富是实现

---

① 周光迅、张卫东:《美国高校德育的多维度透视》,《学校党建与思想教育》1996年第2期。

人的全面发展的根本前提。只有在丰富的社会关系中，人才能够由片面转向全面，逐渐摆脱已有的局限，认识不足，纠正差距，真正实现人的全面发展。再次，人的能力和素质的全面发展是实现人的全面发展的重要内容。人的才能的全面发展，包括了人的体力、智力、自然力和社会力等最大限度的发挥。只有实现人的能力和素质的全面发展，人才能够为社会创造更多的物质财富和精神财富，才能够更有力地推动社会的进步与发展，并在此过程中实现人的全面发展。最后，人的个性的全面发展是实现人的全面发展的最高要求。只有使人的独特性格、独特形象得到充分的发展，才能真正实现人的全面发展。高校在开展德育工作时，应充分考虑学生的全面发展需求，始终以学生为主体，不断完善德育工作机制，促进德育工作又快又好发展。

2. 个人与社会协调发展的理论

个人发展和社会发展总体上是对应的，个人发展促进社会发展，社会发展为个人发展提供了条件，并决定了个人发展。人民既是历史的产物，又是历史的主体。这种思想深刻地体现了个人发展与社会发展之间的内在对应关系。人的本质实际上是所有社会关系的总和，社会不过是这些个人之间的联系和关系的总和。

高校德育的实质是帮助学生建立正确的价值观，并指导其正确看待个人利益和公共利益。在不同时期，追求利益的方式和手段可能会发生变化。因此，必须正确开展高校德育工作，教育学生了解自己的实际价值。高校德育工作必须引导学生协调好自身利益与公共利益之间的关系，尤其是要调整好实际与期望之间的不平衡。这是高校德育工作无法回避的问题，同时也是高校通过德育使大学生能够正确认知社会客观发展的过程。

人的发展与社会发展的辩证统一原则要求高校加强德育的作用，将学生的个人发展与社会的整体发展结合起来。一方面，高校德育要能够有意识地选择和引导个人发展，并加快其个人社会化的进程，从而创造出满足社会发展需求的个人。另一方面，作为大学生个体发展进入社会发展的桥梁，高校德育必须在当时的社会和历史条件下，尊重和发展学生个性，帮助学生建立独立思考和独立学习的环境，营造有利于崇尚科学创新和社会正义的氛围，激发学生全面发展的潜力和天赋，使学生具有创造力和个性。总之，要有效发挥德育在高校中的重要作用，促进个人发展和社会发展的协调统一。

3. 社会生活的实践本质理论

人们的实践活动具有客观性、历史性和主动性。实践是物质活动，社会在此活动中积极地改变着客观世界以满足某些需求。从要素、过程和结果等因素来看，实践具有客观性，实践活动的开展和取得的效果必然会受到客观条件的限制和影响。而主动性的实践则体现在有目的、有意识的人的活动中。在此过程中，实践主动性的发挥有助于使原本在客观世界中无法获得的东西成为现实，这与当时的社会情况和社会关系密不可分。

实践主题和实践方法的广度和水平，以及实践的范围、规模都受历史情况的限制，是历史的产物。实践是一种社会活动，而不是孤立的个人活动。实践构成了人特殊的存在方式，人通过实践使自己成为一种自我创造的主体性存在。

生活在本质上是实践的，必须从实践的角度理解社会。基本的社会关系包括三重关系，即人与自然、人与人，以及人与意识的关系。该实践涵盖所有社会关系，是社会关系和社会发展力量的源泉。人是历史的"编剧"，社会发展无非是人类在时空中进行活动的过程。社会变革的实践鼓励社会历史的变革和进步，倡导从事实践活动，并将社会生活的所有内容作为一种社会实践活动不断地在人类生活中得以体现。实践活动是人类社会的基础，所有社会现象都可以在实践中找到自身的影子。

（四）当代中国高校德育理念的现实选择

当代中国高校德育强调适应与超越相辅相成，个人发展与成长和谐一致，主张教育者与教育必须平衡，高校必须成为教育者发展学生现实社会活动的场所。在开展教育的过程中，必须遵循大学德育发展的客观规律，以实现大学德育发展的根本目标。

1. 发展——适应与超越的统一

德育作为一种社会实践活动和有计划地培养大学生道德水平的教学活动，主要呈现"适应"与"超越"两种追求，两者的协调统一是大学德育发展的核心。首先，大学德育的价值取向可以帮助大学生在意识形态和道德标准方面更好地适应社会规范；其次，当个体适应现实世界时，他们具有选择性和过滤性，却都表现出否定性和超越性的一面。因此，道德教育必须根据超出某个现实的道德理想进行教育和训练，并鼓励大学生寻求理想的精神状态和行为，以实现对现实的否定。现实生活中，高校德育的适应性限制了高校德育的超越性，使得高校德育的超越与发展脱节。高校德育适应性对超越性的制约，是要给道德理想赋予现实意义，以此实现对现实的超越，并不是要以现实的规定性来束缚和限制人。

高校德育应使学生对社会和个人的社会责任达成共识，并使其具备良好的世界观、人生观、价值观。高校不仅要培养学生的高尚品格，还要培养其政治素养。传统的德育并不能满足这些要求，这就要求我们要超越已有的道德体系，系统推进德育发展。要改变观念，将高校德育的发展置于突出位置。这样的德育是对本质的适应，结合了适应和超越的发展精髓。因此，高校德育实践应侧重于学生的精神激励，而不应简单地倡导思想道德规范。适当的精神激励可以使大学生在追求精神需求的实践中建立新的关系，使学生的道德水平进一步得到提高。具体而言，它包括根据超越现实的某种道德理想来塑造和训练学生，并鼓励其追求理想的精神状态和行为。这种超越体现在个人道德发展水平已经从目前的低水平跃升到了高水平，也体现在高校德育目的中，主要是加强德育的主体和客体之间的联系。

从发展本质看，高校德育不仅仅是一种理想目标的活动，还是对人的主体性的弘扬，通过启发和唤醒学生的道德自觉和道德良心，有助于学生树立道德理想，领悟人生真谛。在现代高校德育过程中，我们反对无视德育赖以生存的现实基础，脱离实际的理想主义，也反对在德育的导向过程中过于工具化和功利化的倾向。只有认识到高校德育在价值追求上超出特定的现实需要的深远意义,才能充分体现高校德育的发展本质。

2. 关系——双主体间的平衡

高校德育的根本目标是培养满足社会发展需要,且面向未来和具有超越性的个体。要实现这一目标,主要取决于对德育过程中主体与客体之间关系的正确理解。从这个意义上说,争论的焦点已经从传统的道德和主观二元论转向了教育者和受教育者的双重主体身份,并更多地认识和发展了教育者主体性意识。在教育者与受教育者两个方向相互作用的基础上,重视双主体之间的平衡,充分发挥教育者与受教育者的积极性、主动性和创造力。

随着数字化时代的发展,教育者的知识优势受到挑战,个人权威被削弱。在传统的高校德育模式中,教育者是绝对的主人,在教育教学和社会经验方面具有优势,是科学和人格权威的代表。他们把受教育者作为绝对的对象,因此忽略了受教育者对多元化和个性化发展的需要,导致学生原有的道德认知和判断能力与道德实践能力之间出现失衡。现代信息社会使学生有大量机会获得教师尚未掌握的信息和知识,开放的社会还提供各种价值选择、不同层次的道德需求和不同的生活方式。因此,高校德育只有重现教育者与受教育者之间的关系,从根本上强调这种关系的核心,才能实现高校德育的既定目标。

在高校德育过程中,以"人"为主体,塑造其教育观念,倡导自由、尊严以及积极进取精神,形成独立自主的人格。主观性原则关注个人的真实需求,这就要求建立平等、谅解和对话的基础。教师用个人专业技能指导学生的能力发展,师生共同开展高校德育工作,激发德育活力,提高德育实效。

3. 实践——社会与个体的和谐

高校德育实践的实质是谋求个体与社会的和谐发展。实践是人类生存发展的前提基础,使用实践思维来确定高校道德教育的本质在于要求学生进行个体实践活动,将高校道德教育视为超越性过程,学生可以通过实践活动在生活中不断进行自我教育,不断完善自我。在生活、社会和教育等环境的实践中，学生应以"对科学的理解"为基础，以"情感体验"为主要方式，加深对人与道德之间关系真相的理解。

个体发展和社会发展是个性和共性之间的关系，两者密切相关且呈辩证关系。"人的本质不是单个人所固有的抽象物，在其现实性上，它是一切社会关系的总和。"①"人的本质只是包含在团体之中，包含在人与人的统一之中"②。这里的"团体"描述了个体与社会之间的内在联系。传统的集体主义导致年轻学生缺乏个性和创造力、心理失衡，并对德育产生抵触。这是因为过去高校德育只强调社会标准和社会规范，而忽略或忽视了个体的内在需求。随着社会的进步，以个体为根本出发点和主要目标的价值愿望已成为社会进步的重要标志。高校德育应强调个人价值的实现，不能像过去那样单纯强调社会发展，以此实现社会和个体发展的协调统一。高校德育不仅要适应社会发展，而且要根据学生的主观需要，了解个体发展和社会发展，真正实现两者的有机结合。

高校德育的实践本质是使学生通过社会互动活动创造和谐且具有凝聚力的个体和社会发展环境，并将此转化为社会自身的需求。高校德育不仅是理解科学的核心，而且是实践经验的综合和升华。为了获得良好的德育效果，学生的道德知识必须与道德经验相结合，且道德标准必须在学生内部得到认可。只有这样，才能将道德教育的要求转化为学生有效的道德行为。同时，还应深入开展与德育有关的实践活动，设计学生热衷参与的活动形式，使学生积极参与德育实践活动。让学生学会在沟通中进行交流，并在承担责任的过程中树立责任感，使大学生反思自我，并积极投入和客观评价德育活动，形成自我教育的机制。此外，必须从学生的实际情况出发，满足他们的实际需求，尊重人格发展，满足社会发展的需要，引导大学生照顾社会生活，积

---

① 《马克思恩格斯文集》第1卷，人民出版社2009年版，第501页。
② 孙进：《浅析费尔巴哈人本主义思想》，《法制博览》2019年第9期。

极参与社会实践，促进社会发展。

二 高校德育工作的价值

高校德育价值理论是高校德育理论的重要组成部分，是确定德育目标、选择德育内容、设计德育结构、确定德育方法的重要前提和依据。在新的历史条件下，重新审视高校德育价值的意蕴，深入剖析德育价值取向，探讨德育价值创造与德育价值实现的路径，对丰富高校德育理论，实现高校德育的价值追求，具有极为重要的理论意义和实践意义。

（一）高校德育价值概述

1. 高校德育价值的内涵特征

价值是一个具有广泛意义的范畴，任何时代的人们，在认识和改造世界时都会根据自己的需要进行价值追求与价值选择。

德育价值问题是德育的基本问题。德育价值的内涵既包括德育价值的概念、本质与意义，也包括德育价值在德育中的地位与作用。德育的价值主体是在德育价值关系中对德育有需要的主体，德育价值主体对"德"的需要产生了对德育的需要，但德育价值主体对"德"的需要仅仅是实现德育价值的重要前提之一。德育价值的实现还有赖于德育价值客体满足德育价值主体需要的功用属性，以及德育客体与德育主体的现实关系。德育实践活动不仅要依据社会的发展对个人的"德"提出要求，还要根据品德形成与发展规律，提高德育对象的道德境界、人格品质，满足德育对象的道德需求。德育正是以这种活动来实现和满足价值主体对培养人的需要，德育价值客体也正是以这种活动来表示自己的特殊属性和实现自身功能的。德育客体的功能属性与德育主体的需要以及二者之间关系的"契合"构成了德育价值内涵概念的中心链条，作用于德育价值意义的实现。因此，高校德育价值应当是德育主体需要与德育客体功能属性的辩证统一，德育客体满足德育主体需要的程度即是德育价值得以实现的程度。德育主体道德品性的形成与完善、价值观的培养、思想道德行为及价值取向与社会的道德要求、价值规范、道德行为原则的较高的符合度则是高校德育价值的现实表现。高校德育的实际功效，包括大学生良好道德素质的养成、社会良好秩序的构建、社会良善氛围的引导等，这也是高校德育的价值追求。

高校德育价值作为价值主体与价值客体之间的一种属性，具有显著特征。结合有关学者的研究，这里将高校德育的价值总结为以下三个特征。第一，客观性与多样性。高校德育价值的客观性，是指高校德育价值是客观存在的，高校德育活动的存在，就必然产生高校德育价值；高校德育价值的多样性，是指由于高校德育价值主体需要的丰富多样，造成了高校德育价值的多样性，既可以表现为高校德育的政治价值、经济价值和文化价值，也可以体现为高校德育的道德价值、审美价值和功利价值。第二，主体性与为我性。高校德育价值的主体性和为我性是指大学生是高校德育价值的承载者、实现者和享用者，因此高校德育实践活动的组织与设计、高校德育作用的发挥等都离不开大学生的主观能动性，离不开大学生的主观认识与体验，也离不开大学生的现实追求。第三，直接性与间接性。高校德育价值的直接性是指高校德育直接关系到个人价值的实现，直接促进学生的安全成长、发展和幸福感的提升；间接性更多地体现在德育的社会价值上，其目的是提高学生个体的道德成长，从而间接影响社会的经济、文化等方面的发展。

2. 高校德育价值的主要形态

其一，理想价值与现实价值。高校德育的理想价值反映了社会理想的需求和目标，客观反映了可以满足需求和追求社会理想的德育功能属性。人类不断成长和进步，就是因为实现了人类对理想的追求。如果德育的主题是基于实际需要或社会环境来提高短期目标或直接目标，那么高校开展德育就具有积极意义。正如大学新生军训得到了社会和高校的高度重视与普遍认可，这即是对军训价值的肯定。现实价值是理想价值的基础，失去了现实价值，理想价值就成了空中楼阁。理想价值是现实价值的动力，缺乏动力之源，就会导致人急功近利、道德沦丧或畸形发展。

其二，社会价值与个体价值。高校德育的社会价值是指高校德育能满足处于一定社会历史阶段中的社会需要，能培育符合社会道德需求的大学生。根据不同对象，其价值主要表现为经济价值、政治价值、文化价值和生态价值等；根据社会功能的不同，体现为导向价值、凝聚价值、激励价值、净化价值等。高校德育的个体价值是指德育能满足个体需要，对个体存在与发展起到重要影响。这主要表现为满足个体思想道德需要，个体道德品性的养成与完善，道德信仰维持力的养成与提高。高校德育的社会价值与个体价值具有相互联系、相互促进的辩证统一的关系。首先，两者在本质上具有一致性，因为人的本质是一切社会关系的综合，任何个体都是社会的、历史的、具体的，而不是抽象的、绝对的、孤立的，社会是由个体所组成的社会。其次，发展个体道德和道德外部化的过程与实现道德教育社会价值的过程密不可分。个体道德的发展以及由此形成的社会道德力量和社会道德关系是实现社会价值的基本保证。德育个体价值的实现是基于其社会价值的实现，没有良好的德育社会环境，就无法实现个体德育价值，无法使个体道德水平得到提高。再次，个体价值不能与社会价值分离。脱离了社会的大环境，学生在教育活动中获得的个体价值将没有任何意义。最后，为实现社会价值和个体价值的统一，有必要以全面发展的视野来培养全面发展的个体。高校德育的社会价值必须充分体现个体价值，但不能替代个体价值。为了提高高校德育在促进大学生成长和发展中的作用，有必要强调德育的个体价值，了解个体价值实现的渠道和方式，遵照个体的特殊性和自主性，突出学生的个体创造力，并在此基础上形成具有普遍意义的社会价值。

其三，显性价值与隐性价值。高校德育的显性价值是指人们可以直接感知并在短期内表现出来的价值，具有直接性和连续性。主要表现为学生思想意识的提高和行为的明显改善，直接反映了德育在德育活动中的有效性。高校德育的隐性价值是指人们不能直接感知或在较短时期内表现出来的价值，具有间接性、渗透性、潜在性和隐藏性，其价值实现的连续性（如建立学生的理想信念）和价值形成是隐蔽且长期的。高校德育的显性价值与隐性价值的关系是辩证统一的，两者有着本质的区别，各自发挥不同的作用。显性价值是隐性价值的基础和前提，德育活动只有具有一定的显性价值才能具有隐性价值；而隐性价值是显性价值的延续、发展和完善，德育活动的显性价值总会反映到它的隐性价值上。显性价值中包含有隐性价值，隐性价值孕育着显性价值，显性价值是隐性价值的综合反映和集中表现，两者共同存在并统一于高校德育价值化的全过程和各个环节中。

其四，内在价值与外在价值。高校德育的内在价值是指高校德育在促进大学生的发展方面所具有的价值属性。德育的立足点是培养人、塑造人和发展人。高校德育的根本任务是不断提高大学生认识世界和改造世界的能力，促进大学生的全面发展，进而为社会发展服务。因此，高校德育的内在价值主要体现在以下方面：提高大学生的思想政治素质和道德素质；在物质和文化方面满足学生的需求，满足个体生存的需求，提高大学生的素质，强调大学生的个性；发展大学生的非智力技能，帮助大学生创造高尚的理想、高尚的情感和毅力，使大学生能够参与创造社会文明的活动，并增强大学生的社会化能力；激发大学生的潜力、热情、主动性和创造力，使学生能够适应各种环境并最终实现人与自然和谐的发展。高校德育的外在价值主要表现为它所发挥的政治功能、精神功能和经济功能。政治功能是通过德育工作把政治信念、政治理想、政治意识等政治因素渗透到大学生的头脑中去，并为他们将来的政治行为、政治觉悟等方面奠定基础；精神功能在于高校德育工作是一种精神生产活动，它把生产出来的精神产品提供给人的精神需要，并使其通过学生内化为崇高的精神和健康意识；经济功能是指通过人才素质的培养、人力资源的开发推动经济增长。

（二）高校德育价值取向

所谓高校德育价值取向，是指在认识到德育的属性和功能以及对德育的需求的基础上，对德育的价值观进行认识和选择。教育的目的是使人增长智慧，提高才能，生活更加充实、幸福，而德育的目的则是通过引导和培养道德品格来造福更美好的社会。

1. 高校德育价值的主体取向

高校德育价值的主体取向涵盖了德育活动的全过程，在选择德育目标、内容、途径、手段和评价中起着重要作用，具体表现在开展德育活动时根据自身需要选择德育价值观时所表现出的倾向或意图。在德育的价值观关系中，价值观主体始终处于主导地位。德育的价值取向很大程度上还取决于德育价值观的主体需求，德育的价值主体可根据其实际需要将德育的实践活动作为价值的对象进行组织。

高校德育价值主体需求的内涵与向度。高校德育价值的主体需求是指高校德育价值主体对德育的真实需求，高校德育只有准确把握当代大学生对德育价值的共同追求与差异性需求，才能真正提高德育的实效性。就德育价值主体的需求而言，不同的价值主体有不同的需求向度。目前，学界对何为德育价值主体的讨论还没有取得一致意见。结合各方观点，这里认为高校德育价值主体的需求应侧重于德育对象即大学生对德育的需求，高校德育价值的实现也应当以真正满足德育对象的需求为前提。从德育社会价值主体和德育对象价值主体对德育的需求向度来看，有共性特征，也存在明显的差异。仅就高校德育对象价值主体的需求向度而言，必然存在理想性与现实性、多样性与复杂性、层次性与差异性、共同性与个别性的特征，对高校德育对象价值需求的指导与调控，必须科学把握好这些特征。

高校德育价值主体需求与德育价值客体功能的契合度。要体现高校德育的价值，保证大学生德育价值的主体地位，就必须关注德育价值主体需求与德育价值客体功能的契合度。大学生追求的差异性、价值取向的多元性、利益诉求的多样性本身就是一种丰富性的存在。只有承认并基于这种现实，把德育的各种载体作用真正发挥在满足大学生德育需要之中，因校制宜、因人制宜、因情制宜，才能实现主体需求与德育价值客体功能的契合。

2. 高校德育价值的目标取向

高校德育价值的实现，是高校德育对象接受了社会要求的思想政治品德教育，并能够在社会需要时外化为具体行为。高校德育价值的实现，既是社会对德育的需要，也是德育自身追求的价值目标。高校德育价值的目标取向，既有德育主体把德育价值实现作为自己的价值目标，也有德育客体即高校德育实践活动对德育对象培养的目标定位，这种价值目标取向对整个德育价值实现活动具有定向和调控的作用。

高校德育价值的目标取向应体现社会价值和个体价值的和谐统一。高校德育价值的实现既有赖于高校德育对大学生素质培养的目标定位，也有赖于大学生在德育实践活动中的自我选择能力。只有社会性的培养目标与个体发展的价值追求达成一致，才能使得大学生的个性发展与社会对德育的需求相得益彰。此外，良好的社会道德风尚不仅是社会个体和谐发展及人格完善的综合反映，也是社会精神文明的重要标志。高校德育的主要任务就是纠正个体价值目标与社会价值目标的偏离，并引导个体确立和实现正确的价值目标，从而保证个体社会化过程的质量。

高校德育价值的目标取向必须坚持正确的思想政治方向。从思想政治教育培养的视角来看，高校德育必须培养大学生掌握马克思主义的立场、观点和方法，运用马克思列宁主义、毛泽东思想、邓小平理论、"三个代表"重要思想、科学发展观、习近平新时代中国特色社会主义思想等理论武装大学生头脑。树立正确的世界观、人生观、价值观，是帮助当代大学生形成良好思想政治素质的重要基础。就提高大学生思想政治素质而言，确立为建设中国特色社会主义而奋斗的政治方向，坚决拥护党的路线、方针和政策，正确认识国家的前途命运和自己的社会责任，将自身的理想追求融入国家和民族的伟大事业之中，成为社会主义的可靠接班人，这既是当代大学生应具备的政治素质，也是高校德育应当追求的价值目标之一。高校德育只有坚持正确的思想政治目标，才能引导和促进更多的大学生迅速成长，真正成为中国特色社会主义的合格建设者和可靠接班人。

高校德育价值取向必须注重道德素质建设目标。高校德育要注重培育大学生树立社会主义的道德意识、道德信念，用社会主义的道德信念与道德准则审视和处理道德关系、生活行为、工作行为和经济行为。培育大学生形成公民所应具备的"爱国守法、明礼诚信、团结友善、勤俭自强、敬业奉献"的基本道德素质和正当求利、合理利己、公平竞争的道德品质素养，形成符合社会主义本质的价值观、竞争观和经济伦理观。

高校德育价值取向必须重视心理素质建设目标。社会与时代的发展进步要求当代大学生应具备良好的心理素质。与过去相比，当代大学生具有得天独厚的发展条件，但现代化的社会生活节奏加快、人生不确定因素的增加、人际关系的情感性因素的淡化、竞争的日趋激烈，使得当代大学生的心理健康问题频发。在物质财富被极大满足的同时，一些大学生反而深陷精神空虚、缺乏情感的泥潭，孤独感、寂寞感增强，人情淡漠、人格精神弱化和抗挫折能力低下成为当代一些大学生的现实写照。高校必须加强对大学生的心理健康教育，高校德育价值取向不能忽视对当代大学生的心理素质的建设目标。

3. 高校德育价值的评价取向

高校德育价值评价，是指按照一定的原则和标准，通过系统采集和详细分析德育信息，对德育活动所达到的成效及满足大学生需要的程度做出判断，以期达到德育工作价值增值的过程，这也是不断激发德育价值创造活力，推进德育评价机制不断完善的过程。

高校德育价值的评价要坚持一元与多元的统一。首先，在社会转型过程中，在价值观念变革和多元价值观念并存、撞击、冲突的社会文化背景条件下，我国当代大学生的价值观念与价值评估取向呈现出新的变化，高校德育价值的评价既要注重社会发展价值，也要注重满足大学生个体个性发展、人格完善、心理健康等方面的需要。其次，德育的精神性、体悟性、思辨性等特点使得德育价值的评价难以用单一的科学实证、精确量化等科学方法来验证，如大学生德育课程成绩优秀，但道德行为却并非同样出色，这种现象说明采用定性或定量的评价方式很难真实反映出德育的成效。最后，在校大学生在道德发的水平上具有一定的不平衡性和差异性，德育评价模式存在差异性和多样性不仅是合理的也是必需的。因此，在德育价值评价取向上，应该采取多元的、开放的态度，摒弃以绝对化、单一化的观点来评价德育的价值和德育的效果。

高校德育价值的评价要坚持个人与社会需要相统一。改革开放以来，高校德育的环境发生了新的变化，高校德育实践中不可避免地触及传统的以社会价值为中心的价值取向，与大学生们张扬个性、追求个人价值实现的矛盾冲突。高校德育价值的评价不能停留在传统的德育价值取向认知模式上，必须结合时代的变化与大学生的思想行为实际，坚持社会需要与个人发展需要的和谐统一。高校德育价值的评价应当突出政治性、思想性，要坚持为人民服务，但不能忽视大学生的需要，更不能忽视大学生的主体价值。"忽视个人发展的正当需要，压抑个性发展，缺少人文关怀等弊端，已经遭到学界的广泛诟病并被弃之。"[1] 高校德育的目的就是发展人、完善人、塑造人的精神生命，培养人的主体意识和本位价值应得到充分的发扬和展现，高校德育在满足社会需要时也要满足人的需要，尤其是要重视丰富大学生的精神世界、大学生的人文精神的养成和人格的修养。

高校德育价值的评价要坚持现实性与发展性的统一。德育价值的评价既要立足于高校德育价值取向的发展现状，也要结合社会和大学生发展的现实要求。就现状而言，高校德育必须坚持树立能顺应时代潮流、反映历史进步并为大多数人所认可的主流价值观，以此作为大学生行动的向导，把握德育价值评价不同方式之间的差异性；必须深刻考量与剖析德育价值评价中的形式化、格式化、实证化等弊端。就发展性而言，高校德育价值的价值取向必须关注德育对象的发展潜力和潜在价值，以促进大学生的道德发展、道德品性完善及促进高校德育的改进与完善为旨归。

---

[1] 徐锡叶：《思想政治教育价值取向新论》，《成人教育》2014 年第 8 期。

三 高校德育工作的功能

德育功能是德育理论研究的重要内容之一。对德育功能的研究不仅是一个重要的理论问题，而且是一个需要在实践中检验的实践问题。了解德育在高校中的作用将有助于增强公众对德育在高校中的价值和重要性的理解。随着我国社会主义现代化的开放发展，社会对高校培养人才的要求不仅体现在专业技能上，还体现在职业道德等方面。因此，正确理解高校德育工作的功能，不仅有助于正确认识高校德育的重要性，还有助于促进培养具有健康人格的大学生。

（一）高校德育功能

在新时代背景下，高校德育工作面临着新形势、新目标、新要求，这就要求我们不仅要建立完整的德育研究理论体系，也要深入开展有关德育教学实践活动。目前，高校德育状况总体趋向势头良好，但教育实效性和时效性仍有待提高。因此，高校德育工作者要精准把握高校德育的时代脉搏，丰富高校德育功能的内涵和外延，切实提高高校德育的质量和水平。

1. 高校德育功能的科学内涵

德育功能是指德育系统内部诸要素之间以及系统与环境之间相互作用时所产生的结果。德育的内部功能由德育体系中各要素的相互作用决定；而外部功能是德育的目的和结果，它是由德育体系与外部环境的相互作用所决定的。"道德教育的目的意味着'你想对你的道德教育做什么'"，德育的"实际完成"反映了德育的真实结果，德育的功能是"德育可以做什么"，这体现了德育应发挥的作用[①]。高校德育体系的功能主要包括自然功能、政治功能、经济功能和文化功能。

2. 高校德育功能的主要特征

高校德育功能的特殊性与功能演变。高校德育的主要目标是适应

---

① 刘忠孝、陈桂芝、刘金莹主编：《高校德育论》，黑龙江人民出版社2019年版，第99页。

社会发展的需要，培养中国特色社会主义事业的建设者和接班人，德育的主要内容会随着时代的变化和社会的发展而不断演变，而高校德育内容的发展变化也必然会促使高校德育功能不断发生演化。

高校德育功能的直接性与间接性。直接性主要体现在对受教育的个体的影响上，包括在思想层面上对教育目标和教育价值的直接影响。这里所谓受教育的个体是指大学生，高校德育应着眼于大学生的个体发展，以培养大学生适应社会的能力。间接性主要体现在高校德育通过社会功能间接地在社会、经济、文化政策中发挥了特定作用。

高校德育功能的适应性与超越性。适应性主要是指高校德育主动适应当今社会发展的需要，不仅要符合社会主义核心价值观，也要满足现实中人民的需求。超越性意味着高校德育要通过塑造大学生的道德品格，将其培养成与未来社会发展需求相匹配的人才。"在历史上第一次为一个尚未存在的社会培养新人，是现代德育主导方向。"[①]

（二）高校德育功能的系统结构

结构是指整个系统与其各个元素之间的关系，以及它们之间连接和交互的方式。德育的结构反映了德育本身及其关系的内在因素。根据系统理论的观点，高校作为一个独立的系统，德育与外部环境及其内部的各种要素不断进行沟通，并发挥其作用。这里主要从系统结构的角度进行考察，认为高校德育功能一般由三部分组成：宏观社会环境的社会性功能、中观环境教育功能以及微观的个体功能。这三部分相互促进和影响，并共同为促进和发展高校德育功能服务。

1. 高校德育的社会性功能

德育社会性功能指德育对社会发展所起的作用，即德育系统与外部环境之间相互作用所产生的结果。高校德育的社会功能是由高校教育体系的内外部环境相互作用而产生的，主要体现在影响道德的外部

---

① 联合国教科文组织国际教育发展委员会：《学会生存》，华东师范大学比较教育研究所译，教育科学出版社1996年版，第172页。

环境的政治、经济、文化和生态影响上，这些社会性功能构成了一个宏观的德育功能系统。

高校德育的政治功能主要是维护国家和平统一，促进公平平等和维持社会正义。社会政治、经济、文化和生态环境直接影响着德育的政治功能。在不同的历史时期，德育的主要对象和政治功能也在不断发生变化。但总体原则是要培养受教育者具有坚定的政治立场，能够遵循社会主义道路，遵守社会主义法律标准，自觉地使用社会主义核心价值观来主张自己，并以良好的道德品格承接社会主义建设各项事业。

高校德育的经济功能意味着通过德育提高受教育者的思想水平和道德素质，并以此来促进经济发展。生产力水平决定着社会和经济发展水平，教育者通过开展与经济相关的教育活动，教导大学生从可持续发展的长远角度看待经济发展，科学认识短期利益与长期利益、局部利益与整体利益之间的关系，有益于创造经济长期向好发展的内外部环境。

高校德育的文化功能主要是通过开展德育增强各种文化元素的协同作用，保持原有文化的内部结构及其文化功能，在不同的文化背景下提高受教育者适应社会的能力和解决共同价值观规范内文化冲突的能力。同时，整合各种文化思想，增强创造文化的能力。教育通过文化、意识形态赋予道德价值，并传播理论思想。综上，可以认为高校德育的文化功能是通过文化的传播创造一种和谐的环境，以培养文化情感。通过校园文化活动的建设，实现良好的交流方式，使学生受到有意识或无意识的影响，逐步提高和完善自己，并以微妙的方式将社会规范和道德规范内在化。

高校德育的生态功能是通过规范课程设置，开展高校道德教育活动，树立正确的生态保护观念，规范对环境生态的行为，提高认识来提高大学生对生态保护的认识，集中反映了德育在生态保护和环境保护中的独特作用。具体表现在以下三个方面。一是陶冶功能。高校的生态环境能够潜移默化地影响大学生的身心发展，良好的校园环境有利于大学生个人气质和健康向上的生活态度的培养，促进大学生不断奋发进取，从而更好地迎接未来的挑战。二是激励功能。在高校中营造良好的文化环境至关重要，除了学校所需的建筑结构外，校园内的各种文化景观能使大学生在适度宽松的文化环境中放松身心，以激发努力向上的动力。三是养成功能。良好的生态环境有益于大学生的学习生活，为培养大学生自强不息的精神、坚强的意志力和友善的心态提供了良好的环境。

2. 高校德育的教育功能

教育功能是德育的基础功能，是德育的价值所在。高校德育的教育功能是培养学生的健全人格和健康品格，理论学习与实践应用相结合是德育教育的主要途径。概括来说，高校德育的教育功能主要体现在以下三方面：

一是高校德育的目标定位功能。高校是培养国家专业人才的重要场所，其主要任务是培养社会主义现代化所需的专业人才。德育的目的就是引导大学生的思维和行为积极发展，以满足社会期望的客观要求。

二是高校德育的育人功能。高校德育的育人功能主要在于提高学生思想道德素质，完善世界观，确立未来生活愿景，改善大学生人格。高校德育以马克思主义作为理论依据，把道德的形成作为教育任务的基础，把人文教育和道德教育放在首位，努力培养适应全球化发展的社会主义人才。这不仅决定了新时代高等人才培养的要求，也指明了学生思想政治教育的方向。在新的历史背景下，高校德育工作必须树立"德育为先"的理念，提高大学生的思想政治素质，在德育工作中发挥重要作用。高校德育能够充分开发学生的主观能动性，使他们释放自己的潜能。同时，高校的德育工作应注重激发学生的积极性、主动性和创造力，使学生在学习科学知识的同时提高思维能力与道德品格。

三是高校德育的自我教育功能。主要分为显性教育功能和隐性教育功能。这两种功能分别通过授课和教育实践有计划地对受教育者进行教育教学，培养他们的意识形态和行为模式。在高校道德教育履行其教育职能的同时，德育工作者和大学生相互促进、有机融合。因此，高校德育教育的过程实际上也是学生进行自我教育和自我完善的过程。

3. 高校德育的个体功能

高校德育的个体功能主要通过道德需求教育、道德情感教育和道德行为教育来影响作为个体的人的思想和道德素质，进而促进个人的成长和发展。简言之，高校德育的个体功能主要包括以下三方面：

一是高校德育的个体生存功能。在个人社会化的过程中，大学的道德教育可以培养和发展大学生的个人意识，维护个人的自信心，实现知识、情感和行为的统一。正确的道德观、良好的道德标准，都有助于提高学生的生活质量。

二是高校德育的个体发展功能。高校德育的个体发展功能主要指高校德育在学生个体德育发展中起到的调节和引导作用。高校德育可以通过监督指导机制确保学生朝着正确的方向发展，当学生个体的社会化过程与现实世界相冲突时，高校德育将发挥调节机制，帮助大学生建立德育体系，以实现道德准则和道德规范的协调发展。

三是高校德育的个体享用功能。高校德育的个体享用功能是指高校德育能使每名大学生实现其自身发展的某种需要，并通过习得知识和实践体验获得思想上和精神上的满足。高校德育的个体享用功能可使大学生在实践锻炼中形成良好的品德，使大学生个体与周围环境和谐发展，形成良好的人际关系，适应社会发展需要。同时，高校德育通过知识传授和信念教育，可以帮助大学生养成良好的品格和正确的价值理念，使大学生以一种审美眼光看待人生，并从中获得审美的愉悦。

第三节 高校德育工作的主要内容

高校德育教育是一项系统且复杂的工程，要求教育工作者不仅具有较高水平的教育教学技能和高尚的师德师风，还要善于运用科学原理和方法，帮助学生掌握马克思主义基本观点和方法，正确理解党的纲领、路线、方针、政策，并能灵活运用辩证唯物主义和历史唯物主义的基本观点，正确地分析和处理现实生活中的各种问题，有效地改造主观世界与客观世界。

一 时事政治教育

时事政治教育是高校德育不可缺少的内容，是提高大学生思想政治觉悟的基础。关注时事政治问题有助于大学生掌握马克思主义的基本观点，形成正确的世界观、人生观、价值观，对他们的社会责任感、个人思想和国家情怀的产生有重要影响。在高校德育的过程中，绝不能忽视时事政治教育。要向学生介绍国家政治、经济的新发展，当今世界的重大事件和发展趋势。对于全国人民政治生活中的大事，举世或举国瞩目的热点问题，则应适当地组织一些专题报告会，组织学生们一起讨论，引导学生批判地看待社会事件。时事政治教育的重点应放在党和国家的新方针、政策的教育上。再好的方针、政策，如果不为人民群众所理解，那就很难贯彻到底，很难取得预期的效果。因此，党和国家制定的新方针，颁布的新政策，高校都要及时向学生做好宣传和解释，让学生铭记于心。中国特色社会主义进入新时代，国家正在构建新发展格局，贯彻新发展理念，作为新时代大学生，更应该了解国情、关注社会，在"新"中求进。

二 爱国主义教育

"爱国主义是由于千百年来各自的祖国彼此隔离而形成的一种极其深厚的感情。"① 爱国主义是人们对自己的祖国和民族及其科学文化、优良传统的热爱之情，是我国劳动人民的优良传统，它既是建设和保卫祖国的力量源泉，也是为振兴中华而学习的强大动力。进行爱国主义教育，可以进一步增强大学生的民族自尊心、自信心和自豪

---

① 《列宁全集》第35卷，人民出版社1985年版，第187页。

感，深化民族团结精神，使他们能够为祖国的繁荣昌盛和中华民族伟大复兴而努力学习。

三 集体主义教育

新时代集体主义教育有新的内涵，在继承传统集体主义教育思想的基础上，对大学生集体主义教育提出了新的要求。集体主义强调培养大学生的个性特质和国家认同意识，还主张通过集体促进大学生的全面发展。高校作为集体主义教育的主要阵地，应通过课程的有机整合将集体主义渗透到大学生学习的每个过程中，引导他们扮演好自己的角色，树立群众观念，善于团结一切可以团结的力量，为集体事业和自身发展服务。

四 纪律和法制教育

纪律是执行政治路线的保证。组织纪律对于维护社会安定团结、保证生产正常发展具有重要的作用。我国是工人阶级领导的、以工农联盟为基础的人民民主专政的社会主义国家，要求全体公民具有高度的组织纪律性。高校应当通过德育教育培养学生的组织纪律观念，使他们能够自觉地遵守劳动纪律、工作纪律等组织纪律。社会主义法制是人民群众利益、意志的集中体现。健全社会主义法治，迅速有效地制裁妨害和破坏社会主义事业的不法行为，这不仅是巩固安定团结局面、保证现代化建设顺利进行的重要前提，也是维护人民群众根本利益的必然要求。作为社会主义国家的公民，必须遵守社会主义的法律，要知法、懂法、守法。国家在健全法制的同时，大力号召在全体公民中普及法律知识。高校应充分利用现有条件，在德育工作中加强纪律和法制教育内容，努力使大学生成为遵纪守法的模范。

五 社会公德教育

社会公德又称公共道德，是指为维护公共秩序、调节人际关系而形成的基本行为准则和公共生活准则。当一个人的行为涉及同集体、国家、社会的关系时，就需要考虑公共利益、公共秩序、公共安全和公共卫生等因素，需要用一种公共生活准则去调节个人与集体、社会之间的关系。社会公德是人们公认的，具有广泛的群众基础。我国宪法规定，遵守社会公德是所有公民的义务。对大学生进行社会公德教育，是帮助他们认识社会公德的重要性，养成遵守社会公德的良好习惯。

六 职业道德教育

职业道德是人们在职业活动中应当遵循的道德规范和行为准则。不同的社会制度，要求有不同的职业道德。社会主义社会的职业道德是以为社会和公众服务为出发点的，是集体主义道德原则在各行各业的集中体现。职业道德具有鲜明的行业色彩，即使在同一个社会环境下，不同的职业也有不同的职业道德规范。同其他意识形态一样，职业道德的内涵会随着社会的发展进步而发生变化。开展职业道德教育，要善于根据大学生的未来职业特点来确定具体的教育内容和适当的教育形式。

此外，高校德育还应包括理想和现实教育、婚姻家庭道德教育等内容。这些内容是互相联系和互相渗透的，是统一的整体。在德育过程中，应根据学生的具体情况确定德育教育内容的广泛深度，并根据形势发展的需要和学生的思想实际确定德育内容的针对性。

第四节 高校德育工作发展现状

高校德育无论是对大学生个人的成长，还是对社会的发展与繁荣都具有非常重要的作用。当前，中国社会正处于转型时期，高校德育工作机遇与挑战并存，德育工作形势严峻。了解高校德育工作发展现状，对高校德育的长久发展起着至关重要的作用。

一 重知性德育 轻生活德育

知性德育是知识化、概念化和学理化的德育，注重知识的传授和道德的提高，主要作用于人的理性思维。生活德育是和人的生存、发展和完善密切相关的全方位的德育，其内容十分丰富，涵盖了理性、情感、意志、本能、欲望、行为等诸因素。知性德育与生活德育互为补充，缺一不可。

知性德育将科学的认知理性作为理论体系的内部逻辑，寻求理论体系本身的科学本质，并试图消除不可理解的因素，追求德育与科学的认知理性和科学方法之间的联系。但是，这很容易将道德科学的教育与道德教育并行，造成片面追求对道德知识的记诵，与道德研究的自主建构背道而驰。此外，知性德育过于注重道德教育的学科化，没有真正领会德育的本质含义，容易使德育发展成为一个相对独立的过程，同时也使每个受教育者囿于这种独立的德育过程。实质上，这种灌输之下的自主性是一种消极的自主性。在追求这种自主权的过程中，割裂了人性、道德品性，割裂了德育与生活的联系，从而体现出分离的特征。因此，必须在道德教育中复兴生活德育，以培养品学兼优、全面发展的合格大学生。

二 重外在德育 轻内在德育

外在德育强调外在约束的教育作用以及德育对个人道德成长的积极影响。教育工作者根据社会的需要培养学生，但在培养学生的全过程中，往往容易忽略对受教育者进行道德教育。一直以来，道德教育还不能做到把道德教育的对象和其人格的发展相结合。如今，大学生在教育、心理、就业等方面遇到许多问题，仅仅依靠外在德育并不能妥善解决当中的一些特殊问题，其结果就是大学生感到接受的德育并不能完全适应时代和社会快速发展的需要。

一些高校强调外在道德教育，而忽视内在道德教育。具体表现是：在德育内容方面，过于强调政治教育，却忽略对健康人格的培养;在德育过程方面,过于强调灌输过去的经验,却忽略发展创造力;在德育模式方面,不注重于创建具有自身特色的德育模式;就德育评估标准而言,只通过闭卷考试来评估学生德育教育水平,其德育评估标准已经过时,也失去了德育的现实意义。

三 重显性德育 轻隐性德育

作为高校德育的主要手段,显性德育是指通过有意识的、直接的教育活动使大学生充分参与。在现阶段,显性德育一般包括以思想道德课为主要渠道的课堂讲课、会议、网络媒体、报纸和影视作品等方式。与之相反,隐性德育着重以"潜移默化""润物细无声"的方式对受教育者的思想、观念、价值、道德、态度、情感等产生影响。隐性德育主要有三个特征:潜在作用、广泛影响和长期影响。目前,部分高校存在重显性德育、轻隐性德育的现象。具体表现在:一是在教学方面,教师重视传授理论知识,忽略了讲授方法、教学态度以及教学内容与形式之间的联系;二是在高校管理指导思想上,有些高校只关注学科建设和教学规模,忽视了德育教育的隐形成果;三是在建立教师道德方面,部分高校过分关注教师的学历、职称等,忽视了教师自身的道德品质现状。

四 重普遍德育 轻个性德育

德育的目标是培养有个性、具有独立思考和判断能力的个体。然而许多高校习惯通过范式的课堂活动来开展德育,这与德育目标背道而驰。现行教育模式大多是"我说,你听",个体化差异往往会被忽视,难以在主客体之间产生融合共通的情感体验。因此,仅通过向学生灌输抽象的理论和规范,不顾学生个体差异的内在需求,难以达到预期的效果。

德育与其他任何教育一样,必须坚持"因材施教"的原则,即道德教育必须依据人的个性开展。由于每个人的性格、心理特征等都有所区别,在制定德育策略时应当根据受教育者的不同而进行不断调整。此外，个人的意识倾向会影响个人道德判断和行为的发生，而个人人格的心理特征也会限制道德行为的表现。从对道德问题的复杂性的分析中可以发现，许多道德问题通常与心理问题有关，尤其是在人格的发展阶段。因此，个性化的道德教育意味着道德教育工作者必须熟悉某些道德教育对象的特殊"个性"，并在此基础上开展具有个性化的道德教育。

第二章　新时代高校德育工作面临的新形势、新问题与新机遇

在党中央坚强领导下，全国各族人民的长期努力下，我国社会主义现代化建设取得了重大的成就，深刻改变了我国社会的基本面貌，中国特色社会主义进入了新时代。新时代不仅意味着中国的发展迈入了一个新的征程，还意味着中国的发展面临更为严峻的考验。新时代是实现中国梦、实现中华民族伟大复兴的时代，是中国人民向世界发展和人类进步提供中国智慧、贡献中国力量的时代，更是培养有理想、有本领、有担当的青年人的时代。当前，中国逐步迈入世界舞台的中心，与全球的政治、经济、文化密切地联系在一起，在这样的新形势下，我国高校德育工作的开展至关重要。

终身之计，莫如树人；育人之本，莫如铸魂。高校思想政治工作关系高校培养什么人、怎样培养人、为谁培养人这个根本问题。中国特色社会主义进入了新时代，党的十九大报告指出："要全面贯彻党的教育方针，落实立德树人根本任务，发展素质教育，推进教育公平，培养德智体美全面发展的社会主义建设者和接班人。"[①]《中共中央关于党的百年奋斗重大成就和历史经验的决议》指出："党和人民事业发展需要一代代中国共产党人接续奋斗，必须抓好后继有人这个根本大计。"教育强则国家强，高等教育发展水平是一个国家发展水

---

① 习近平：《决胜全面建成小康社会 夺取新时代中国特色社会主义伟大胜利——在中国共产党第十九次全国代表大会上的报告》，《人民日报》2017年10月28日。

平和发展潜力的重要标志。教育在实现中华民族伟大复兴中的地位和作用不可忽视。我国的高等教育肩负重大的任务即培养德智体美劳全面发展的社会主义事业的建设者和接班人。

高校立身之本在于立德树人，德育工作是高校教育工作的重要组成部分，是社会主义教育成败的关键。"不忘初心、方得始终。中国共产党立志于中华民族千秋伟业，百年恰是风华正茂。过去一百年，党向人民、向历史交出了一份优异的答卷。现在，党团结带领中国人民又踏上了实现第二个百年奋斗目标新的赶考之路。"① 在中华民族伟大复兴战略全局和世界百年未有之大变局的同步交织、相互激荡的新时代背景下，高校德育工作面临新的形势、新的问题和新的挑战，只有深刻理解和统筹把握这些新形势、新问题和新挑战，才能有信心做好高校德育工作，为学生点亮理想的灯，照亮前行的路，在新时代新征程上展现新气象新作为。

第一节　新时代高校德育工作面临的新形势

自中国特色社会主义进入新时代以来，我国的社会面貌发生了重大变化，已经站到了一个新的历史起点上，从新的时代特点和具体实际出发，做出了"我国社会主要矛盾已经转化为人民日益增长的美好生活需要和不平衡不充分的发展之间的矛盾"的重大论断，为开展新时代高校德育工作提供了根本依据和重要遵循。

新时代是青年人自觉担当起实现中华民族伟大复兴中国梦的时代。中国梦是国家情怀、民族情怀、人民情怀相统一的梦，是中华民族近代以来最伟大的梦想，我们现在比历史上任何时期都要更接近中华民族伟大复兴的目标。中国特色社会主义已进入新时代，将在新的历史条件下继续夺取新时代中国特色社会主义伟大胜利。大学生应比

---

① 《中共中央关于党的百年奋斗重大成就和历史经验的决议》，人民出版社2021年版，第71页。

以往任何时候更具有民族危机感、紧迫感和使命感。高校应准确把握教育事业发展面临的新形势、新任务，聚焦解决新问题，攻克制约德育的难点痛点。

一　错综复杂的外部环境

（一）经济全球化对高校德育的挑战

全球化的进程使中国与外部世界在经济、文化和社会生活各方面的联系变得更加紧密。经济全球化不仅对我国的社会生产方式和生产关系产生了重要影响，还在意识形态领域呈现出错综复杂的态势。当前，如何应对西方文化的入侵，如何在经济全球化的趋势下保持中国文化的自由和活力，如何保持年轻一代尤其是新时代大学生对社会主义核心价值观的认同感，如何提升大学生文化自信，增强高校学生对社会主义基本价值体系的认同，是高校德育工作者面临的重大课题。高校德育工作者能否应对这些挑战，决定着我们能否延续和发展未来的事业。高校德育工作应注重国际跨文化观念和教育资源的深度融合，帮助学生树立正确的国际意识，培养具有全球化视野的新时代大学生，使其具备较强的判断力和适应力，以适应我国在经济全球化新时代背景下对人才的需求，将培养面向世界的国际化人才作为高校的重要使命。

（二）国际政治格局对高校德育的挑战

新时代是中华民族伟大复兴战略全局和世界百年未有之大变局同步交织、互相激荡的时代。目前，实现中华民族伟大复兴正处于关键时期，越是接近目标，越是形势复杂，越是任务艰巨，越是需要具有崭新风貌过硬素质的时代新人迎难而上、挺身而出。部分青年学生盲目向往西方国家所谓的"自由、民主、人权"，忽视了西方资本主义的本质。因此，高校德育工作应从维护国家利益的角度出发，加强对高校学生的爱国主义教育、社会主义教育和思想政治教育，让他们科学认识到只有加强自身建设，才可能摆脱资本主义国家对我国社会主义建设事业的干预、拦截和破坏，实现中华民族伟大复兴。

（三）西方文化入侵对高校德育的挑战

西方霸权主义国家利用科技等传播媒介倾销其文化产品和价值观念，潜移默化地影响大学生的思想意识，导致部分大学生价值观念发生转变，民族文化认同感降低，盲目崇拜西方"普世价值"。然而，西方国家和西方社会发生的种种危机表明其所倡导的所谓的"普世价值"存在着诸多的内在矛盾，西方"民主"的实质也不过是为少数阶级服务、满足少数阶级利益诉求而鼓吹的"民主"。因此，我国高校德育工作者要坚决认清西方所谓"民主""普世价值"的邪恶本质，德育工作要加大思想政治教育的力度和有效性，努力提高大学生对各种思想思潮的分析能力、识别能力和选择能力，激发学生的责任心和奉献精神，使他们充分认识到中国历尽坎坷，才取得国家发展的巨大成就。高校要建立起符合现实国情、面向未来发展的德育体系，为我国全面建成社会主义现代化强国，实现第二个百年奋斗目标，奠定坚实的思想基础。

二 深刻变化的内部环境

（一）历史建设任务转变

"我们实现了第一个百年奋斗目标，在中华大地上全面建成了小康社会，历史性地解决了绝对贫困问题，正在意气风发向着全面建成社会主义现代化强国的第二个百年奋斗目标迈进。"[1] 当前，我国决胜全面建成小康社会取得了决定性成就，迈入全面建成社会主义现代化强国的新征程。这就需要数以千万计的专业技术人才投身于建设社会主义现代化强国的伟大事业中，新时代大学生应责无旁贷地成为完成这一历史使命的中坚力量。在新的历史时期，高校的历史使命转变为培养大批德才兼备、全面发展，为实现中华民族伟大复兴而努力奋斗的新时代人才。

---

[1] 中共中央党史和文献研究院编：《全面建成小康社会大事记》，人民出版社2021年版，第115页。

（二）社会主要矛盾转变

党的十九大报告指出："中国特色社会主义进入新时代，我国社会主要矛盾已经转化为人民日益增长的美好生活需要和不平衡不充分的发展之间的矛盾。""人民美好生活需要日益广泛，不仅对物质文化生活提出了更高要求，而且在民主、法治、公平、正义、安全、环境等方面的要求日益增长。"① 发展不平衡不充分成为满足人民日益增长的美好生活需要的主要制约因素，这表明人民群众除了追求富足的物质生活之外，还追求更加美好、更具有多元化的精神生活，其中也包括人民群众对高质量的高等教育的追求，因而社会主要矛盾的转变也成为高校德育工作面临的挑战之一。物质文明与精神文明，是人类认识世界、改造世界全部成果的总括和结晶。中国式现代化更体现在物质文明与精神文明协调发展上。"回望走过的路，正确处理两个文明之间的关系，始终坚持物质文明与精神文明协调发展，是中国式现代化呈现出的鲜明特征。"② 高校应教育学生认识物质文明与精神文明之间的关系，只有物质文明建设和精神文明建设都搞好，学生的物质生活和精神生活得到改善，新时代高校德育事业才能顺利向前推进。高校德育工作者能否重点关注和解决高校德育存在的不平衡不充分问题，如重智育轻德育等问题；能否兼容并包正确处理中华优秀传统文化和先进的西方德育理念之间的关系；能否坚持"高质量是以人民为中心"的发展理念，把握新时代大学生的时代特征，发挥学生主体性和主观能动性；能否有效提高高校德育工作质量，促进学生全面发展，事关能否开创新时代中国特色社会主义事业新局面。高校肩负着培养时代新人的重要任务，必须全面贯彻党的教育方针。高校德育工作要让学生充分认识到我国目前仍是发展中国家，仍处于并将长期处于社会主义初级阶段的基本国情没有变，需要广大青年学生以时不我待、只争朝夕的精神投入工作，把握社会主义初级阶段的发展规律，

---

① 李景田、张恒山等：《中国特色社会主义制度中的政治法律建设》，人民出版社2019年版，第250页。

② 沈壮海、刘灿：《中国式现代化的鲜明特征》，《人民日报》2021年4月16日。

(三) 思想意识观念转变

党的十九大报告提出："人民有信仰，国家有力量，民族有希望。要提高人民思想觉悟、道德水准、文明素养，提高全社会文明程度。广泛开展理想信念教育，深化中国特色社会主义和中国梦宣传教育，弘扬民族精神和时代精神，加强爱国主义、集体主义、社会主义教育，引导人们树立正确的历史观、民族观、国家观、文化观。"我国正处于加快完善社会主义市场经济体制的深刻变革阶段，随着变革的深化，社会经济结构、文化结构、教育结构及思维方式和生活方式都产生了深刻的变化。在社会主义市场经济焕发生命力的同时，新时代大学生的价值观念也由单一化向多样化发展，学生的价值取向也更具多元化。高校要加强市场经济条件下的大学生道德教育，防止因价值观念多样化、价值取向多元化从而导致理想信念的缺失、道德认同的降低。高校德育工作者的时代责任和历史使命就是要帮助新时代大学生树立正确的世界观、人生观、价值观，培育社会主义核心价值观。高校德育要培育起时代新人的自信，一是培育作为中华儿女的骄傲与自豪；二是培育作为新时代中国青年学生的底气和骨气，爱党、爱国、爱社会主义，坚定"四个自信"，对实现中华民族伟大复兴中国梦充满信心。尤其在当今的信息社会下，高校德育要坚持以德树人，以文化人，大力弘扬和践行社会主义核心价值观，弘扬以爱国主义为核心的民族精神和以改革创新为核心的时代精神。牢牢守住高校德育阵地，科学引导学生建立生态"朋友圈"，不被社会上的不良风气腐蚀。让新时代大学生在学习中增长知识，磨砺坚强的意志，在工作中增强实干的本领，培养高尚的品格，在新时代新天地中实现人生理想。

三 新时代大学生价值观念多样化

随着我国经济体制深刻变革、社会结构深刻变动、利益格局深刻调整、思想观念深刻变化，各种矛盾纠纷不断增加，并呈现出复杂性、多样性、专业性和面广量大的特点，使当前高校德育面临新形势，大学生的思想活动面临更多选择，在价值观念和价值追求上日益呈现出多样化的趋势。

（一）价值观念呈现实用、功利、世俗化趋势

随着社会的不断深入发展和改革开放的进一步深化，市场经济的影响以及不同文化的冲突与交融，使得大学生的价值观开始从理想向现实转变。首先，呈现出追逐实用主义的趋势。绝大多数大学生认为要通过努力创造美好而丰富的生活，追求"实现自我"的人生目标，认为只有通过脚踏实地地学习和工作，才能用勤劳的双手造就美好的未来。其次，呈现出追逐功利主义的趋势。当实用主义的观点逐渐被学生认可后，功利主义倾向开始抬头，一些大学生奉行"权力至上，金钱至上"的价值观念，把"权力""金钱"作为激发自己学习动力的目标，最终导致信仰缺失，道德素质低下，奉行利己主义。最后，呈现出价值选择世俗化的趋势。部分大学生将金钱、权力和社会地位视为生活中"三大最重要的资产"。虽然体现社会主义核心价值体系的集体主义观念和奉献精神在新时代大学生中仍然占据主流地位，但部分不良思潮正在逐步侵蚀大学生的思想，并对他们的健康成长带来了消极影响。

（二）价值实现呈现以自我为中心的趋势

随着高校"象牙塔"大门的逐渐打开，各种社会思潮和意识形态向学生扑面涌来。新时代大学生在享受快速获取社会信息便捷的同时，也将自己暴露在社会"道德陷阱"之下，面临诸多道德诱惑。一些缺乏独立判断和选择意识的大学生为了实现自己的价值，忽视原有的社会价值，对社会应尽的责任和义务置若罔闻，无法抵制诱惑，最终落入"道德陷阱"。他们强调自决权，无视社会选择；强调个人需求，忽视社会需求；强调自我和独立自由，忽略社会规范；较少从社会贡献的角度看待价值追求与实现，较少关注社会价值和个人价值的协调发展。以上种种，都与我国的社会主义核心价值观背道而驰。

(三) 价值追求呈现突出个体的趋势

价值通常有两个取向：社会标准和个人标准。社会标准强调与群体相关的整体特征和利益，与个人利益发生冲突时，要以社会事项优先。而个人标准主要强调个人优先权与冲突中利益的协调。当前，新时代大学生的主体意识逐渐加强，其价值取向反映了以个体为主的发展趋势。尊重个人意识和价值意识已达到前所未有的水平，评估标准也更加以个人需求为准则。在面临选择时，新时代大学生更会遵从个人内心而做出决定。

(四) 价值取向呈现理性与叛逆并存的趋势

由于成长时代、生活背景和人生经历的不同，对于新时代大学生来说，他们与长辈之间存在着代际差异，尤其容易在价值观方面产生冲突。据相关研究表明，无论是家庭还是学校，对以"00后"为主体的新时代大学生的教育方式都更加民主更加自由，允许他们踊跃发表自己的意见和想法，尊重他们的意愿和选择，在这样宽容的教育环境和教育方式下，养成了"00后"为主体的新时代大学生坚持自我个性化追求的价值观。加之大学生有青春期自主意识强、情感波动大等鲜明的心理特征，追求思想的自由和行动的无拘无束，容易导致叛逆心理和行为的发生。但随着我国经济社会和教育事业的不断发展，新时代大学生获取知识的渠道更多样、更便捷，接受更为全面、更加优质的教育，从小就开始接触有关理性思考和辩证思维的训练，有利于他们从辩证的视角去看待事物，以理性的思维去处理生活或学习中可能出现的问题，当遇到不公平的现象或不公正的对待时会自觉寻求法律的帮助以维护自己的合法权益。同时，新时代大学生更倾向于从个体视角出发制订自己的人生计划，设定自己的人生追求，不以统一的权威来判定外部世界，而以自身为准绳来感知和衡量外部世界。这种对自身独特性的肯定使得他们不盲从于权威的力量，并在充分评估自我能力的基础上、在可供选择的范围内形成了多元开放的价值认知。因此，虽然部分新时代大学生叛逆自我，其个性化的追求和独特的价值观与长辈略有差异，但从其成长的时代和人才的培养要求来看，他们的思维方式和行为取向也有一定合理性。

四 新时代高校德育工作高要求化

当今社会，生活节奏明显加快、竞争显著增强、信息海量剧增，对高校学生提出了许多新要求，同时也使得学生与学生之间价值观念的分歧不断加深。面对复杂的社会环境，大学生不能再"两耳不闻窗外事，一心专读圣贤书"①，而是要具备在社会更新重组的环境下能够理性科学认识和分析复杂多变的社会现象的能力。高校德育工作的开展应该有更高的要求，遵照更高的标准，帮助新时代大学生解决价值困惑，树立正确的世界观、人生观、价值观，自觉担当起实现中华民族伟大复兴中国梦的历史使命。

当代大学生面临的价值困惑主要包括以下方面。一是大学"学什么"。大学处于人生的探索阶段，是学生探索建立正确认知系统的黄金时代。在这一阶段，学生的学习方式、学习动机与之前有本质的区别。在高中时，学生的学习目的很明确，就是考入理想的大学，这种简单的目标一旦获得实现，在进入大学时有种"船到码头车到站"的感觉。部分学生没有及时调整，重新制定明确的目标，学习和生活处于混乱和迷茫的状态。二是活着"为什么""人为什么而活"。人生目标应该是规范和引导人前进的方向，如果没有目标，那就会"朝看水东流，暮看日西坠"，一生碌碌无为。然而，"人为什么而活"的问题，至今仍让许多当代大学生感到困惑。近年来，高校毕业生规模屡创新高，仅2021届全国普通高校毕业生总规模就达909万，同比增加35万，就业压力剧增。在巨大的就业压力面前，部分大学生仅仅将找到一份不错的工作作为自己的长远目标，这无可厚非，但是当这个长远目标一旦实现，这份稳定的工作和安逸的环境会消磨他们的斗志，从而导致他们产生贪图安逸不思进取的消极心态。三是人生"信什么"。理想信念是人生自身价值、人生意义和目的的集中体现。

---

① 《增广贤文》，王力思编译，吉林文史出版社2018年版，第235页。

没有信仰，就没有名副其实的品行和生命；没有信仰，就没有名副其实的国土。大学生理想信念如何，直接关系着党的事业和社会主义建设的兴衰成败。随着中国特色社会主义新时代的到来，政治多极化、经济全球化不断加深，多样化社会思潮的大量涌入，对我国大学生的理想信念造成严重冲击，自媒体时代造就的"网红经济"对大学生的理想信念产生了严重误导，在这一形势下，高校德育对大学生理性信念的引导就显得尤为重要。四是做人标准"是什么"。做人的标准，是为人处世、待人接物的标准，是一个人在社会生存中所表现出来的习惯、性格等一系列个人独有的风格以及对事物的认识和处理方式。现代社会环境复杂多样，互联网络为大学生提供了海量的信息来源渠道，面对纷繁复杂的资讯，每个人判断和理解信息的方法和结果不尽相同，如果不加以引导，大学生很难统一建立正确、理性的做人标准。

因此，新时代的高校德育工作既要帮助学生解决价值困惑，更要培养学生运用理论知识解决现实生活中实际问题的能力，消除学生的道德疑虑。高校德育肩负培养时代新人的历史使命，要引导学生牢固树立为实现中华民族伟大复兴而奋斗的信心，自觉培育和践行社会主义核心价值观，扣好人生的每一粒纽扣，争做有坚定的理想信念，有脚踏实地的奋斗精神，有无私奉献的高尚品质的时代新人。

第二节　新时代高校德育工作面临的新问题

党的十八大以来，我国社会经济高速发展，取得了国家发展的巨大成就。高校在对大学生的教育过程中遵循"育人为本，德育为先"的原则，取得了一定的成效。然而随着时代的变化发展，高校德育工作面临的问题也层出不穷，为高校德育工作的开展带来了新挑战，尤其对于学生的思想认识、行为习惯、价值取向等产生了深远影响。这就需要高校重视德育工作的开展，结合新时代特点、社会环境特点和学生特点创新德育工作形式和德育内容，促使高校德育在困境中突围,成为促进新时代大学生全面发展的强大助力。

一 部分大学生思想领域存在问题

(一) 部分大学生的价值观体系受侵蚀

随着国际化和全球化程度的不断提高,与西方国家经济合作和协同发展的进程不断加快,西方国家错误的社会思潮此起彼伏,持续寻找"防御缝隙"对我国进行文化渗透,而高校学生正处于世界观、人生观、价值观的构建时期,价值观念尚未塑造牢固,价值判断尚未形成逻辑,价值体系尚未建构完整,因此难以清楚认识到西方错误思潮的本质,容易盲目相信,随波逐流,失去主见,从而妨碍社会主义核心价值观的确立。当前,部分大学生没有正确的社会主义理想,对马克思主义认识不够深刻,在社会主义核心价值观的实践中不够深入,思想认知流于浅表。在部分大学生中盛行拜金主义和享乐主义,崇尚个人主义,由于信仰异化,造成大学校园校风、学风不端正,学生容易受到社会不良风气、不良思潮的影响,部分大学生精神空虚,感觉前途渺茫,消极萎靡不思进取,严重影响了学生的正常发展。如不制止这些错误的思潮和价值观,必然会对大学生树立正确的世界观、人生观、价值观造成阻碍。

(二) 部分大学生的道德意识弱化

在现实社会中,个体的行为方式受到他人的监督,人与人之间的相互监督促成了道德行为的约束。但随着互联网的普及,微博、微信等新媒体迅速攻占了大学生的"手机阵地",面对面的交流和互动逐渐减少,取而代之的是虚拟网络中的文字和图片。部分大学生沉迷在网络世界里,一方面对社会中品德败坏的事件口诛笔伐,另一方面对自身道德品质滑坡只字不提。网络世界匿名、隐蔽、开放和自由的环境致使大学生忽视了自身行为的约束和言语的审慎,从而容易出现道德失范行为。部分大学生好高骛远难以脚踏实地,讲起大道理口若悬河,但是一旦落实到实际行动上只会纸上谈兵,这无疑给当下德育工作者敲响了"立德树人,迫在眉睫"的警钟。

(三) 部分大学生心理素质不稳定

新时代大学生在成长的过程中面临着适应社会环境、人际交往、学习竞争、交友恋爱、求职择业等诸多方面的考验。针对大学生心理健康水平发展趋势展开的研究表明，大量学生存在着一定的情绪情感不稳定、感情适应不良、环境适应不良等心理问题，面临不同程度的认知失调、人际关系等心理障碍。这些心理问题和心理障碍的存在，使得新时代大学生心理素质不稳定。如缺乏社会环境的适应能力和独立自主的能力，部分学生在步入大学生活之后无法合理应对一些突发的状况，容易受到一些不如意状况的影响，情绪波动起伏过大；一旦在学习或生活中受到打击，便会对自己失去信心；受到不公正对待抑或是无法适应周遭环境却又无力改变时，内心深受折磨，非常痛苦。又如承受压力的能力较弱，无论是处于哪个学习阶段，学生都会面临一定的学习压力，学习成绩影响着学生心理素质的健康发展。虽然大学时期的学习压力相较于高中阶段小，但大学生还是会不可避免地受到学习成绩的影响，部分学生在专业课和通识课的学习过程中会出现部分课程成绩不理想的状况，从而加大自身的心理压力，加之短时间内成绩得不到提升或者是心理压力得不到有效的纾解，便容易产生心理问题。高校毕业生面临的还有逐渐逼近的就业压力，随着步入社会的时间不断逼近，所面临的就业压力也在不断增大，紧张和焦虑状态在短时间内得不到有效缓解，导致非常多的大学生由于受到就业压力的影响而出现心理问题。如人际交往能力不足，大学校园里都是来自五湖四海的人，本身就是一个小型的"社会"，良好的人际关系处理能力就显得尤为重要。不善言辞、对环境的不适应、无法融入集体等都容易让大学生把自己封闭起来，短时间内缺少足够的关心，无法获得朋友和家人的鼓励，这危害着他们的健康成长。有些家庭经济比较困难的学生在进入大学后会惧怕与身边的同学进行比较，认为自己在平常的生活中不如其他的同学，由此产生自卑、抗拒等心理，不积极主动与同学合作交流等，加重心理负担；而作为独生子女，自我意识非常强的学生，一旦与其他同学或者老师之间出现摩擦，心理承受能力较差，无法妥善解决人际交往问题，也会给大学生造成严重的心理影响，一旦得不到积极有效的调节，就容易造成严重的心理问题，影响学生的健康成长。不稳定的心理因素是导致精神贫困的关键部分，它可以成就一个人也可以毁掉一个人，是高校德育工作不容忽视的一部分。

二　德育内容及形式缺乏时代特征

（一）高校缺乏德育合力

新时代对新青年提出了新要求。然而，高校德育并未跟上时代潮流，教育环境和方式较为滞后，高校德育除了依托思想政治课程之外，日常主要依靠辅导员。高校辅导员作为学生日常事务的管理者和道德思想观念的教育者，具有"引导者"和"服务者"的双重身份。虽然高校辅导员的本职工作是针对大学生群体开展思想政治教育，但日常还承担着繁多的事务性工作。辅导员需要直接或间接地与学校教务、财务、安全保卫、后勤等相关部门进行工作衔接，此外，还要协助学院其他部门开展工作，从而导致高校辅导员面临"多头使用，无人管理"的问题。大量的事务性工作，使得高校辅导员难以脱身，无暇顾及思想政治教育工作，从而出现了"本末倒置"的现象。"现阶段比较突出的辅导员'双线晋升'的职业路径与'逢优必转'之间的矛盾有其内在根源性，与辅导员日常事务烦琐、工作内容重复、工作职责不清的现实问题带来的职业倦怠直接相关。"[①] 甚至部分高校辅导员游走于教辅人员与行政人员之间，还承担着组织员、人事专员的工作，这种工作职责界限不明确使得高校辅导员德育角色定位不清晰，在一定程度上阻碍了学生与辅导员的沟通与交流，影响着思想政治教育工作的开展。换句话说，辅导员的德育职能，在学生心目中未能定型，学生认为辅导员职能更多是日常事务管理。因此，仅仅把高

---

① 王海宁：《高校辅导员队伍专业化职业化建设的现实审视与优化路径——基于全国4000余名高校辅导员的问卷调查》，《思想教育研究》2020年第12期。

校辅导员当作德育工作的骨干，缺乏与其他部门和学科教师的合作，必然导致高校德育缺乏教育合力。

（二）德育课堂内容陈旧

新时代呼唤新德育。践行新德育，是新时代全球视野下人才培养的要求，也是公民道德建设与立德树人的要求。当前，德育的内容不能完全正确地反映社会主义道路的内涵特征，"人学空场""重智轻德""言行分离"等问题仍然突出。目前部分高校德育工作内容陈旧，不符合新时代的时代特征，忽视道德理论和实践的有机统一，既不利于发挥德育应具有的指导作用，也不利于德育实践取得实效。例如，在"课程思政"和思政课程的教育理念在各高校实行以来，各高校对学生思想政治教育也越发重视。思政课程作为高校学生的公共必修课，为学生树立正确的思想行为理念打好了基础，但是课程较少，主要集中在大一、大二年级，加之思想政治教育类课程教学模式落后，缺乏一定的创新性，思想政治教育内容过于陈旧，教学资源挖掘不深，缺乏真实的案例引发学生共鸣，与新时代大学生的实际需求不相符合。教师在课堂上大篇幅讲解理论知识，在这种显性、灌输式的教学模式和缺乏新意的教学内容下，学生的学习热情逐渐消退，消极对待思政课程，严重影响了高校德育的实效性。

（三）德育传统教学模式难以改变

高校思想政治教育的开展主要依托课堂教学，辅之以课外实践活动。随着时代的发展，传统德育课堂教学存在的时间固定、地点固定、内容固定等特征已不适应新时代德育发展的新要求。加之大型开放式网络课程（以下简称"慕课"）、微课堂、微视频等在线教育形式飞速发展，呼唤催生新德育。但现阶段，思想政治教育网络教学模式在高校的实际应用中还处于初级探索阶段。就普及度而言，大部分从事思想政治教育的教师在长期的教学实践中形成了一套传统的德育教学模式，其教学认知和教学能力在一定程度上已经固化，对以互联网为基本特征的新兴德育模式认可程度和重视度有待提高，加之传统德育模式与新兴网络客户端的融合，对高校教师也是一种新的挑战。

现阶段，虽然高校教师能够使用慕课、超星等客户端，但其使用得并不顺畅，存在"会而不精"的普遍问题。就内容而言，虽然多媒体的教学方式新颖，但其上课的材料却是"换汤不换药"，缺乏创新性，跟不上时代发展，常常导致课程内容旧例重提，无法提高德育的实效性。看似这种新兴网络课堂的使用打破了传统德育课堂模式的弊端，实则不然，学生由过去被动接受教师的说教变成被动接受视频的播放，在整个教学过程中，学生依然缺乏独立思考和互动交流，无法激发学生的学习主动性和课堂参与的积极性。虽然精彩的视频播放能吸引到部分学生的注意，但往往学生关注的只是视频的轰动效应和真实案例的展示，并没有对背后的德育理论知识进行深度思考和挖掘。因此，教师负责讲学生负责听的被动学习局面并未发生实质性的改变，也难以在短时间内打破传统德育模式的弊端。

三 德育测评机制缺乏科学性

目前，我国高校在培养人才的过程中，对德育方面的培养可以说是不遗余力。但由于德育本身所具有的显性和隐性特点，使得只能对较易观察和测评的部分即显性德育部分进行有效的测评，处于不可见和不可及的隐性德育部分，为测评带来了诸多问题和困难。

（一）道德本质被现实生活需要所掩盖

学校德育是关乎国家发展、社会进步的系统性工程，是一个复杂的有机整体。学校德育目标的实现、工作的开展，既是连续的，也是分阶段的。因此，高校德育与中小学德育有着复杂的衔接关系和不同的培养目标。中小学德育侧重于普及思想品德基础知识，培养中小学生的基本道德，指导中小学生的文明行为，立足于帮助学生学习、遵守社会生活规范；而高校德育则注重深挖思想品德的理性教育和核心内涵，通过社会生活实例与理论知识的讲解，帮助大学生树立正确的世界观、人生观、价值观，立志于培养全面发展的社会主义现代化人才。现阶段，大学生面临不断增加的生存压力，如学习深造和求职就业的压力。不可否认，其中有一部分大学生会通过考研等方式继续其学生生涯，但大部分学生将面临就业问题，这就使得他们不得不考虑现实的生存问题，争取入党、争获奖学金、争当优秀干部、争获优秀学生荣誉等都成为大学生提高自身获取深造名额和理想工作岗位的筹码，导致这些活动本身的德育性被社会生活压力下的功利性所遮蔽。因此，非道德作为驱动力表现出来的道德表象，就成为一种常见的现象。就其实质而言，大学生可以在可见的德育表现和行为方面表现良好，但其道德水平未必真正达到应有的高度。真实的道德本质被现实生活的实际需求所代替，生活需求成为学生在公共场合表现道德品质的真正原因。

（二）现有测评机制具有较强的功利性导向

当下高校的德育测评机制多与学生的切身利益相联系，使得部分大学生在做出显性的道德行为时，并非出于其道德素养的内在要求，而是出于外在的利益需求。如奖学金、工作机会、学校提供的各种奖励待遇等，本身就以外在的利益刺激大学生去做出符合德育要求的外在表现和行为。这种功利性的德育测评机制，使得大学生的道德水平只是在短时间内、在外在行为上有所表现，而没有成为内在的道德发展需要。

（三）大学生将德育内在需要转化为外在需求

一些来自西方发达资本主义国家特别是欧美国家的思想观念由于其所谓的"实用性"被大学生所接受，使大学生对道德问题的理解和需求成为一种外在的需求。目前我国正处于改革开放的深化和攻坚阶段，经济全球化的客观趋势使得各种外来和传统的道德思想观念处于激烈的交锋过程之中。在这种交锋过程中，传统的道德观念由于其在现实生活中表现出来的"落后性""不实用性"和"古板性"使得其作为人生价值指向的意义和作用被遮蔽了。这样的思想观念在现实生活中的滋生，使得我国高校德育面临着种种的挑战和困难。

四 德育工作机制不健全

（一）高校德育工作机制有待完善

高校德育工作者是一个庞大且特殊的群体，思政课教师、行政管理人员甚至每一位学科教师都肩负着德育工作的重要职责。高校德育是一项系统工程，需要高校全体德育工作者相互协作、密切配合。但从现行高校德育工作机制来看，存在专职兼职责任不清、界限不明、配合度不高等现象。一是德育专职教师与其他德育人员工作"脱节"。有一种错误倾向是把德育视为思政课教师的责任，与高校其他工作人员或学科教师无关，没有形成"全员育人"的氛围，思政课教师单独作战，德育工作的人力资源未得到有效整合，无法形成德育合力。二是在德育实施过程中，德育师资队伍与德育管理队伍"脱节"。师资队伍主要由马克思主义学院思政课教师担任，德育教育管理部门主要由学校党委宣传部、团委、各学院学生教育管理办公室的有关人员担任。两支队伍在开展德育活动中各自为政，彼此之间缺乏交流与合作，导致教育领域的重叠与空白，浪费了人力，物力和财力。实际上，这两个团队的工作应当是相互联系和连续的，必须以整体统筹和协调推进的方式进行组织，以实现德育目标。

（二）高校德育教师队伍建设有待加强

在具体教育教学过程中，各地高校积极开展师德师风建设，取得了显著的成效。但在新时代背景下，随着高等教育发展的不断深入，高校扩招政策的实施导致对教师需求量增多，短时间在数量上的增多，必然会导致一些问题。一是高校教师与学生缺少有效沟通。部分院校的教师在上课时存在"以教师为主体"的现象，教师只顾自己在课堂上讲授，却不去理会学生的思考，缺乏对课堂必要的管理；此外，多数教师除了教学工作，还有其他科研工作，留在学校的时间不多，造成很少有机会与学生交流沟通，类似情况的发生降低了学生对课堂的重视程度。二是教师团队注重科研成果，轻视实践能力。近年来，许多高校过分强调教师科研水平的重要性，将科研成果同职称评定、升职等关联起来。对于教师来说，科研成果的积累既能带来不菲的收入，也利于职称的评定和职务的晋升。但是，这也隐性增加了高校教师的科研压力和教学压力。高校教师为了晋升职称不得不把主要精力放在申报课题、发表学术论文、积累科研成果上，在一定程度上可以提高教师的科研能力，却忽视了教师课堂教学的能力。三是部分教师育人意识淡薄。随着国家对大学生思想政治教育工作的不断重视，我国高校辅导员队伍建设也正处于一个规范化、系统化、成长化的阶段。当前，很多高校都在通过选拔和培养优秀的教师，实现思想政治教育贯穿于教育教学的全过程，使大学生思想政治教育得到显著的提高。但层出不穷的负面新闻和不当的社会现象，会对高校教师道德产生干扰。有些高校教师课上理论知识匮乏，课下育人意识不足，不能起到模范的作用。有的高校教师无法自觉地将德育渗透到教学中去，只注重传授理论知识，对学生的道德表现、思想意识缺乏基本的了解。一旦高校教师对教书育人的重要性缺乏认同感，便不能很好地做到既向学生传授理论知识，又渗透身教重于言传的教育思想。在教学时表现出不认真、不负责的态度。高校教师应以德为先，注重职业道德，培养"以德树人，以文化人"的意识。新时代高校有责任，也有义务打造一批政治思想上过硬，教学能力上也过硬的教师。

第三节 新时代高校德育工作面临的新机遇

党的十八大以来，党和国家事业发展取得了历史性的成就，发生了历史性的变革，中国特色社会主义进入了新时代，高校德育迎来了新机遇。高校思想政治教育事关培养什么样的人，怎样培养人，为谁培养人的根本问题。作为社会主义建设事业的生力军、主力军，大学生的思想政治素养事关党和国家事业的发展全局，新时代大学生有信仰，民族就有希望，国家就有力量。高校德育作为中国特色社会主义教育体系的重要组成部分，共同承担培养时代新人的职责与使命。新时代高校德育工作的开展要牢牢抓住新机遇进行改革创新，为实现中华民族伟大复兴培养更多立大志、明大德、成大才、担大任的时代新人，开创新时代高校德育事业新局面。

一 党和国家重视高校意识形态工作

2019年8月,《关于深化新时代学校思想政治理论课改革创新的若干意见》对高校德育从指导思想、基本原则、体制机制、内容措施、激励保障等方面进行了全新的部署,高校德育开启了创造性转化和创新性发展的崭新时代。党中央对高校德育工作的高度重视和部署,为高校德育工作的开展提供了指导性纲领,同时也为高校德育工作创新发展带来了新的机遇。

中华文明源远流长、绵延不断,基础在教育。实现中华民族伟大复兴,基础在教育。我们办教育,就是要提高人民综合素质,促进人的全面发展,提升社会文明程度,坚定文化自信,增强全民族创造活力。要全面贯彻党的教育方针,落实立德树人根本任务,厚植爱党、爱国、爱人民、爱社会主义的情感,努力培养德智体美劳全面发展的社会主义建设者和接班人。

(一) 为高校德育创新提供理论依据

党的十八大以来,错综复杂的国内外形势为我国各项事业的发展提出了一个新的时代课题,即必须从理论和实践的结合上全面系统地回答新时代坚持和发展什么样的中国特色社会主义、怎样坚持和发展中国特色社会主义。

(二) 为高校德育变革指明方向

青年兴则国家兴,青年强则国家强。青年一代有理想、有本领、有担当,国家就有前途,民族就有希望。新时代以来,在中国共产党的领导下,加大了对高校德育事业的改革力度,进一步明确了高校德育工作改革与创新的方向。高校在德育教育的改革过程中,要进一步明确思想政治工作从根本上说是做人的工作的基本思路,要以学生为主体,关爱学生、服务学生开展德育工作。高校在德育教育的改革过程中要开展形式多样的德育活动,进一步提高新时代大学生的文化素养、思想政治素养,促进学生全面发展;坚持以文化人和立德树人,大力培育和践行社会主义核心价值观,大力弘扬民族精神和时代精神,加强爱国主义教育、集体教育、社会主义教育,是高校德育工作的理念所在,也是巩固其指导地位和实效的重要环节。

(三)为高校德育创新提供技术支持

高校思想政治工作要紧跟时代的变化,与时俱进,满足社会发展要求,因势而新,因事而化。在德育教育的开展过程中,德育工作者要遵循学生的发展规律,注重个体的差异性,遵循德育课程的基本规律,要充分发挥课堂教学主渠道功能,对德育教育方式、方法进行创新,进一步提升德育教育的实效性。高校"要运用新媒体新技术使工作活起来,推动思想政治工作传统优势同信息技术高度融合,增强时代感和吸引力"①。高校要积极推动新媒体技术与德育工作的有机结合,优化德育模式,扩充德育手段,充分利用移动端、微载体等新媒体技术手段,实现线上线下德育资源的融合,将高校德育工作的开展落到实处,不断挖掘优质的教育资源,树立互联网思维,将高质量的德育资源进行整合,实现共享,进一步提高德育工作的深度和宽度,从而提高高校德育的吸引力和感染力。

(四)为高校德育夯实群众基础

我国进入中国特色社会主义新时代以来,党中央坚持全面从严治党,坚持以零容忍的态度惩治腐败,夺取了反腐败斗争压倒性的胜利。高校把党风廉政建设融入高校教育中,为进一步开展高校德育工作打下了坚实的基础。新时代大学生作为崭新一代,在今日是易受影响的一代,而在未来却是党风廉政建设的主力军。加强对广大德育教师群体,尤其是高校领导干部开展党风廉政建设,提高教职员工,特别是领导干部的思想觉悟,建立起抵制各种诱惑的道德防线,树立"立党为公,执政为民"的思想,为高校德育工作的开展创造了良好的社会环境,赢得广泛的群众基础。利用思想政治课、形势与政策课、党课、团课等对学生进行隐性的德育渗透工作,以达到"润物细无声"的德育效果。同时向学生宣传优秀先进典型,通过分享模范的

---

① 《习近平谈治国理政》第2卷,外文出版社2017年版,第378页。

先进事迹，号召广大学生树立学习的榜样，建立道德的衡量标准。从警示教育入手，发挥错误案例的警戒作用，利用校内校外已经处理定性的典型案例对学生和教师进行党风廉政教育，让高校师生尤其是广大青年学生看到党和政府与腐败作斗争的决心和态度，树立好党和政府在高校师生心中的形象，牢固凝聚党心民心，有利于高校师生更加紧密地团结在党中央周围，不断增强高校的思想凝聚力。

二　新媒体为高校德育开辟新渠道

运用新媒体为高校工作注入新活力，将思想政治工作传统优势同信息技术高度融合，增强时代感和吸引力。高校德育工作应抓住新媒体环境下提供的新机遇，与时俱进，不断推进高校德育工作顺利向前，开创高校德育发展新局面。

由于互联网技术已经被广泛运用于人们的日常生活中，新媒体与高校德育的结合为高校德育工作模式和内容的创新带来了新的机遇。通过利用新媒体以及互联网平台和高校德育的紧密融合，有利于创新高校德育形式，丰富高校德育内容，提高高校德育感染力和吸引力，提升高校德育针对性和实效性，从而开辟高校德育事业的新局面。新媒体与高校德育工作的深度融合旨在在新时代中国特色社会主义核心价值观指导下培养能够担当民族复兴大任的时代新人，对高校德育工作的开展有着重要的意义。

（一）新媒体拓宽高校德育渠道

高校德育载体是指承载并传播道德教育内容，为高校等教育主体所利用，实现道德教育目的的中介。传统高校德育大多采用单向、面对面的灌输模式，具有强制性的特点。高校的思想政治理论课教学及相关德育活动往往耗费大量的人力、物力和财力，却难以引起学生的道德共鸣，收效甚微。而新媒体的广泛普及，为高校德育环境提供了新的承载形式。首先，各高校可以充分利用新媒体开放性、共享性的特点，积极开发德育网络平台，发布德育精品课程，将思想政治教育课堂从线下搬向线上，从学校教育走向社会培育；其次，高校德育工作者要紧抓新媒体即时性、海量性的特点，充分利用微信、微博、抖音等媒介，开展德育网络教育，了解学生的思想动态，与学生进行线上互动和交流，从而实现德育载体多样化；再次，新媒体在学生中的广泛应用，也对学生个人内心进行潜移默化的教育，要创建良好的德育环境，引导新时代大学生树立正确世界观、人生观、价值观，保证德育精神内化于心、外化于行。

（二）新媒体提升高校德育实效性

从效果上来看，新媒体突破了德育传播的时空限制，有助于增强高校德育的实效性。在新媒体广泛普及之前，高校德育受到时空限制，与外界缺少深入的沟通和联系。进入新媒体时代，网络的迅猛发展在一定程度上突破了物理空间的限制，促进了学校、社会、家庭之间的交流和互动。大学生即使身处校园，也能和不同家庭、地区和国家的人们进行沟通和联系。德育工作者充分利用新媒体这一优势，建立德育工作平台，共享德育教育资源，形成全方位、立体化的德育环境，从而有效地增强德育的实效性。此外，新媒体与传统媒体相比，具有即时性和裂变性的特点，它可以瞬间将信息输送给相关受教客体，并实现信息的几何级复制，通过点点、点面、面面信息传送，实现德育传播的普及化。高校德育工作者应充分利用这一优势，及时掌握学生的思想动态，避免突发事件的发生和扩大，提高高校德育的实效性，维护校园的和谐与稳定。

（三）新媒体打破高校德育层级限制

传统高校德育信息通常是自上而下进行层级传播，表现为主流价值观、意见领袖、受教育群体的层级模式，意见领袖在将信息传递给社会大众的过程中，发挥着重要且具影响力的中介作用，他们充分领会和学习各项知识和技能，并加以吸收进行再加工，进而对受教育群体进行宣传和普及。这种层级传播方式能确保主流价值观得到有效贯彻和落实，但由于在传播过程中附加了意见领袖的个人意志，容易形成意见权威。新媒体的广泛普及，使得德育传播形式更加多样化，大学生接受德育的内容也更加丰富，从而打破了德育内容传播的层次控制,削弱了意见领袖的权威,大学生可以根据自己兴趣和爱好自主选择德育形式和内容,有益于促进大学生形成主体意识。新媒体为高校德育提供了广阔的教育空间,教育者借助新媒体把某种德育的内涵传向受教育者,使得新时代大学生在接受德育教育方面具有平等的机会和人格,也正是通过新媒体手段,使德育内容作用于受教育者身上,增强大学生的责任感,做社会主义正能量的传播者。

(四) 新媒体优化高校德育内容

新媒体能够优化德育内容,发挥网络文明的作用。在新媒体时代,大学生接触网络信息的渠道剧增,高校教师应与时俱进,从网络平台上选取社会热点现象进行分析探讨,将德育内容与学生生活实际、时代发展紧密联系起来,为高校德育工作的改革创新提供重要辅助。同时,高校应利用新媒体平台对德育工作进行改革创新,改变传统教师单一讲解的知识传授模式,增强教师与学生之间的互动,在讨论和交流的基础上加深学生对相关德育知识内容的理解,增强学生的价值选择和判断能力,从道德他律逐渐转变为道德自律。高校德育工作者应结合学生的实际情况对学生实施多元化的思想引导,使他们的思想道德认知水平和价值判断能力得到良好的培养,进而发挥出新媒体德育效应,全面提升高校大学生德育效果。

三 新时代发展成果为高校德育创造条件

2021年,我国进入新发展阶段。这是在全面建成小康社会、实现第一个百年奋斗目标之后,全面建设社会主义现代化国家、向第二个百年奋斗目标进军的发展阶段。党和国家事业发展对德才兼备、全面发展的人才的迫切需要为高校德育工作的开展提出了新要求。要走好基础学科人才自主培养之路,坚持面向世界科技前沿、面向经济主战场、面向国家重大需求、面向人民生命健康,全面贯彻党的教育方针,落实立德树人根本任务,遵循教育规律,加快建设高质量基础学科人才培养体系。要坚持正确政治方向,把理想信念教育贯穿人才培养全过程,引导人才深怀爱党爱国之心、砥砺报国之志,继承和发扬老一辈科学家胸怀祖国、服务人民的优秀品质。中国传统文化所蕴含的育人功能，对于当代高校德育具有重要的价值，加之党和政府对于创新创业教育的重视，为高校德育工作的开展带来了新机遇。

（一）5G 为高校德育提供技术支持

2019 年，工信部正式向中国移动、中国电信、中国联通和中国广电发放 5G 商用牌照，标志中国正式进入 5G 时代。5G 时代的到来，在为社会带来深刻变革的同时，也为高校德育工作带来了新机遇。首先，5G 能够解决高校德育资源配置不均的问题，实现德育资源的共享。目前我国高校因为发展水平不同存在着德育资源配置不均衡等问题。依托 5G 网络的低延时、高宽带特性，"5G＋全息课堂"的实现变得可能。"'5G＋全息课堂'可以将授课者以 3D 呈现形式出现在不同的地方，能有效解决高校思想政治教育资源分布不均衡的问题，使得优质教育资源缺乏的高校也可以享受到优质的教育资源，实现教育资源的互通互用。"[①] 5G 网络突破了时间和空间的限制，让全国各高校的老师和学生能够享受优质的德育课堂，促进了道德教育的普惠化，实现了德育资源共享。其次，5G 提升了高校德育的针对性。5G 时代的到来，为大数据发挥更大的潜能提供了重要的技术支持。大数据可以记录下大学生的言行举止和一切的网络行为，通过对收集的数据进行解码分析，高校德育工作者能够深入地掌握大学生的思想情况，为高校德育提供坚实的现实依据，高校德育工作者可以根据每位学生的实际情况，制定出更具有针对性、更具有个性化的德育方案，做到有的放矢，事半功倍。最后，5G 极大地提高了高校德育的实效性。爱国主义教育、道德教育、社会主义教育等都是高校德育的主要内容，高校德育内容的复杂性和抽象性为高校德育工作的开展带来了一定的难度。高校德育工作可以依托 5G 网络低延时、高宽带的特性，以德育理论结合短视频的模式进行德育内容的教学和

---

① 刘克方：《5G 时代高校思想政治教育面临的机遇和挑战》，《就业与保障》2020 年第 17 期。

宣传，这更符合新时代大学生的学习习惯，也可以大大提升高校德育的实效性。

（二）文化自信为高校德育提供精神滋养

坚定文化自信就是要激发党和人民对中华优秀传统文化的历史自豪感，在全社会形成对社会主义核心价值观的普遍共识和价值认同。中华优秀传统文化的文化魅力和历史底蕴，是我们始终坚定"四个自信"的底气所在。弘扬和传承中华优秀传统文化需要贯彻高校德育始终，做到教育普及、创新发展和传承保护协同发展，最终增强文化自觉和文化自信，提高中华文化国际影响力。文化自信是一个政党乃至一个国家和民族的立身之本，增强文化自信要在教育中弘扬中华优秀传统文化。

中华优秀传统文化是高校德育的肥沃土壤，通过将中华优秀传统文化融入大学德育工作，不仅可以更好地传承和弘扬中华优秀传统文化，还会为高校德育课程深度的挖掘和广度的推进带来新机遇。将中华优秀传统文化融入高校德育工作，不是要另起炉灶，全盘否定以前的德育成果，而是要兼容并蓄，将社会主义核心价值观作为新时代大学生的精神内核，将中华优秀传统文化这一宝贵的历史遗产融入高校德育工作中去，增强新时代大学生的文化自觉和文化自信，巩固他们的精神支柱，坚定共同为社会主义事业做贡献的理想信念。

将中华优秀传统文化融入高校德育工作，有利于不断提高德育的针对性、实效性，探索高校德育新路径，开创高校德育事业的新局面。首先，"融入过程"的价值观整合引领有助于高校德育工作坚持正确的政治方向。中华优秀传统文化融入高校德育工作，必将高举中国特色社会主义思想伟大旗帜，把培养中国特色社会主义事业的建设者和接班人作为根本任务，通过不断加强对中华优秀传统文化的阐释和升华更好地发挥德育铸魂育人的关键作用，提高新时代大学生的政治素质和文化修养。其次，"融入过程"的价值观整合引领有助于不断丰富高校德育工作内容。将中华优秀传统文化这一丰厚历史、文化遗产融入高校德育工作，在引领大学德育工作创新发展的同时，也赋予中华优秀传统文化新的时代内涵，丰富新时代高校德育工作的内容，使新时代高校德育工作具有鲜明的时代性、针对性和实效性。最后，"融入过程"的价值观整合引领有利于拓展高校德育工作新途径，将中华优秀传统文化融入贯穿到高校德育工作的各个方面，就是要不断拓展大学德育工作的途径、方法，科学系统地将传统文化融入体现到大学德育工作的各个环节，形成理论与实践的深度融合，将中华优秀传统文化融入大学生成人成才的各个方面，构建良好的校园德育氛围，进而从整体上引领大学生价值观的正确形成。

（三）创新创业教育为高校德育提供资源补充

2014年，李克强在夏季达沃斯论坛上首次公开发出了"大众创业，万众创新"的号召，2015年政府工作报告中再次提出了"大众创业，万众创新"。党中央、各地政府、各高校都高度重视创新创业教育，出台了一系列文件促进新时代大学生创业热情，建立了高校创新创业基地，为大学生提供创业平台和创业保障。高校创新创业教育与德育是新时代加快建设中国特色一流大学、建设高质量教育体系的重要组成部分，两者在教育目标、教育内容、教学方法上高度统一、相辅相成。二者的有机结合对开创我国高等教育事业高质量发展具有十分重要的意义。

《中共中央关于制定国民经济和社会发展第十四个五年规划和二〇三五年远景目标的建议》明确指出，要"坚持创新驱动发展，全面塑造发展新优势""激发人才创新活力"，"加强创新型、应用型、技能型人才培养"，"提高社会文明程度""推动理想信念教育常态化制度化"[①]，提高国家文化软实力。创新创业教育与思想政治教育正是坚持创新驱动发展与提高国家文化软实力的重要途径。作为我国高等教育事业的重要组成部分，二者高质量协同发展是推动建设教育强国的

---

① 《中共中央关于制定国民经济和社会发展第十四个五年规划和二〇三五年远景目标的建议》，人民出版社2020年版，第9—26页。

重要举措。培养德才兼备、全面发展的创新型人才是新时代高校育人的目标，创新创业教育和德育已成为高校教育事业的重要组成部分。高校创新创业教育的开展为大学生拓宽了就业渠道，提高了就业机会，同时创新创业教育作为一种新兴的素质教育，激发了新时代大学生的创造力。德育作为新时代高校教育事业重要的组成部分，传统的德育的理念和德育模式已经无法适应新时代大学生的发展需求，而将创新创业教育和德育有机结合在一起，把创新创业教育融入德育工作之中，将有助于丰富德育内容，拓宽德育的路径，挖掘学生的主观能动性，提高德育的实效性，促进新时代大学生的全面发展。

第三章 新时代高校德育工作体系的构建与实践

高质量的德育工作是实现人才培养目标的根本保证，直接关系到高校在当前社会竞争中的生存与发展。随着教育改革的逐步深入，德育工作的内涵与外延不断发生新的变化，建立健全新时代高校德育工作体系显得十分迫切和必要。

第一节 新时代高校德育工作体系的理论构建

一 高校德育工作实践模式构建的意义

近年来，教育系统外社会大众生活的道德失范，以及教育系统内道德教育自身在目的、内容、方法等方面的不足，使我国高校德育工作不同程度地存在着"失效"现象。其根本原因是社会的生产方式，与其相应的政治、经济、文化的变迁以及人们对这种变迁所产生的模糊认识。也就是说，既有社会大环境的问题，也有校园小环境的问题；既有德育主体本身的问题，也有德育客体自身的素质问题。当前我国高校对德育的重视程度越来越高，投入也越来越大，但成效仍不明显。为此，必须摆脱"知性德育"范式，大力推进高校德育的实践性，提高德育的实效性。

实践是检验道德教育成效的根本要素。构建高校德育的实践模式，就是要将德育与现实的生活情境相结合，将道德知识内化为道德意识并指导道德行为，通过道德实践活动促进个体道德的形成和发展,为道德主体实现道德知识的内化提供条件。实践活动不仅使道德主体加深了对道德知识的认识,更促使其在实践中和交往合作中培养道德情感和道德意识,并转化为道德行为。

关于德育模式,国外学者有不同的阐述,最具代表性的是美国学者理查德·哈什等提出的"道德教育模式是一种考虑教育机构中关心、判断和行动过程的方式。每种模式都包括关于人们如何发展道德的理论观点以及促进道德发展一些原则或方法"[①]。我国学者强调德育模式是一种教育形式,这种形式是由外部塑造的,尚不足以揭示一个人的德育思想和意图,更不足以成为一种教育理论。综合多方观点,可以认为高校德育模式是建立在相对稳定的德育理论范式指导下与长期德育实践相关的战略行动方法体系的基础上的。在此基础上,高校道德教育行为模式得到了受教育者的尊重。

道德不是传统的说教和空洞的理论,道德来源于生活并最终应用于生活。目前,我国高校的德育工作主要通过三种途径开展。一是德育理论教师通过思想政治理论课对学生进行理论知识的传授、教育。思想政治理论课是高校对学生系统进行思想政治教育的主要渠道和基本环节,也是每个学生的必修课程。在思想政治理论课教学中,要坚持学生的主体性地位,并充分发挥教师的主导作用,教学方法要适应新的思想政治课教育理念,充分调动学生的主动性和创造性,提升德育教学效果。二是德育工作者通过日常教育、管理开展德育工作。高校辅导员和班主任是高校日常思想政治教育的组织者和协调者,可以通过培训来提高他们的德育工作能力,还可以通过建立多样化的考评机制对德育工作进行考核,促进他们德育水平和能力的提高。三是全体教职工通过教书育人、服务育人,将德育工作纳入学校整体工作中,全体教职工在日常的教育活动中,要做好班级和年级工作,开展丰富多彩的教育活动,做好心理健康教育和辅导等德育工作。目前,

---

① [美]理查德·哈什等:《道德教育模式》,傅维利等译,学术期刊出版社1989年版,第8页。

这三种德育模式在高校德育中虽取得了一定的效果，却逐渐陷入了一种低效的困境。提升德育实效，不能仅靠知识的灌输，而是要让学生将获得的知识内化为内心的情感体验，并转化为行为实践，避免出现德育与生活世界相脱离的问题。德育与生活应当是相融合的，人们的道德品质只有在生活实践中才能体现出来。学生参与德育实践有利于提升道德认识，培养道德品质，养成道德行为习惯。在德育实践中，学生在教师的帮助下了解德育内容，在理性认识中通过感性体验达到知识的内化和升华。

德育理论与德育现实之间始终存在着不断发展的差距。对德育实践进行体系化的建构，就是要解决这一矛盾，在道德教育理论与道德教育实践之间架起一座桥梁。德育的实践方式是基于德育训练的理论体系，它简明扼要地反映了相关德育实践理论的基本特征和具体框架，使德育工作者能够理解和运用所涉及的原理，将德育理论纳入德育实践中。德育可以使抽象的道德教育理论发挥中心作用，这是德育工作人员在实际工作中可以联系到的一种标准模式和行动策略，对于提升高校德育工作的实效性具有重要意义。

二　高校德育工作实践的理论模式与特点

（一）高校德育工作实践的理论模式

德育实践是高校德育系统工程的重要环节，德育的实效性有赖于德育实践模式的科学构建。高校在进行德育的过程中，开放性地引入实践机制有助于促进学生了解社会，对培养学生品格，增强学生社会责任感，使学生养成知行合一的道德观念具有不可替代的作用。

1. 以德育实践研究和指导中心为平台，加强综合研究

高校应以思想政治工作队伍、思想政治理论课教育工作者以及教育理论研究人员为主体，吸收部分学生和社会有关人员参加成立德育实践研究和指导中心，进行综合研究，在研究的基础上科学地指导德育实践，推进德育实践工作专业化、科学化。有关部门应加强对中心的支持与管理，把德育实践研究和指导中心建设作为大学生思想政治

教育的科学研究阵地、决策研究机构、理论创新基地和研讨交流平台。

2. 加强顶层设计，科学设计和制定德育实践的目标和内容

高校要科学设计和制定德育实践的目标。该目标主要是帮助个人实现社会化，并培养适应时代和社会需要的高素质人才。为实现该目标，必须考虑德育实践目标的现实性，避免"假大空"。在制定德育实践内容时，要注重学生的主体地位，让学生在德育实践活动中发挥主观能动性。此外，德育实践的内容要面向生活，把德育的内容转化为学生的日常生活和行为习惯，把德育的理论知识转化为个体思想品德的内在体现，从而实现德育的感悟与熏陶功能。

3. 多途径设计德育实践的实施过程

一是将德育实践融入课程教学中，将专业知识与道德教育相结合来引导道德教育的实践，使学生在学习过程中既可以学习到专业知识，又可以得到道德教育。二是将德育实践与校园文化艺术活动相结合，文化艺术活动作为一种情感教育，大多蕴含着丰富的情感和道德价值，使大学生在潜移默化中感受校园文化，以独特的形式提高大学生的思想道德修养，帮助大学生约束自己的行为，帮助高校营造具有人文气息的校园环境，从而使高校成为提高大学生道德修养的最佳场所。

4. 建立健全德育实践的管理和评价体系

德育实践的管理和评价体系应当建立在符合社会评价、学校评价、家庭评价和学生自我评价需求的基础上。要根据实际情况编制量化指标，这些指标要既详细又具体，符合人才培养的目标要求。要分类收集各种数据，并开展综合评估。在评估过程中反馈的信息数据的基础上不断动态调整评估指标，使其可以帮助高校随着实践环境和条件的变化适时调整德育工作的内容和方法，提升德育实效。

5. 建立健全德育实践信息反馈系统

人类的认知从来都是从简单到丰富，从低水平到高水平，从量变到质变。从认识论来看，大学生道德教育的实践并不是德育教育的唯一体现。就德育实践体系而言，评估和回应既是上一轮实践活动的目

标，又是新一轮实践活动的开始，也是该体系活力的有力标志。这就要求不断反馈和评估学生的道德教育实践信息，将道德教育实践转变为学生的自觉和自发行动，真正提高道德修养和道德能力。

（二）高校德育工作实践模式的特点

高校德育实践模式除具备社会实践活动与第二课堂活动的一般特征外，还具有自身所固有的特点，主要表现为：

1. 建构规范化

高校德育实践模式包括根据课程设计而构建的德育课程计划。课程计划对特定的上课时间、上课形式以及上课标准等进行了规范。教学过程的各个层次和操作必须准确、有序，并有明确而具体的教学计划。德育实践模式的建构必须充分遵循规范的德育课程计划，使德育实践全过程有根据、有标准。

2. 设计个性化

高校德育实践模式从根本上引导高校德育的前进方向。德育实践环节的设计不仅要基于每个学生的自身发展特点，还应有益于学生的个性和能力发展。现代教育技术（尤其是在线多媒体教学程序）为每个学生的技能、兴趣和专业发展提供了更广阔的平台。这意味着德育实践模式的构建既要满足学生发展的特殊性，又要适应时代发展的先进性，才能保持生机。

3. 实施过程生活化

高校德育实践更加关注学生生活的主观世界和客观世界。德育实践可以积极地影响大学生的世界观、人生观、价值观，并有利于引导大学生将学业生涯与未来的职业发展以及祖国的未来和命运紧密联系起来，增加学习的动力和毅力。高校德育实践可以指导和帮助大学生建立与人平等、尊重、坦诚、宽容、诚实和信任的人际关系。高校德育实践更加重视学生的日常生活，通过日常实践培养学生自信、自爱、文明健康的生活态度。

4. 评价体系科学化

对大学生德育实践的评估应当是在理论学习基础上的一种全方

面、综合立体的科学判断,这个评估过程是动态的评估过程。对德育实践模式的评价不仅能够反映学生自身价值的实现程度,还能反映社会价值的实现程度。只有构建更加科学合理的评价体系,才能为学生提供更清晰、更明确的道德教育实践模式,更重要的是,可以产生社会价值,促进学生社会道德素养的发展。

三 高校德育工作实践模式构建的原则与注意事项

(一)高校德育工作实践模式构建的原则

1. 有效性原则

德育的效果决定德育的成败。德育实践模式的各个环节都应注重效果。党的十八大提出将"立德树人"作为教育的根本任务,强调"育人为本,德育为先"理念,致力于提高德育工作的先进性和有效性。德育工作不仅要传输德育理论知识给学生,还要将德育知识内化为学生个体的道德意识,并最终外化为符合德育要求的行为。因此,德育实践模式的构建要坚持有效性原则,应根据学生的实际情况,有目的、有计划地将德育因素渗透到实践活动中,在实践活动中对学生的道德意识和道德行为产生潜移默化的影响,完善学生的修养和人格,切实提高德育的有效性。

2. 可操作性原则

德育实践模式的发展还应强调每个实践环节的运作。应该从全程可操作、全面可操作、全员可操作三个方面来衡量和测试德育实践的可操作性。特别是道德教育的实践必须贯穿于道德教育的全过程中,高校德育的实践也必须充分渗透到学生的学习和生活的各个领域,每一个德育工作者都要根据自己的职责分工做到"教书育人、管理育人、服务育人"。

3. 整体性原则

德育实践模式的构建要坚持整体性原则。这是发挥德育工作整体效应,构建社会、学校、家庭的大德育体系,从而使德育工作形成系统、发挥作用的重要保证。在德育实践模式构建过程中,应制订"教学"计划、活动模式、评估方案等，将学生的爱国主义教育、集体主义教育、社会主义教育及理想信念、思想品德教育等内容融入实践活动的各个环节中，使德育实践活动真正成为学生思想品德和道德教育的社会大课堂，从整体上系统性地贯彻德育规范，组织实施德育实践性教学。

4. 层次性原则

德育实践模式的建设应与层级制度相对应。德育实践涉及不同年龄、学历的学生，还涉及德育发展的不同阶段。随着时代的发展和社会的变迁，教育环境呈现出日益复杂化的特点。由于教育对象的德育基础不同，德育追求的目标层面不同，教育者的工作分工也不同。因此，要按照分层次性的原则因材施教，尊重学生的个性差异，遵守教育的客观规律，稳步提升德育的针对性和有效性。

5. 主体性原则

德育实践模式的构建应遵循主体性原则。学生是德育实践体系的重要组成部分，在德育实践中，唯有注重学生的主观能动性，充分调动学生的积极性，才能提高德育实效。因此，应进一步转变德育观念，将主体性原则作为学生全面发展的根本原则，这也是顺应当代道德教育理论和实践发展的必然趋势。

（二）高校德育工作实践模式构建的注意事项

1. 要立足长远，以发展的眼光构建高校德育实践模式

德育工作者应根据国内外形势的新动态、教育改革与发展的新内容、学生思想的新变化进行德育。要充分认识当前的社会问题对学生产生的影响，并适时开展德育；要着眼于学生未来发展的实际，结合学生的年龄特点和教育过程的阶段性特点，制定切合实际的德育内容。针对大学生自我意识培养以及毕业生就业选择等方面的实践内容，从未来职业发展的角度出发，有针对性地选择符合学生实际需求的实践内容，拓展和延伸德育实践的内涵和外延。

2. 要立足德育目标，遵循客观规律，构建高校德育实践模式

建立的德育实践模式必须以道德教育为目标，致力于提高学生的

道德认知能力,以及提高学生感知、分析和解决问题的能力。不同的历史时期,有不同的道德观念,大学的道德教育实践应当在促进学生的道德,智力和身体全面发展方面发挥积极的指导作用。建立实践性的德育模式,必须遵守内外统一的原则,符合学生的思想道德教育规律和法律规律,培养学生的道德人格。在开展德育实践的过程中,有必要加强对学生的引导,提高他们正确认识社会,辨别是非,自觉抵制和消除负面影响因素的能力。

3. 要立足实践,在高校德育实践模式的构建中注重制定科学的评价体系

德育实践模式的构建既来自实践,又要在实践中不断完善。德育实践模式实施的具体内容、途径和方法等都要经得住实践的检验,德育实践活动的内容既要反映时代的特点,又要具有较强的吸引力,使大学生乐于参与。此外,德育评价是教育评价的重要方面,高校需要构建一个动态的、立体式的评价网络,改变过去那种为评价而评价导致的评价经验化、单一化的局面。如何更科学地制定评价体系、更准确地量化评价指标,都有待于在实践中摸索。

4. 要结合时代特征,注重环境优化,创新高校德育实践模式

德育实践模式的发展不仅受到学校环境的影响,还受到家庭环境和客观社会现状的制约。当前社会价值多元化,各种复杂的社会现象给高校的德育工作带来了负面影响。高校应根据时代特征,优化社会环境,从多角度、多维度创新德育实践模式,净化高校德育的实践空间,为学生创造良好的实践环境。

5. 要建立具有普遍实用价值的德育模式

现代大学生是未来社会的支柱,必须具备强大的适应能力和社会生存能力。德育实践模式的构建者必须重视德育的社会化,克服学校德育的时间和课堂限制,组织学生开展具有现实意义的社会实践活动,将学校学习与社会实践有机联系起来,让学生通过参与社会活动完成情感交互。

6. 要在高校实践性德育模式建设中做到德育形式与内容的有机结合

从辩证唯物主义的角度来看，内容和形式是始终结合在一起的，任何抛开内容的空洞形式都是毫无意义的，将德育的内容和形式统一纳入高校德育研究是一种价值取向，也是提高德育效果的必然要求。

四　高校德育工作实践中内容与形式的整合

德育必须注意道德内容和道德形式的统一，这是发展完整的道德科学的前提。高校德育的重要任务是整合德育实践的内容和形式，为学生建立社会保障体系，并建立长期有效的实践教育机制。

（一）德育实践内涵与外延的界定

道德教育是理性实践的核心。德育的目的是发展和促进社会道德，道德的创造和发展是道德主体应用的过程，是学生在老师的指导和帮助下对德育内容的理解、吸收和践行。在现实社会中，德育的来源渠道非常广泛，社会上许多可利用的德育资源对学生的影响已经远远超出了理论灌输的范畴。

"忽视道德经验的最大危险在于，它可能阻碍道德学习者真正理解宝贵的真理和道德的方式。如果我们讲道德的起源，它既不是传统的讲道，也不是空洞的理论，而是来自一个真正的社会。"[①] 实践是主观世界和客观世界之间的桥梁，是个人意识形态和道德形成和发展的重要来源和主要力量，承担着作为中介者进行道德教育，进行思想道德的内在化和外在化的重要责任。在帮助学生走进社会、了解国情，养成良好的行为习惯以及提高社会责任感等方面具有不可替代的作用。它不仅有助于学生了解科学和伦理理论，也为思想转变和道德生成提供了实践基础。

德育工作实践表明，德育不应局限于课堂内的理论教育，还必须

[①] 檀传宝、陈国清：《改革开放40年我国德育学科建设的探索与进步》，《中国教育学刊》2018年第10期。

重视其实用性。德育是否有效，最终取决于大学生思想道德素质是否得到提高。德育实践不仅是提高大学生思想道德素质的重要途径，也是高校德育必不可少的重要环节。

从本质上来说，德育实践是德育主体的一种实践过程，这个过程也是大学生在德育主体帮助下消化、吸收德育内容，并逐渐成长，达到自我教育的实践过程。在德育实践过程中，学生除了在课堂上学习掌握一些基本的政治理论之外，大量的德育内容都是依靠教师在教学过程中释放的人格魅力，以及校园文化、社会实践等活动来感染、影响与同化的。德育工作者除了通过教学影响学生的思想和行为以外，自身的言行举止也是对大学生最好的德育。近年来，各高校通过各种实践活动对大学生进行思想政治与道德教育，积累了不少好的经验，形成了一些好的传统，在此基础上逐步形成了高校德育实践课程的大体范围和主要内容。如社会调查、公益劳动、社区服务、挂职锻炼、青年志愿者活动、勤工助学、环保活动，以及讨论、演讲、文化娱乐、体育等社团活动。近年来，以"科技、文化、卫生'三下乡'"为主要内容的社会实践活动作为大学生接触社会、了解国情社情的一种重要载体，得到了大学生的普遍认可。

（二）德育实践的基本形式

1. 以课堂教学为主的德育实践

基于课堂教学的德育实践是德育工作最基本、最常见和最主要的教学形式。新时代背景下，应当以建立新的课程计划为基础，创建思想政治理论课程为主要任务，加大教学改革力度，加强理论联系实际，通过课堂讨论、案例分析、社会热点问题讨论等加强课堂教学的良性互动。除思想政治理论课程外，还需要整合各专业课程中涵盖的德育资源，使之成为德育的辅助教育平台。还可以通过广泛开展各种主题讲座、演讲比赛、科学竞赛和团体活动主题讲座等，使高校德育更具吸引力、参与性和渗透性，使学生更容易接受。

2. 以职业规划为主的德育实践

在高校德育中融入实践环节是大学生接受德育和形成符合社会需

要的道德规范行为的重要途径。德育实践应包括专业实习、创业实践、制订学习工作计划等。其中,专业实习不仅可以提高大学生的工作技能,还可以让大学生提前具备职业道德;创业实践有助于培养创新意识、创业思维、竞争意识、团队合作精神等;制订学习工作计划可以督促学生提前规划职业生涯,以便更快地融入社会。

3. 以公益活动为主的德育实践

公益活动是直接服务于社区的活动。近年来,基于社会福利服务的德育实践已成为高校道德教育实践的一种常见形式,体现了高校德育有效性的重要性。通过组织和发展青年的各种社会实践和志愿活动,如科学技术、教育文化、卫生健康、社区援助、慈善筹款等,可以帮助大学生认识自我、认识社会,促使大学生积极投身建设中华民族复兴的伟大事业。

4. 以生活体验为主的德育实践

生活是德育的基础,是德育的重要源泉。将道德教育的基本内容与日常生活相结合,通过生活体验开展道德教育,有助于大学生探索生活乐趣,丰富生活体验。群体生活、社交生活、情感生活、企业生活、学生社团聚会以及其他与大学生密切相关的各类活动是学生获取知识的主要来源。在高校举办各种文化艺术节、运动会和学术活动,不仅可以营造良好的学习氛围,还有益于提高学生的德育水平。

(三) 德育实践的内容与形式的整合路径

理论研究和实践发展表明,教育可以被解释为人类的一种实践社会活动。当代教育具有多种实践特征,其中以人为对象的活动,旨在促进人的发展。因此,当下德育的重要任务是将高校德育实践的内容与形式有机结合起来,创建符合时代发展和大学生需求的新时代德育实践的科学体系和道德教育长期机制。

1. 探索将理论转变为实践的道路和方法

马克思主义的实践理论、人类社会发展规律和个人生活经验都表明,科学理论可以指导正确实践的发展。尽管实践是理论的源泉,但对于特定阶段的特定个人而言,理论在实践中不会自然地产生。因此，开展系统和专门的理论研究，接受系统的理论教学是十分必要的。

对于当代大学生而言，尽管接受德育教育的渠道和途径较之以往显得更加便捷和多样，但毫无疑问，高校思想政治理论课的课堂教学仍将始终是大学生接受理论教育的主要渠道。当前，高校德育实践改革较为迫切。改革的主要内容不仅包括课堂组织、教学方法和学生容易接受的其他外部理论方面，还包括课堂讨论、案例分析和社会调查等方面。大学生亲身参与德育实践改革，有利于更好地将国家发展、社会进步与个人成就有机融合，有助于将习得的理论知识转化为自觉意识和自觉行动。

德育实践是德育理论社会化行动的具体体现，是有意识地将马克思主义理论付诸实践的具体行动，是正确理解"中国梦"深刻内涵和实现中华民族伟大复兴的思想与动力源泉，是对马克思主义中国化的两大理论成果的教育教学方式的创新。基于中国特色社会主义教育的德育实践，有助于增进大学生对党的理论创新成果的了解。

2. 有机融合德育实践与大学生课堂德育

要组织和指导学生积极参与学校的各种活动，提高他们的综合素质和课外技能，通过开展活动帮助学生建立创新、竞争、合作和责任意识，帮助学生科学认识自己，正确理解社会，激发创造精神和奉献精神。要组织开展与大学生未来职业相关的社会实践，特别是专业实习、创业实践、勤工俭学计划等。对大学生的职业培训既是对学生技能的培养过程，也是职业道德培训的渐进过程。要组织大学生参与包括各种青年志愿者活动、社区服务活动、校外文化体育活动、慈善活动等公益性德育实践活动来提高理论水平和道德水平，培养塑造他们的创造精神和奉献精神。

3. 开展基于生活体会和感悟的德育实践

研究认为，生活是德育的基础，它立足于生活基础，丰富德育资源，促进概念思维观念的改变；生活是高校德育实践的过程，高校德育的实践是社会化的，转化理论和外在思想观念，认识行为本身的过程，而内在化过程始终与人们的日常生活息息相关；生活化成为高校德育的主要力量，与抽象的、空洞的灌输相比，在日常工作和生活中进行道德训练和探索更加具有意义和价值，只有通过日常生活的实践，才可以吸引学生，提高学生的认识；以生活为导向是大学德育实践的目标，德育的最终目的不仅是传播道德理论，而且是为了支持符合道德要求概念的现实主义者，使他们的道德水平有所提高，确保道德教育的实践不流于形式。

尤为重要的是，高校德育实践应鼓励和引导学生自觉、主动、积极地将高校德育的思想、理论、原则、观点和方法与自己的生活反思、直觉和思想相结合，通过自我修养和内在努力等多种手段，来提高高校德育实践的有效性。

第二节　新时代高校德育工作体系的实践探索

一　高校德育工作实践的现状及反思

（一）高校德育工作实践的现状

在实现当代大学生政治社会化，提高思想道德素质方面，高校德育工作起着非常重要的作用。在当前高等教育特别是德育的改革与发展中，已有不少新措施、新方法与新尝试正被应用于德育实践性课程，但它们并不完全，也并不严格地符合实践性德育课程的要求。

传统的德育理论课程往往忽视学生主体的主动内化作用，造成知行脱节。这一现状使得传统的德育实践活动，是在学校、教师、家长与社会的"要求"下，由整体对学生个体，从上而下，自外向内单向地"组织"或"发起"，并要求学生"参加"的。这种德育实践是被动的甚至是强制性的，有时还是一种机械的、条件反射式的实践活动。在多数情况下，学生是在教育者的要求和号召下进行着消极实践，这使学生丧失了主体性、主动性与创造性。学生只是作为消极被动的对象或客体在活动中接受"教育"，被"塑造"或被"改造"。

（二）对高校德育工作实践现状的反思

高校德育实践现状，反映了虽然高校德育实践取得了一定的成绩，但还未充分达到高校德育的目标，在大学生的主动性、教师的创造性等方面与理想状态和目标要求还有相当大的距离。

1. 应准确定位高校德育工作所处的新时代语境

高校德育工作所采取的各种内容、形式、方法、途径等还未与新的时代背景相协调。当今社会的主要矛盾发生了深刻的变化，人民日益增长的美好生活需要和不平衡不充分的发展之间的矛盾日渐突出。中国特色社会主义进入新时代，更应该准确定位当前德育工作的历史方位。尽管高校德育工作者需要寻求诸多方面的改变，但是德育工作立德树人的根本目标不能改变。在吸收传统的德育优秀养分的同时，也应该顺应新时代的发展需求，坚持以学生为主体，全方位因材施教，探寻高校德育工作发展的新路径。

处在新时代的高校德育工作未能深刻理解新时代的"时代新人"的深刻内涵。"两个一百年"奋斗目标和中华民族伟大复兴的中国梦需要一代又一代的中国新青年持续努力。处在新时代的"时代新人"被寄予众望，"'时代新人'新在政治觉悟高、新在精神状态佳、新在本领素质硬、新在责任担当强"[①]。这些都需要高校德育工作者在发展中注重准确地把握。

2. 应科学把握高校德育工作实践的特性

在定义德育的实践目标上缺乏完整性。高校德育过分强调工具价值，忽视了对大学生生命价值和生活幸福关怀的本体价值。这种工具化的德育目标，主要表现为高校德育重整体轻个体。我国高校的德育思想倾向于将德育理解为他人或社会着想，为他人或社会付出。在如今的德育工作中，高校强调德育的工具价值，即将学生的道德修养与他人、社会、国家的需求相关联；而忽略了德育的本体价值，即将学

---

① 危晓燕：《理解新时代高校德育工作的三重维度》，《学校党建与思想教育》2020 年第 7 期。

生的道德修养与其自身的精神、物质需求相关联。

高校德育目标的实施存在不足。目标的实现没有科学的计划,有很大的随意性。目标的设定没有考虑到学生的差异性和特殊性,甚至以最基本的道德标准来要求每一位学生。这不利于学生的道德成长,并直接影响到高校德育实践。

高校德育实践没有充分考虑到学生的主体性和积极性。德育本是德育主体之间以德育资源为中介,进行平等对话、相互交流的过程。然而,在高校德育实践中,却被异化为教师主体对学生客体的占有和控制关系。德育过程被扭曲为教育者对受教育者进行"塑造模型"和"机械加工"的过程。

3. 应加快促进高校德育工作实践的创新性发展

当前高校德育实践无法充分应对市场经济带来的挑战。高校德育重功利轻意义,受实用主义影响,部分高校不重视德育,认为其没有实用价值,只重视学生的学习能力和就业技能。关注人的心灵、价值、信仰和生活意义的大学日益走向大学教育的边缘,这正在不断造成高校德育的边缘化。

它不能适当地处理教育理念带来的负面影响,从而无法迅速获得成功,并在大学中实现德育实践。与社会过分重视教育经济功能相对应,"重智轻德""重知轻能""德育是软指标,智育是硬指标""德育说起来重要,干起来次要,忙起来不要"等观念在高校德育实践中仍然存在。

综上,高校德育实施过程不仅要吸取经验和教训,还必须面对现实,正确解决新问题,合理分析新情况。只有这样才能实现高校德育目标与学生自主教育目标。

二 高校德育工作传统途径和载体的建设

(一) 德育实践途径和载体的含义

高校德育过程是教育者、受教育者和社会要求的思想道德规范三个要素之间相互作用和发展的过程。这也是有组织性、计划性、针对性地连续解决这三个要素之间无限矛盾的循环过程。

德育实践途径从根本上来说就是德育实践过程的方法选择，从根本上来看是对教育观念和教育方式的一种选择，在一定意义上决定了教育者、受教育者以及德育内容在德育过程中的地位。传统德育将德育等同于道德知识的教育，选择以讲授德育知识为唯一的形式来开展德育工作。现代德育在传统德育的基础上，突出了受教育者在德育过程中的主体地位。当然，任何单一的途径对于受教育者而言，其作用和效果都是有限的，只有开展适合受教育者的多途径德育实践方法，才能够发挥德育实践真正的价值。

任何一种途径的实施都要依托于载体，德育载体同样具备一般载体的属性和性质。除此之外，它还具备自身的特点。德育载体就是指在德育过程中能承载并传递德育内容或信息的所有事物、活动及过程，它是教育者与受教育者之间的桥梁，是实现德育工作目标的基本条件和保障。载体在发挥作用时会"隐而不见"，让人感觉不到它的存在，但载体却是德育实践得以发生和实现所必不可缺的。载体是德育的土壤，选择了合适的土壤，德育才能生根、发芽、开花、结果，才能发挥更大的作用。德育实践载体负责在德育主体与客体之间传递信息，并不断促进德育主体与客体之间的双向交互。

（二）传统德育实践的途径及载体

传统的道德教育更加注重理性动机和灌输式教学。这种类型的德育方法是把受教育者等同为道德教育理论的接受者，更关心道德科学的方向传输。传统高校德育实践主要基于课堂教学和管理两种载体。

1. 课堂教学

课堂教学是学校教育的主要途径，也是高校德育实践的常见载体之一。课堂教学是利用系统的、规范的教学方式，通过课堂教师传授道德教育理论知识，培养学生良好的思想道德素质的过程。

课堂教学作为高校德育的基本载体，着重于理性科学的传播。教师在课堂上对理论科学的深入解释，为学生提供一种增进道德理解、发展理想信念的方式。如通过系统地学习马克思主义理论科学，学生可以树立共产主义的崇高理想，并增强中国特色社会主义信念。在教学过程中，教师对教学内容的准确、深入、全面地理解和系统地解释，是学生学习知识和道德技能的重要途径，能够使学生获得更多正确的思想观念，树立理想的人格，为自我行为实践提供理论指导。为了增强认知功能，课堂教学采取的是更直接的灌输方式，即教育者通过教学向受教育者传输道德教育的内容，使他们能够接受并将其转化为自我意识和行动。

2. 管理

所谓管理，是指高校德育过程中管理活动与管理手段相配合，以更加紧密地贴近学生的生活实际和思想实际的方法开展高校德育。管理载体的运用，是教育规律的集中反映和全面体现。

传统德育实践将管理作为基本载体之一，是由高等教育的规定性和教育对象的特殊性所决定的。高等教育要求德育内容系统化，德育实践必须做到组织工作制度化。由于教育对象在心理和生理方面还不太成熟，自制能力和抗挫折能力较差，喜欢以自我为中心，如果忽视管理，后果将不可想象。管理对于建立宽严有度、有张有弛的教育环境十分重要。

管理载体是一种制度化的教育形式。管理必须依据由法律、规章、纪律所构成的制度进行。将管理载体与德育相结合，就使德育具有了一定的制度化特征，带有一定的强制性。道德教育与管理紧密相连，德育管理的概念是将德育内容应用于管理：使用特定的规章制度、行为规范和有效的管理方法来限制、规范和协调教育对象的行为，传达思想道德和行为习惯；通过法律和其他手段进行管理的权力具有强制执行力，对所有成员具有强制约束力，最终使学生从异质性转向自律。管理载体比任何其他载体的运用都更广泛且更实用，管理载体可以将德育与其他更具渗透性的工作结合起来。管理载体将德育具体化，将高校德育教育因素纳入日常生活。德育工作者可以随着时间的推移监测学生的思想状况，快速发现问题并帮助其改正。这使高校德育工作更加深入，更接近学生的真实思维。

如果管理不及时、不充分或不恰当，将对校园的公共德育产生负面影响。相反，健全的制度，严格的纪律，公正、公平和良好的管理可以使教育对象在情感上保持稳定。通过及时管理德育主体，使其在进行道德实践的过程中，发掘自己的主观能动性。本质上，管理过程是沟通和协调过程，沟通和协调是管理的手段。沟通意味着达成共识，而协调则意味着最大程度地利用各种资源解决问题。从这个意义上讲，应该将沟通和协调纳入高校德育的原则和方法中。德育工作者必须向德育对象传达正确的行为和道德观念，从德育对象身上得到反馈，并迅速协调和解决德育对象固有的心理失衡，利益冲突和人际矛盾。德育工作者的沟通和协调职能在高校德育中起着不可替代的重要作用。

第三节　新时代高校德育工作体系的创新构建

一　拓展高校德育工作实践途径的突破口

高校德育工作者在德育的实施过程中，既要在道德知识的传授过程中注重趣味性，避免枯燥和乏味，采用灵活多样的方法，增强感染力和吸引力，又要充分发挥学生的主动性和积极性，更要多采用启发、诱导的方式，以培养学生的道德自觉性。道德教育的实践表明，传统的德育实践忽视教学的情感性和学生的主体性，易造成片面灌输，引起受教育者的逆反心理，不利于培养受教育者独立思考的能力和养成自主性人格。因此，应当从以下两个方面来寻求拓展高校德育工作实践途径和载体的突破口。

第一，在德育实践过程中发挥道德情感的内驱力。道德情感是"人们依据一定的道德标准估量评价自己或他人的言行、处境时所产生的内心情绪体验，是人们基于一定的道德认识、出于满足自己的道德需要而生发的情感"[1]。在从道德行为向道德的转变中，道德情感起

---

[1] 李建华：《论道德情感培育的目标指向》，《常德师范学院学报》2000 年第 3 期。

着重要作用。道德并非先天的,而是在后天的社会实践中形成的,这就决定了道德情感同样的生成路径。"道德情感是在社会生活中形成的、人类特有的情感形式,是人基于道德认知对道德关系自觉的评价、感受与体验的结果,相对于自然情感来说,自觉性、明确性、稳定性是其鲜明的特征。这样的情感是后天生成的,是道德行为驱动力所要求的情感,也是道德教育所致力于涵育的情感形式。"① 在尊重道德主体的基础上,在高校德育过程中采取知育教化、情境引导、美育熏陶等方式,逐步引导出大学生的道德情感,是促进高校德育的重要途径。以爱国主义教育为例:爱国主义是一种外在的道德情感要求,在对其进行教育时首先应激发大学生内在"爱"的自然情感,然后以自然之"爱"为核心逐步扩展爱的对象,从爱家到爱故乡再到爱国,在家、故乡、国的逻辑中情感的引导显得顺理成章,情感的升华水到渠成。如此,爱国主义就由外而入内,找到了深厚的心理依托,变成了主体内在的道德情感。

第二,在德育实践过程中培养道德主体能力。高校德育的目的是使德育对象形成正确的思想、立场、观点和合乎社会要求的行为规范。德育目标的实现有赖于德育对象的主动参与,以及他们心理内部开展的矛盾运动所做出的正确道德判断和道德选择。因此,培养和提高大学生的道德主体能力,包括自我教育能力、道德判断能力、道德创造能力是高校德育实践的一项基本任务。要培养学生的自我教育能力。大学生所处的身心发展阶段说明他们已有了一定的自我教育能力,高校德育工作者的任务是促进受教育者自我教育能力的进一步提高,使他们能顺利地实现由"他律"向"自律"的转变。要培养学生的道德判断能力,即识别、判断行为善恶的能力,这是学生自我教育能力形成的基础。要培养学生的道德创造能力。随着时代的变迁,道德也表现出可变性、发展性的特征。作为社会主义的建设者和接班人,大学生理应具备创造新的伦理道德精神、创造性执行现有道德规

---

① 王艳:《大学生道德情感的生成与涵育》,《高校辅导员学刊》2012年第2期。

范、有效地解决现有道德问题的能力。

二 拓展高校德育工作实践途径和载体的有益尝试

受教育者作为道德主体，逐渐在德育实践中发挥着更多的自主作用，以自身的体验完成德育过程。因此，让受教育者更多地进行自我体验成为新时代德育实践载体建设的主要目标。围绕这个目标，高校在德育实践途径和载体的拓展上做了有益的尝试。

（一）校园文化活动载体

校园文化活动的提供者是德育工作者。校园文化活动注重德育目标和内容，以德育与学生活动相结合的活动为核心，是学生学习生活的第二课堂。"校园文化活动基本可分为思想引领类活动、志愿服务类活动、社会实践类活动、科技创新类活动、文明礼仪类活动、文体艺术类活动等。"①

1. 校园文化活动载体的作用

校园文化活动是继承和创造高校文化的重要纽带，有益于促进高校精神的健全和发展。校园文化活动直接改善了高校的物质环境，并要求高校的精神环境朝着更具文化品位的方向发展。高校开展文化活动能够改善德育的软环境，是文化功能和高校德育创新的重要纽带。同时，改善高校的文化环境能够为校园文化活动创造更加和谐的空间。

开展高校文化活动是实现德育目标的关键。丰富多彩、文明和健康的校园文化活动为大学生世界观、人生观、价值观的塑造提供了机会。"学生作为校园文化活动的实践主体和价值主体，在参与活动过程中，自身价值得以实现。高校应当把人生哲学、德智体美、伦理规范、审美品格、道德信念、道德人格等融入校园文化活动中，以此来促进学生的全面发展，达到德育的效果。这是实现德育目标的重要指南。"②

---

① 孙冬青：《高校校园文化活动的隐性德育功能探析》，《河南工业大学学报》（社会科学版）2016 年第 2 期。

② 刘成立、王立仁：《人本观照下高校校园文化活动育人模式的构建》，《东北师大学报》（哲学社会科学版）2014 年第 2 期。

2. 校园文化活动载体的建设路径

第一，高校应重视校园文化活动，完善校园基础设施建设，合理科学规划校园环境，为校园文化活动提供优美的环境，体现校园特色和人文精神。完备齐全的教学科研设备和活动设施，健全的文化体育活动设施，如礼堂音乐厅、多功能报告厅、会议室、体育场所及学生活动中心、学生工作办公区等，是开展高校校园文化活动顺利必不可少的物质条件，有利于开展学术科技文化活动和文体艺术类活动，提高活动质量。高校应合理分配活动资金，根据活动的重要程度和影响力度分配活动资金，如加大对科技创新类实践活动的资金投入。

第二，深度融合校园文化活动和教学活动，使之相辅相成。校园文化活动和教学活动在内容、形式和途径方面存在着很大的差异，但两者的教育目标是一致的，都是为了提高学生的综合素质，促进学生的发展。教学活动向学生传输各种理论知识，使学生奠定坚实的理论基础；校园文化活动以文化活动的形式将所学知识立体化、饱满化，巩固教学活动所传输的理论知识。"在知识的立体建构上，文化活动可以促使学生将自己已经掌握的理论知识运用到实践之中，使自己的知识结构得到检验和完善，从而获得新知。"[①] 校园文化活动能够弥补教学活动的不足，通过丰富多彩的形式，激发学生的学习兴趣，其影响力和说服力不容忽视。

第三，提升校园文化活动组织者的能力，打造校园文化活动品牌。要完善师德建设，提升教师的综合能力，加大教师在校园文化活动中的参与力度，使校园文化活动成为增强师生凝聚力的桥梁。教师应将科研学术活动融入校园文化活动中，贯彻教学活动与文化活动相结合的观念，提升学生的实践能力。学生作为校园文化活动的参与主体，应参与到活动的策划和筹备中，培养学生的创新意识和责任意识。要加强对学校团总支、学生会、社团等学生组织的建设，使学生

---

① 彭巧胤、谢相勋：《再论第二课堂与第一课堂的关系》，《学校党建和思想教育》2011年第14期。

充分进行自我管理、自我教育和自我服务,提升学生的综合能力。要联合教师和学生力量,利用学校的地理、学术等优势,打造独具特色的校园文化活动品牌。

(二)心理健康教育载体

所谓大学生心理健康教育,就是根据大学生的生理、心理发展特点,运用有关心理教育方法和手段,培养大学生良好的心理素质,促进大学生身心全面和谐发展和素质全面提高。心理健康教育是高校德育的重要内容,是培养高素质、高质量的人才的重要环节。心理健康教育的内容包括大学生的意识、记忆、感觉、知觉、思维、想象和言语等,大学生心理健康教育是高校德育的重要载体。心理素质是大学生综合素质的基础,良好的心理素质持续保证着大学生进行智能活动和人格的健全发展。当前,心理咨询活动已成为高校德育实践的重要载体。复杂变化和竞争激烈的社会现状无时无刻不在考验着大学生的心理素质。大学生一旦意识到自己无法达到预期的价值,就会产生紧张、焦虑的情绪,降低心理耐力、自制力和适应能力,形成心理问题或心理障碍。

1. 心理健康教育载体的特点

科学性。心理健康教育常常以一种平等交流的方式,通过讨论的形式进行推心置腹的交谈,深入学生内心,了解学生的心理健康状况,解决深层次的心理问题。心理健康教育科学性强,主要表现在它是建立在对人脑思维、情绪和情感等心理因素发展规律研究的基础上,有系统的科学理论作指导,容易取得较强的信任感。

针对性。不同的学生有着不同的生理、智力、性格等特征,心理健康教育因人制宜,通过差异性的督导服务,帮助大学生建立良好的身心。人格是个体行为和心理的总和,心理状况是人格的重要表现,它与人格相辅相成。在进行心理健康教育时,还应有针对性地关注大学生的人格特点,全面分析其心理健康状况,实现大学生的德育教育效果。

2. 心理健康教育载体的建设路径

提高高校辅导员素质。高校辅导员是对大学生进行心理健康教育的主要工作者，辅导员要具备具体性和针对性的工作思路和方法，要具备处理具体而生活化问题的能力，解决学生的一般道德问题和心理健康问题。因此，应加强对高校辅导员的培训，增强其综合素质，如举办专题讲座、开展职业技能竞赛等。

构建网络自主学习平台，促进大学生心理健康教育常态化发展。高校应创建微课等网络形式供大学生自主学习，使他们了解并掌握自我管理、情绪调节等心理健康教育相关内容。高校应统一开发学习资源，并配备相应的课件和测评反馈系统。

充分利用学校的心理健康咨询处。配备专业化的心理咨询师和全面的心理咨询系统，增加可信度。加大对心理健康咨询处的宣传力度，鼓励大学生勇于吐露心声，敢于向专业的心理咨询师求助。

（三）网络载体

互联网正在深刻改变人类文化生活。互联网不仅为高校德育提供了新的载体，而且为其带来了挑战。如何抓住机遇，迎接挑战是当前需要解决的重要问题。

1. 网络载体的特点

与传统的教育方法相比，使用互联网进行道德教育具有不可替代的优势。大学生可以从互联网上接收到各类信息，包括党和国家的最新政策、社会的热点讨论话题、学校的新鲜事等。网络媒介从根本上重新定义了大学生的社会、学校和家庭教育。网络信息的海量性和共享性使大学生更容易接收和关注到来自外界的各种信息，这扩大了高校进行德育教育的场所。

网络载体为德育实践提供了更加丰富的手段。高校可以将互联网技术应用于德育知识在课堂的传授过程，将视频、声音、图片综合应用于多媒体教学、远程课堂、慕课、情景模拟，利用微信公众号进行德育知识的传播，通过QQ、微信等与学生进行德育问题讨论。互联网还为公众提供了表达的平台，在网络世界的虚拟空间中，学生更有可能表达他们对社会、生活和学校的真实观念，这为高校德育工作者提供了掌握学生思维动态的便利。

2. 网络载体的建设路径

加强网络阵地建设，建立德育专门网站。当代社会是信息迅猛发展的时代，作为培养社会人才的高校德育应该具有时代性与前瞻性，紧密跟随时代的发展，做到与时俱进，发挥互联网在高校德育方面的重要作用。要加强高校网络阵地的建设，发挥专设德育网站的积极作用，发挥好党委、团委、院系网站作为德育载体的重要作用，将模范人物和先进事迹的真实视频与科学理论、先进文化的宣传作品结合起来。要结合当下社会热点问题进行分析，提出正确的观念，传播社会正能量。要做到贴近学生，立足校园德育实际，提高德育网站的实用性和服务性。

建立健全网络载体管理机制，限制和消除网络的消极影响。网络是一把双刃剑，在带来便利的同时也存在着许多问题。网络信息良莠不齐，真假消息难辨，对于辨别能力、自我防卫能力较差的大学生来说，往往难以辨别真假良莠，容易受到不良信息的消极影响。高校在校园网络建设的过程中，要加强对发布信息的把关审核，保证信息的真实性；要加强传播内容的动态运行维护，提高时效性。高校要完善校园网络信息管理系统，预防有害信息侵入校园，为道德教育功能的发挥提供坚实的网络平台。

创新德育网络沟通方式。随着当代社会移动端的普及，微信、微博、QQ、短视频平台等成了人们交流互动的重要方式。高校德育工作者应该紧随时代的发展，积极有效地利用大学生常用的交流软件与其进行对话和交流。要立足高校实际需求建立具有学校特色的交流和沟通方式，如各校的微博公众平台建设、校园App的开发等。德育工作者在运用这些方式时要遵循导向性原则，对事关国家、民族命运的话题，在平等对话的基础上给予学生正确地引导。网络具有隐蔽性，在网络环境下的学生德育工作也是长期且复杂的，高校要积极发挥主观能动性，把握其规律和特点，巩固创新德育工作的方式方法。

第四章　新时代高校德育工作生态的建设与优化

德育生态是指利用生态的视角和观点来研究德育，是生态学对德育的关照，其核心含义在于德育系统生态因子的共生。"以生态论而不仅是环境观点审视思想政治教育，是思想政治教育思维方式上的一个重要转换。"[①] 在传统的高校德育教育中，教育者常常发挥主体作用，以便直接控制教学的整个过程，在短时间内让受教育者接收较多的信息。比如以晓之以理、动之以情、导之以行、持之以恒的方式进行的经验性学校道德教育，其具有很明显的"教师中心论"倾向，很容易忽略受教育者也是教学主体这个事实，没有意识到主体间性对德育教育的影响。

党的十九大报告强调"必须坚持以人民为中心的发展思想，不断促进人的全面发展、全体人民共同富裕"。"教师与学生不是一方决定另一方的机械关系，也不是文化传承中'前喻'或'后喻'的关系，而是生命与生命之间的交互作用。"[②] "未来的学校必须把教育的对象变成自己教育自己的主体。受教育的人必须成为教育他自己的人；别人的教育必须成为这个人自己的教育。"[③] 运用生态学原理的高校德育生态把高校视为一个生态系统工程，不遗余力地发掘和利用一切德育

[①] 戴锐：《思想政治教育生态论》，《理论与改革》2007年第2期。
[②] 周庆元、黄耀红：《走向课堂的生态和谐》，《高等教育研究》2008年第3期。
[③] 联合国教科文国际教育发展委员会：《学会生存》，华东师范大学比较教育研究所译，教育科学出版社1996年版，第172页。

资源，促进高校德育所包含的诸多要素之间的良性互动，维系德育生态系统的动态活力与和谐平衡，从而可持续性地在提高德育实效的同时培养出符合德育目标的受教育者。德育生态强调主体间的交互，发挥人的主体能动性，增进学生对德育的认同感和幸福感，共同推动高校德育的"绿色"可持续发展。其中，"生态"强调的尊重人的生命的价值理念也与以人民为中心的发展理念高度契合。

第一节 新时代高校德育工作生态的内涵与价值

一 新时代高校德育工作生态的内涵

德育生态是影响德育工作的重要因素。在人类发展过程中，个人的成长与环境密不可分，没有人会不受到环境的影响，环境的总体被视为生态。在道德教育的过程中，也存在一个德育工作的环境。在德育工作的"系统性循环"中，德育环境不仅是德育工作的外部条件，而且是德育转型的对象。高校道德教育作为大环境中德育的重要分支，其对象和场所的特殊性决定了高校德育环境的复杂性。党的十九大提出"建设生态文明是中华民族永续发展的千年大计"。党的十九届五中全会强调"注重同步推进物质文明建设和生态文明建设"。党的十九届六中全会强调"以前所未有的力度抓生态文明建设，美丽中国建设迈出重大步伐"。因此，树立新的德育生态观，构建并优化高校德育生态，不仅是生态文明建设战略的使命与担当，也是新时代高校实现绿色可持续发展、坚持立德树人根本目标的客观要求。

对于什么是高校德育生态，理论界并没有统一的界定。邱柏生认为："生态环境的含义是十分丰富的，它是指一切对思想政治教育活动开展及其效果产生各种影响的内外部因素之间关系及结构的总和。"[①] 朱家安认为："所谓德育生态，就是德育与其环境所形成的结

---

① 邱柏生：《要重视研究思想政治教育的生态环境》，《学校党建与思想教育》2004年第5期。

构以及这种结构表现出来的功能关系;但在德育生态系统内部的要素与关系,结构与功能,以及其与外部环境(生态系统的不同层次)的关系上,又具有其特殊性。"①

环境是相对主体而言的,高校德育生态是指在进行高校德育过程中,一切对德育实践活动和德育对象的思想品德形成和发展产生影响的外部因素之间的关系与结构。高校德育生态系统是一个由诸多生态因子组成、受上一级系统影响、并反作用于上一级系统的立体的、开放的系统。来自各个方面的因素都有可能给高校德育带来影响,如高校生态、家庭生态、社会(网络)生态,为了更好地推进高校德育的发展,更好地创建高校德育生态,就必须系统地联系和理解这些生态因子之间的关系和结构,动态平衡地看待它们的变化。

二 新时代高校德育工作生态的价值

有关德育工作环境的研究在国内已有悠久的历史。早在两千多年前,孔子对人与环境的问题就有过论述和研究。他认为"性相近也,习相远也"②,"德之不修,学之不讲"③。墨子曰:"染于苍则苍,染于黄则黄。所入者变,其色亦变。五入必而已则为五色矣。故染不可不慎也。"④ 国外也较早开始了对德育工作环境的研究。法国启蒙思想家爱尔维修认为人是环境和教育的产物。马克思对德育环境问题也进行了深刻的研究,指出"有一种唯物主义学说,认为人是环境和教育的产物,因而认为改变了的人是另一种环境和改变了的教育的产物——这种学说忘记了:环境正是由人来改变的,而教育者本人一定是受教育的"⑤。实际上,马克思正面客观地回答了德育与环境的关系的问题,既肯定了德育主体的自主选择性,又否定了旧唯物主义者过

---

① 朱家安:《德育生态论》,博士学位论文,华中师范大学,2008年,第36页。
② 杨伯峻译注:《论语译注》,中华书局2012年版,第253页。
③ 杨伯峻译注:《论语译注》,中华书局2012年版,第94页。
④ 李小龙译注:《墨子》,中华书局2016年版,第16页。
⑤ 《马克思恩格斯选集》第1卷,人民出版社1972年版,第17页。

度夸大环境决定论，得出了既唯物又辩证的科学结论。人与环境是相互影响、相互创造的，人的实践活动可以改变环境，那环境也可以影响人。

具体来说，德育工作生态包括高校德育生态、社会德育生态、家庭德育生态，三者对学生个体的思想品格和思想道德的形成和发展具有不同的价值。

（一）高校德育生态的价值

高校德育生态对学生个体的思想品格和思想道德的形成和发展具有直接影响。

良好的自然环境有助于大学生养成优良的思想品格和思想道德素质。大自然具有无限的魅力，亲近自然是人类的天性。不只是雄伟壮丽的疆土、恬静秀美的山川才能激发人们的爱国、爱家情怀，校园内的小桥流水、建筑风物、绿树成荫、亭台轩榭、鸟语花香所营造的诗意氛围也能陶冶学生的心智，使学生在切身体会人与自然、人与生态的关系的同时获得丰厚的道德滋养。

和谐的人文环境有助于大学生自觉养成德育生态意识。良好的校风学风、师德美德，各类德育生态实践，都有助于高校形成独特深厚的校园文化，使大学生不期而往，产生"桃李不言，下自成蹊"的感染力，在潜移默化中促进大学生道德的发展，自觉养成德育生态意识。

和谐的制度环境有助于大学生对真理进行自由地探索。高校在制定制度时的出发点是以人为本，注重开放包容和民主和谐。多元化、多途径的培养制度，因材施教、有教无类的培养模式和海纳百川、崇尚真理的培养理念能够充分发挥学生的学习积极性、主动性和创造性。

健康的舆论环境有助于大学生自觉认同新时代中国特色社会主义主流意识形态。校刊校报、校内广播、论坛校园网的引导作用，图书馆、校史馆、橱窗板报的宣传作用，校训校歌、杰出校友的激励作用，报告会、宣讲会、研讨会、各类讲座的感染作用，有助于高校形成"绿色"的舆论引导力,让学生乐其道,善其事。

(二) 社会德育生态的价值

社会德育生态对学生个体的思想品格和思想道德的形成和发展具有约束和规范作用。

就像生命的成长离不开空气、阳光和水,任何人的道德成长都离不开特定的社会环境。社会德育生态的生态因子散乱无章、偶然随机,对学生个体的思想品格和思想道德的影响是复杂的、多元的。

国家发挥主导作用,利用政治、经济制度优化社会环境,"通过宣传教育、学习践行,真正自愿自觉地接受社会主义核心价值观,进而引领全社会形成共同的价值追求,有效抵御西方资产阶级腐朽思想文化的渗透,有效提升我国文化软实力和国际竞争力,推动中华文化走向世界,切实维护我国文化安全"[①]。将美丽中国的观念根植于学生的心中,有助于学生始终保持积极的人生态度、良好的道德品质、健康的生活情趣。

各种社会力量合力优化的公共生活环境,实现了民间伦理道德与宏观主流价值形态的对接。在社会生活、职业生活中自觉遵守爱国守法、明礼诚信、团结友善、勤俭自强、敬业奉献的公民基本道德规范,可以营造良好的公共生活文化氛围,促进学生的道德健康成长。全民动员净化网络生态环境,强力建设网络文化和网络法治,抑制某些腐朽落后的思想和文化在网上大肆传播,倡导文明上网,促进学生的道德"绿色"成长。

(三) 家庭德育生态的价值

家庭德育生态对学生个体的思想品格和思想道德的形成和发展具有潜移默化的影响。

家庭教育是指父母或其监护人为促进未成年人全面健康成长,对其实施的道德品质、身体素质、生活技能、文化修养、行为习惯等方

---

① 王云涛:《当代大学生践行社会主义核心价值观的接受学解读》,《思想教育研究》2013年第6期。

面的培育、引导和影响。"天下之本在国，国之本在家，家之本在身。"① 我们常说父母是孩子的第一任老师，家庭是孩子的第一所学校，固然，家庭教育就是学生教育的开端，是学生人生旅途必须扣的第一粒扣子，也将贯穿德育的始终。"不论时代发生多大变化，不论生活格局发生多大变化，我们都要重视家庭建设，注重家庭、注重家教、注重家风。"②

家长的道德模范作用润物细无声地影响着孩子道德思想的形成。父母的人生观、价值观及道德情操，父母自己是否做到尊老爱幼、夫妻和睦、邻里团结将对孩子道德行为选择产生影响。民主、和谐、温馨的家风能培养孩子积极向上、善良美好的思想行为。父母只有为孩子树立了良好的榜样形象，才能深得孩子的信任和信赖，才能在孩子前立得稳，才能树立自己的伦理权威，促使其品德高尚、性格优良、心智健全。而且，家庭成员之间的感情决定了家庭德育对大学生行为习惯的养成具有长期和相对稳定的影响。

第二节　新时代高校德育工作生态结构与功能

一　新时代高校德育工作生态的构成要素

高校德育生态是一个与周围各种环境都有着联系的动态环境系统。因此，在构建高校德育生态时，需要注意内外部各种因素对高校德育的影响。德育生态系统，作为社会生态系统—学校生态系统—德育生态系统中的一个层次，应是由教育者、受教育者和包括德育内容和方法的德育措施三个基本要素以一定的关系构成的机构，是把德育以及环境因素置于有机联系、密不可分的整体中的系统。德育生态系统的构成要素主要包含以下几个方面：

---

① 杨伯峻译注：《孟子译注》，中华书局2010年版，第167页。
② 《习近平关于社会主义文化建设论述摘编》，中央文献出版社2017年版，第126页。

（一）教育者

高校德育的教育者包括教育决策者和实施者。高校德育的决策者主要是教育主管部门，根据德育对象实际思想状况制定德育目标，根据德育对象层次的不同细化德育内容。道德作为人类的一种精神活动，是对可能世界的一种把握，它所反映的不是实然而是应然，这就需要按照某种超越于现实的道德理想去塑造与培养人，促使人去追求一种理想的精神境界与行为方式，以此实现对现实的否定。高校德育的实施者主要是高校的教师，但不只是高校思想政治理论课的教师，所有教师都应成为德育的实施者。以制定的德育目标为基准，在其他的教育课程上也要对大学生进行德育，并调控教育过程。教育实施者还应包括家长，甚至是全体成年公民。如果仅仅只是依靠德育工作者，培养出来的是不全面的德育对象。道德教育的成功并不在一朝一夕，而是需要大量时间，是一种典型的养成教育。只有学校、家庭和社会三者合力，促使德育对象将道德理念内化于心，外化于行，做到知行合一，才能真正实现高校德育的目标。

（二）德育对象

高校德育的德育对象，或者说受教育者是在校大学生。青少年阶段是人生的"拔节孕穗期"，其思想尚处在不成熟阶段，最需要精心栽培和引导。青少年时期的生理和心理变化都会影响学生的世界观、人生观、价值观，接受良好的教育，用中国梦打牢青少年的思想基础，不仅可以促进他们健康成长，也有利于提高国民素质，帮助他们坚定跟党走，促进社会健康发展。作为高校教育的重要内容，德育活动必须时刻注意围绕德育对象展开，没有德育对象也就没有德育目标，德育就没有存在的必要和可能了。由于一些青年学生思想觉悟不高，缺乏社会生活经验，缺乏锻炼，意志力薄弱，各种消极腐朽的因素也会促使他们迷失正确的政治方向，胸无大志，追求享乐，沾染上不良的习气，甚至道德败坏、走向邪路等。因此，作为德育生态系统的核心因子，对德育对象的关注不仅要表现在道德教育的目标、内容上，更要表现在德育载体、途径和方法上。不能简单地将德育对象视作被动的灌输对象，忽视其作为人的主观能动性，一切的制定原则都应从符合德育对象生理、心理特点，适应德育对象成长需要出发，否则，不仅达不到预期的效果，甚至还可能适得其反。

（三）德育中介

德育中介是连接教育者与德育对象的纽带，是顺利开展德育工作的条件和保障，主要包括德育载体、德育方法、德育途径。

德育载体是顺利开展德育活动的物质基础，包括德育内容载体和教学活动载体两方面。高校德育的德育内容载体主要是指书本、报刊、网络等媒介，而教学活动载体则包括教室、黑板、课桌、多媒体等开展教学活动的工具。

德育方法是指实施德育活动的具体手段。教无定法，贵在得法。德育方法主要有榜样示范法、情感熏陶法、比较鉴别法、说理引导法、品德评价法等。德育方法是决定德育有效性和实效性的重要因素，因此必须与其他德育要素相适应。

德育途径按照实施主体的不同可分为他人教育和自我教育。前者是指由学校、家庭和社会中的教师、家长与其他社会成员对德育对象进行的教育活动。学校教育相对于其他两种德育途径更加系统、全面和专业，也是德育的最主要途径，高校德育就属于此类。家庭教育是贯穿教育对象的整个受教育的过程，在德育对象的人格形成和发展过程中有重要的影响。社会教育则是指社会环境在德育对象成长过程中产生的影响。

只有三者作用的方向一致，并形成教育合力，才能更好地发挥作用，促进德育对象全面发展。如果三者背道而驰、互相制约，不仅彼此抵消，削弱德育作用，甚至还会背离德育目标。相较于他人教育，自我教育是德育途径的较高层次，是德育对象不断发展的重要途径。自我教育需要德育对象本身就具备一定的知识、能力与素质，然后发挥主观能动性，进行有意识的自我认识、体验和控制，也是教育对象走向成熟的标志。

（四）德育目标及内容

实践是人类生存和发展的最基本活动，是人类社会生活的本质，是人的认识产生和发展的基础，也是真理与价值统一的基础，即认识既是实践的反映，也能指导实践。但是，认识与实践却并不是同步的，即认识到的不一定是能付诸实践的。德育教育者应该认识到，新时代中国特色社会主义对高校教育的基本要求是增强大学生的实践能力，也就要求高校德育的目标首先就应该是使德育对象形成一定的道德认识，然后引导德育对象将这种道德认识转化为具体行动。

德育内容则是根据德育目标来制定的，是通过不同的德育中介所呈现出来的内容体系。"德育内容是德育目标的具体反映。它融抽象的道德理念与具体的行为准则于一体，主要包括道德认识的形成、道德情感的熏陶、道德意志的磨炼、道德信念的内化以及道德习惯的养成和道德行为的践履。"[①]

高校德育的主要内容是培养大学生优良的思想道德素质。"高校思想政治工作实际上是一个解疑释惑的过程，宏观上是回答为谁培养人、培养什么样的人、怎样培养人的问题，微观上是为学生解答人生应该在哪用力、对谁用情、如何用心、做什么样的人的过程，要及时回应学生在学习生活社会实践乃至影视剧作品、社会舆论热议中所遇到的真实困惑。提升思想政治教育亲和力和针对性，满足学生成长发展需求和期待，是新形势下提高高校思想政治工作时效性的关键。"[②]德育内容是随着历史进程的发展而不断发展的，"因此它必然会涉及社会活动的方方面面，体现于个人思想态度与行为方式的点点滴滴。全面、系统地厘清道德教育内容，完整、准确地把握道德教育内容在道德教育生态环境中的地位与作用，有助于更好地发挥道德教育的实体性功能，使受教育者的道德素质得到更充分的发展"[③]。真正的德育

---

① 朱家安：《德育生态论》，博士学位论文，华中师范大学，2008 年，第 39 页。
② 湖北高校思想政治教育管理发展研究中心主编：《思想政治教育管理研究》第 1 辑，人民出版社 2019 年版，第 295 页。
③ 高正荣：《论道德教育生态环境》，《中共福建省委党校学报》2002 年第 8 期。

内容跟艺术一样，源于生活又高于生活。因此，一定要切实根据时代发展和高校生活的实际情况来选择德育内容。

二　新时代高校德育工作生态的结构体系

根据对高校德育工作生态的结构体系的分析，可以将高校德育工作生态分为外部生态和内部生态，前者又包括社会生态和家庭生态。

（一）外部德育生态

高校外部德育生态，是指在较大范围内，直接或间接影响和制约大学生思想政治品德形成和发展的各种外部因素的总和，主要包括经济、政治、文化等社会宏观环境和家庭微观环境。

1. 社会宏观环境

马克思、恩格斯在《共产党宣言》中指出，"人们的观念、观点和概念，一句话，人们的意识，随着人们的生活条件、人们的社会关系、人们的社会存在的改变而改变"[①]，强调了社会宏观环境对德育活动的主导性。

经济环境是最基本的环境因素，直接影响德育的要求和规格，决定德育的发展水平。社会经济环境以其特有的生产方式对人的思想政治品德产生直接的影响。不同的生产方式对人的思想政治品德的要求是不同的。在社会主义时期，我国实行以公有制为主体、多种所有制共同发展的经济制度，以按劳分配为主体、多种分配方式并存的分配制度，这种经济环境要求在全社会弘扬以为人民服务为核心、以集体主义为原则的思想政治品德。同时，经济环境还通过对政治、文化等其他环境因素的影响来间接影响德育。繁荣的经济环境能激发人的内驱力，鼓舞人的意志力，振奋人心，有助于人形成积极向上的思想政治品德，而衰退的经济环境则容易使人失去动力而意志衰弱。

政治环境是形成人的政治观的外在重要因素，也是实现人的政治社会化的客观条件。政治环境决定了我国高校德育的目标、内容、基

---

① 《共产党宣言》，人民出版社 1997 年版，第 47 页。

本原则等，高校德育必须要把视野投向社会政治环境，从中把握学生的道德形成、变化的规律。通过进行党的基本路线、方针、政策的教育提高大学生坚持党的领导和中国特色社会主义道路的自觉性；通过进行社会主义民主、法治的教育提高学生辨别是非的能力，增强大学生遵纪守法的意识；通过形势与政策教育、党史党课教育使大学生对周围环境、社会生活、社会关系有正确的认识，帮助他们树立正确的政治立场和价值观念。

文化环境是人们在精神文化支配下的各种行为联系而构成的社会文化关系。社会文化环境通过融合各种教育因素间接地、潜移默化地影响人的思想和价值取向。当前坚定不移沿着中国特色社会主义道路前进、实现"两个一百年"奋斗目标、实现中华民族伟大复兴的中国梦，作为全社会的共同理想和精神支柱，将不断激励大学生坚定信念、明确方向、开拓进取。高雅、健康、进步的文学艺术作品、新闻出版作品、广播电视电影作品等能够滋润大学生的心灵，升华大学生的精神境界。此外，良好的社会风气、社会思潮、社会心理等因素也会耳濡目染地影响大学生道德的形成。

2. 家庭微观环境

家庭作为社会的细胞，是社会组成的基本单位，是社会制度的产物，也是最基本的社会组织形式，更是道德教育的前沿阵地。家庭成员的言行对子女的思想、品质、作风的形成具有潜移默化的作用。家庭从本质上说是一种社会关系，而且是最初唯一的社会关系。可以说，家庭是人生的第一所学校，父母是子女的第一任老师，家庭的熏陶和父母的言传身教至关重要。要在全社会大力弘扬中华民族优秀传统文化，并吸收世界先进文明成果，形成有时代特征、民族特色的家庭美德。学校要采取一定的方式培养家长家庭教育的意识和能力，并倡导家长以身作则、率先垂范。总之，加强中华民族的德育建设，必须从家庭抓起，家庭德育氛围是高校德育生态建设的重要着力点。

(二) 内部德育生态

高校内部德育生态，是指直接或根本影响和制约大学生成长成才、思想品德形成和发展以及高校德育工作及其成效的各种内部因素的总和。高校内部德育生态主要包括高校硬环境和高校软环境，前者是指高校物质环境，而后者包括高校学术环境、高校文化环境、高校管理环境以及高校生活环境等。

1. 高校硬环境

物质环境是影响大学生道德品质形成和发展的重要因素，良好的物质环境有利于产生良好的德育效果。高校物质环境是指校园内对学生的学习和生活产生影响的一切物质条件的总和，主要包括学校的建筑、设施设备、活动场地、绿化美化和景点设置等。

高校德育离不开特定的高校物质环境，高校物质环境既是学校生存发展的基本条件，又是精神环境中的各种因素的载体。虽然物质环境是没有生命和感情色彩的客观存在，但如果能够按照有利于育人的要求，遵循德育规律，匠心独运地加以精心设计，就会使其散发出生命的灵性，引起人们对美好事物的向往，激发人们对美好生活的追求。校园内的建筑风物、绿树成荫，顺应人们亲近大自然的天性，会让身在其中的大学生们深切地体会到人与自然、人与生态的关系，其蕴含的文化观念、文化内涵、自然和谐的美感也会成为影响学生道德品质的强大外部物质力量，对学生的思想道德素质产生影响。良好的高校物质环境不仅有利于学生控制情绪、调适行为、陶冶情操、美化心灵，还可以启迪智慧、激发灵感，使学生时时感到精神生活的愉悦。

2. 高校软环境

科学研究是高校的主要功能之一，大学素以灵动的学术气息而显得意蕴深邃。高校的学术环境主要包括充满着求真的科学精神和求善的人文精神。在新时代，自由、和谐成了高校学术氛围的共识。自由的学术氛围要求学生培养求实的科学精神，培养创造性、批判性的思维，培养自主、自强的独立人格。一所大学是否具有社会影响，能否对社会做出贡献，不取决于大学的地理位置或是师生数量，而主要取决于大学的学科建设、学术水平和学术氛围，取决于有多少科研成果转化为现实生产力。

高校文化环境是由教师和学生直接组织和参与的许多活动所形成的，目的是丰富学生课外活动，培养合格的人才。高校文化环境是一种倾向于精神文化氛围的环境，其灵魂和核心便是高校精神。高校精神是团队的深层意识、向心力和凝聚力，是校园群体所展现的价值认同、价值取向和价值行为。高校文化环境对大学生的精神风貌和态度情趣具有同化作用，对大学生的道德品质的形成起着重要的塑造作用，高校应开展丰富多彩、积极向上的学术、科技、体育、艺术和娱乐活动，把德育与智育、体育、美育有机结合起来，将德育寓于文化活动和社团活动之中。

随着信息技术的迅猛发展，网络环境成为校园文化环境的崭新领域。网络环境的交互性、及时性、便捷性、开放性、匿名性和平等性等特点，为高校德育提供了丰富的信息资源，拓宽了高校德育渠道，使高校德育环境建设最大限度地实现社会化。但网络在给高校德育带来积极影响的同时，也不可避免地带来了负面作用。比如，网络信息五花八门、良莠不齐，各种思想意识、判断标准、价值观念都可以被呈现。而大学生的性格还没有完全定型，容易受到网络不良信息的侵害，进而产生偏激思想，影响世界观、人生观、价值观的正确发展。

管理环境主要包括制度环境和组织环境。制度环境作为高校德育的软环境，为高校德育的开展和实施提供了基础性的保障。没有切实可行的规章制度，即使有最好的环境条件，环境建设也不会协调发展。区别于传统的言传身教和上行下效，现代德育不再是一种随意性、自发性的教育方式，而是一种制度性的活动。组织环境主要包括德育工作的领导体制和德育工作队伍状况。有效的领导体制是协调建设高校德育环境的根本所在，高素质的德育队伍是建设高校德育生态的人力保障。高校德育活动是由各级互相依存的实体组织机构来实施的，良好的高校组织环境是高校实施德育的保证。组织的重视程度、理念方法、理论研究水平和实际工作能力等都在很大程度上制约着德育建设的发展，高校德育必须在各级组织的相互配合支持下才能发挥其系统性和有效性。

高校的生活环境主要反映在特定空间中形成的社区氛围和人际环境。社区氛围主要反映了校内公园、学生宿舍等形成的生活和文化氛围。宿舍汇聚了来自不同地区、不同生活背景、不同专业和不同素质的学生。他们生活在一起，彼此交流，互相学习和帮助，共同创造一种特殊的生活环境。人际交往是一种重要的情感联系。良好的人际环境不仅是大学生学习和生活的重要保证，而且是学校德育价值的重要体现。高校生活环境不仅会影响教育者和德育对象的价值取向和行为方式，还会影响他们的工作动机和思想状态。

（三）外部德育生态与内部德育生态的关系

社会环境是面向普通大众的，而高校环境主要是针对学生个体或群体，但这并不意味着社会环境与高校环境毫不相关。社会环境是高校德育正常进行的重要影响因素，与其他一般环境共同制约高校德育生态，而高校环境是高校德育的重要组成部分，对德育活动的开展及学生道德思想的形成和发展非常重要。高校是社会不可或缺的一部分，高校环境的形成和发展离不开社会环境的影响，而社会环境对高校德育的影响通常又是通过高校环境来体现的，因此高校环境的发展将影响到整个社会环境的建设。

在建设高校生态环境时必须最大限度地发挥优势，避免劣势，不仅要着眼于高校外部环境中的积极因素，引导学生理解和接受，还应该着眼于消极因素，如外部环境中的侵犯和伤害，指导学生正确应对。在加强学校内部环境的发展和优化的同时，还应加强对学校外部环境的优化和监管。实践证明，管理高校内部和外部德育环境之间的关系，有助于更好地创建高校德育环境。

三 新时代高校德育工作生态的功能

（一）规范导向功能

高校德育生态对青年学生思想政治品德的形成和发展及德育活动

具有规范导向功能。从社会环境来看，其规范导向功能表现在以下方面：

从社会制度的本质来看，社会制度简单来说就是对社会的规定，是必须执行的强有力的行为规范。一定的社会形态如社会主义制度、资本主义制度以及社会制度如政治制度、经济制度、文化制度、教育制度等，都对高校德育起到规范导向作用。伦理学家罗尔斯指出："现在我要把一个制度理解为一种公开的规范体系，这一体系确定职位和地位及它们的权利、义务、豁免等等。这些规范指定某些行为类型是可允许的，另一些则为被禁止的，并在违反出现时，给出某些惩罚和保护措施。""一种制度，其规范的公共性保证介入者知道对他们互相期望的行为的界限以及什么样的行为是被允许的。"[①] 我们正在进行的中国特色社会主义建设事业、实现"两个一百年"奋斗目标及实现中华民族伟大复兴中国梦，都毋庸置疑地规范导向了高校德育的目标、内容、方法等。

从特定的环境因素来看，社会环境中的政治、经济和文化通过学生有意识的道德实践与学校的道德教育活动进行持续的材料、信息和能量的交换，社会被"传递"，这不仅影响大学生的思想理解和价值观的形成和发展，也影响学校德育活动的开展。健康的社会信息可以指导学生进行正确的道德理解，形成健康的生活价值，积极参加道德教育活动。相反，不良的社会信息，不仅会误导大学生思想道德的理解和实践，还会抑制高校德育活动的开展，并最终降低高校德育的有效性。

从高校自身生态环境来看，高校的各种规章制度，如考勤制度、奖惩制度等，都对大学生的思想行为产生影响和制约；学校中的非制度关系，如校园气氛、班级课堂气氛等，也在规范引导着大学生的思想行为。

---

① ［美］约翰·罗尔斯：《正义论》，何怀宏、何包钢、廖申白译，中国社会科学出版社 2009 年版，第 42—43 页。

(二) 渗透传导功能

高校的德育生态是渗透和调节大学生思想政治品德与德育活动的形成及发展的媒介。

高校的硬环境。从校园的建筑风格到建筑布置，不仅能够为居住在学校的成员提供具体而合理的参考，还可以提供一些有价值的信息。因为，每个成员都有其特定的心理线索，以便他们可以识别周围环境中的价值观或道德。如蕴藏了高校深厚文化底蕴的古典建筑、精心布置的校舍、校园内的花草等，共同构成大学生的生活环境，并传递着高校的某种价值，影响着大学生对生活的某种理解。

高校的软环境。学校的校训和校园精神直接反映了学校长期文化实践所产生的核心精神和价值取向。学校在文化活动各个方面体现的价值观，成为大学生生活环境不可分割的一部分，有意或无意地影响着大学生的实践活动，并在他们的教育中发挥作用。

高校德育生态中的其他因素对德育活动同样起着导向作用。如参观有历史价值的纪念场所、参加志愿活动、参加文化和体育活动等，对大学生接受爱国主义、社会主义和集体主义的教育有重要的作用；参加学术活动、美术活动、阅读活动等可以在不知不觉中进行道德培养，使其从量变到质变，从而使得大学生的思想和情感发生变化。

(三) 教育示范功能

高校德育生态对大学生思想政治品德和德育活动的形成和发展具有教育示范功能。具体表现在以下方面：

教师人格榜样的示范。教师，尤其是与学生联系最多的专、兼职班主任和辅导员，他们的政治态度、品德作风和生活方式等都会对大学生的世界观、人生观、价值观产生直接影响。

大学生之间榜样的示范。大学生在年龄结构、社会阅历、知识水平、兴趣爱好等方面有相近或一致的特点，因而在同一高校环境中受到奖励或舆论褒扬的先进人物和事迹对大学生的道德、情感和价值观的形成有着最直接的影响。受表扬和奖励的好人好事会成为大学生效仿的对象及进步的动力。反之，对违纪学生进行处罚，也会告诫大家避免这种行为在自己身上发生。

社会模范典型的示范。"雷锋精神"影响了几代人，时至今日早已成为一种民族精神，并且以后还将继续产生深远的影响；孔繁森、杨善洲等优秀共产党员的事迹深深触动大学生的心灵；张海迪和被誉为当代中国第一位"轮椅上的女博士"的南京师范大学教师侯晶晶的故事也激励着大学生要自强不息。这些社会模范典型的光辉事迹很容易引起大学生心理上的共鸣，并产生向他们学习的愿望，进而把这种愿望转化成学习的动力。

（四）心理建构功能

高校德育生态对心理教育的影响非常大，对大学生进行心理教育在其德育思想和德育活动的形成和发展中又是重中之重。

生活方式的改变、中西文化之间的价值冲突等外部环境因素，常常会让大学生感到焦虑和困惑。密集的学习和生活、激烈的竞争、单调的业余生活和较高的就业压力等内部因素，也会影响大学生的心理健康发展。高校德育生态具有特定的指导功能，能够对学校环境的调节有特别的影响，而这些环境的调整在一定程度上可以促进大学生的心理健康发展，并帮助养成良好的人格特质。

第三节 新时代高校德育工作生态的基本特征

高校德育工作生态，从结构上来说，具有复杂性、稳定性、有序性；从本质上来说，具有政治性、社会实践性、适应性、控制性。

一 结构上的基本特征

（一）复杂性

高校德育生态的复杂性是客观存在的。社会环境的各种因素，特别是思想层面的因素，常常是"鱼龙混杂"的。高校是社会的一个重要组成部分，高校与社会有着不可分割的联系，大学校园也被称为社会的"晴雨表"。因此，社会环境的复杂性也就决定了高校德育环境的复杂性。

构成高校德育生态的各构成要素是复杂的。教育者、德育对象、德育中介、德育目标和内容是德育生态的重要组成部分。每一个德育生态因子又可以看作其内部更小的生态因子组成。如德育中介就由德育载体、德育方法和德育途径组成，而这三者又由更小的生态因子组成。

高校自身为大学生的德育成长提供的各种自然、人文、制度、舆论环境也具有复杂性，而这些环境因素又对大学生的思想和行为无时无刻不在发生着作用。

（二）稳定性

高校德育生态另一个重要的特征就是稳定性。所谓稳定性，就是系统组织结构运行和发展的相对稳定性，及其内部诸要素之间联系的相对稳定性。高校德育生态的稳定性包括静态的稳定性和动态的稳定性。在同一个生态系统中，需要高校德育生态、社会德育生态与家庭德育生态像"稳定器"一样，维持德育生态系统的动态平衡。而这就需要高校德育环境的结构本身是静态稳定的，不受其他因素影响。尽管高校德育环境是稳定的，其内部各生态因子也并不是机械独立的，而是有机联系的，牵一发而动全身。

（三）有序性

高校德育生态从时空上来讲体现了结构的有序性。从空间的横向看，高校德育生态各生态因子是相对独立的，是德育生态大系统的一个子系统。这些子系统位于不同的位置，作用各不相同，在形成德育生态大体系时具有一定的结构和水平，各自具有独立的功能主体性。从时间的纵向看，高校德育生态的各种生态因子并不是一成不变的，也不是杂乱无章地变化的。为了使高校德育符合学生身心发展的要求和时代不断发展的规律，也需要其维持有序的变化和发展。

二　本质上的基本特征

（一）政治性

"要把立德树人的成效作为检验学校一切工作的根本标准，真正做到以文化人、以德育人，不断提高学生思想水平、政治觉悟、道德品质、文化素养，做到明大德、守公德、严私德。要把立德树人内化到大学建设和管理各领域、各方面、各环节，做到以树人为核心，以立德为根本。"① 我国高校教育的根本任务是立德树人，是培养德智体美劳全面发展的社会主义建设者和接班人，是培养实现中华民族伟大复兴中国梦和"两个一百年"奋斗目标的时代新人，这是我国人民当家作主的社会主义性质决定的。所以，高校德育生态具有鲜明的政治性。

（二）社会实践性

德育生态中的教育者和德育对象具有强烈的社会实践性。在高校德育中，教育者和德育对象是由处于现实中的老师和学生组成的，他们对客观世界的认识和改造都是通过实践来完成的。德育对象的问题是在现实社会实践过程中产生的，也必须通过实践活动来解决，在实践中又不断提高认识能力。德育对象获得的各种理论知识只能在实践活动过程中经受检验，实践是检验真理唯一的标准。教育者所从事的德育活动本身就属于社会实践，且他们自身的素质和能力也只能在社会实践活动中提高。

高校德育生态的运行过程具有社会实践性。高校德育环境中的德育目标和内容是通过实施德育活动而体现的，德育活动的每一个环节都在实践。物质决定意识，实践是认识的来源。在大学生道德养成的过程中，虽然马克思主义基本理论、道德理论、教育理论等知识具有重要作用，但从事社会实践，用科学理论指导实践并发展自己才是起决定性作用的因素。社会实践是人们正确的思想的来源，正确的思想也只能从科学实验、阶级斗争和社会主义斗争中的实践中产生。因此，社会实践是德育对象成长的必由之路。

（三）适应性

作为传承和发展人类文明的重要场所，学校，尤其是作为社会高

---

① 习近平：《在北京大学师生座谈会上的讲话》，人民出版社2018年版，第7页。

层次人才培养摇篮的高等学校，更会与现实社会存在着直接或间接的联系，一旦现实社会生态发生变化，高校德育自然就会为适应其变化而变化。不只是社会生态，家庭生态改变时，高校德育生态也会表现为自觉调整各生态因子的关系，如教育者、德育对象、德育中介、德育内容和方法，以便更好地适应外部生态环境的变化，更好地实现高校德育的目的。同时，当高校德育生态内部的各生态因子出现失衡时，外部的环境会向其输入物质、信息等，如调整德育目标、改进德育方法、实施新的德育策略，从而维持高校德育环境及其内部各生态因子动态运行的平衡。

（四）控制性

高校德育生态的各个因素都有其自身对高校德育效果的影响力，虽然它们之间都相互联系相互作用，但联系和作用各不相同且有松有紧，所以它们的合力就像社会力量一样，既有积极正向的，也有消极负向的。在构建高校德育生态时，要注意突出教育者的可控性，增强合力的可控性，充分发挥合力的积极正向的作用，抑制消极负向的作用。

第四节　新时代高校德育工作生态建设与优化

探讨高校德育生态的优化，是逻辑的必然，也是实践的指向。在世界正经历百年未有之大变局的时代背景下，我国的高等教育正在迅猛发展，规模不断扩大，复杂性显著增强。高校德育工作中出现的结构不科学、德育质量偏低等问题，都表明当前的德育工作实际距离我国新时代经济社会发展的需求还比较远，同时，高校德育对外部环境的依赖性也越来越强，社会、家庭和政府在新时代也成为高校德育的重要力量。当然，高校德育的主体力量仍然是高校和高校教师。"教育兴则国家兴，教育强则国家强。"[①] 高校肩负着培养德智体美劳全面

---

① 习近平：《在北京大学师生座谈会上的讲话》，人民出版社2018年版，第4页。

发展的社会主义事业建设者和接班人的重要使命。全面贯彻党的教育方针，培养担当民族复兴大任的新时代青年，是高校维持生存和发展的基础。在高校德育过程中，不仅应当关心德育管理运行的内部机制，还应该重视其外部机制，优化高校德育生态，实现高校德育生态系统的平衡，改善德育效果，从而为培养德智体美劳全面发展的社会主义建设者和接班人创造必要的背景条件。

一　新时代高校德育工作生态建设的理论依据

近年来，德育生态建设越来越受到人们的重视，逐渐被纳入德育系统工程研究的视野。从某种意义上说，它体现了环境对德育不可忽视的作用，也反映出新时代德育对德育生态的研究有所欠缺。有关环境和德育之间的关系在古今中外的教育理论中已多有论及，然而如何在新时代的背景下正确地理解它们的关系，以及如何把德育生态的建设置于整体性的领域里进行全面的把握，是新时代德育体系中亟须完善的重要环节。

在考虑优化道德教育生态环境时，其理论基础的选择取决于两个方面。一方面，有影响力和占主导地位的科学理论。在我国，一般是指马克思主义德育环境论。另一方面，值得借鉴的科学理论。就现有的德育科学理论，一般是指西方国家创造的科学理论，主要是环境心理学理论和隐性课程理论。

（一）马克思主义德育环境论

道德作为意识形态是由社会经济基础决定的，是人们借以进行生产和交换的经济关系的产物，是社会经济关系的反映。道德教育就是用一定的道德理论和道德规范，帮助德育对象正确认识和处理个人与集体、个人与社会的矛盾，这种矛盾归根到底就是经济利益的矛盾。因此，道德教育和人们的道德观念实质是从一定的社会关系而来，归根到底是从经济关系而来。正如恩格斯曾经针对杜林的唯心主义道德观和宗教道德观，进行了系统的分析和批判所言："人们自觉地或不自觉地，归根到底总是从他们阶级地位所依据的实际关系中——从他们进行生产和交换的经济关系中，吸取自己的道德观念。"① "一切以往的道德论归根到底都是当时的社会经济状况的产物。"② 这一论述明确了道德是从社会关系、人与人的关系中来，这样就使得道德教育和人们的道德观念与人们所存在的社会环境产生了联系。同时，恩格斯从道德发展角度指出人们的道德观念和道德规范是随着社会关系、社会经济制度的变化而变化，他指出："善恶观念从一个民族到另一个民族、从一个时代到另一个时代变更得这样厉害，以致它们常常是互相直接矛盾的。"③ 他从道德的社会历史性来反对唯心主义的道德永恒论，揭示了每个历史时代都有其独特的道德观念、道德标准和道德教育的发展规律。

列宁在对唯心主义的德育环境论进行批判时指出，资产阶级的道德源于宗教，"我们不信上帝，并且我们明明知道，僧侣、地主和资产阶级都是假借上帝的名义说话，为的是要贯彻他们这些剥削者的利益"④。列宁不仅揭露了资产阶级妄图脱离实际谈道德的虚伪性，还充分说明了无产阶级道德的真实性和科学性。

马克思说："环境的改变和人的活动的一致，只能被看作是并合理地理解为变革的实践。"⑤ 这里的环境是基于历史唯物主义出发的，指社会制度和社会环境，包括社会生活条件、生产方式、政治制度和人们所处的境况。教育也是指广义的教育，即社会教育和学校教育、智育等。马克思并没有对机械唯物主义德育观进行全盘否定，而是肯定了其对于客观环境作用的认同，只是对其否定人的主观能动性进行了批判，因为它否定了人也可以改造环境；肯定了其对于教育社会作用的认同，只是对其忽视教育者也要接受教育进行了批判。

因此，马克思主义的德育环境论，既是唯物的，又是辩证的，基

---

① 《马克思恩格斯全集》第20卷，人民出版社1971年版，第102页。
② 《马克思恩格斯全集》第26卷，人民出版社2014年版，第100页。
③ 《马克思恩格斯全集》第26卷，人民出版社2014年版，第98页。
④ 《列宁全集》第31卷，人民出版社1958年版，第258页。
⑤ 《马克思恩格斯选集》第1卷，人民出版社1995年版，第59页。

本观点是：环境决定人的发展和思想道德面貌，反过来，人也可以通过实践活动改变环境和政治思想状况与道德风尚。社会环境，尤其是社会生产关系，对人的发展方向起着决定性的作用，社会的政治制度、文化传统也制约甚至是可以决定人们的思想道德发展趋势。但是，这并不意味着在社会环境面前人只能是消极被动的。人能够通过社会实践活动，充分发挥主观能动性，创造适合自身成长和发展的政治、经济和文化环境。

马克思主义关于人与环境之间关系的理论为人与环境之间的关系提供了更为完整的理解，这也为我们优化高校德育生态提供了重要的理论依据。因此，在加强高校道德教育环境建设的同时，必须遵循马克思主义关于社会发展与环境关系的基本原则，力求找到教育道德建设的规律。

（二）环境心理学理论

环境心理学是从人类心理学、社会学和地理学等多学科的角度出发，以环境与人的关系为研究对象，研究环境对人的情感和行为的影响。环境与人们行为之间的关系是环境心理学的一个主要问题。

环境应激理论认为环境的许多因素都能引起个体的反应，如噪声、拥挤等都是引起反应的应激源。当然，应激源还包括工作压力、婚姻不合、自然灾害等，应激是指个体对这些环境因素做出的反应。

唤醒理论认为环境中的各种刺激都会引起人们的生理唤起，增加人们身体的自主反应。唤醒其实就是激活处于"休眠"状态的各种身体活动，使它们达到活跃状态。唤醒是影响行为的中介变量和干预因素。

刺激负荷理论认为真实环境是感觉信息的重要来源，但个体对获得的感觉信息的加工能力是有限的，当环境提供的信息量超出个体的加工能力时，就会出现超负荷现象。该理论指出，有些人会在某些环境中适应刺激的程度，即使没有特定的刺激对人产生行为，当刺激的适应水平不同或者当环境刺激超出个人的适应能力时，也会改变感觉和行为。

行为局限理论的"局限"是指环境中的一些信息限制或者说干扰了我们希望去做的事。环境提供的信息超出个体控制能力的范围，从而对认知活动产生干扰。例如对周围学习或工作环境中的不良影响无法改变，导致环境控制感丧失。当人们察觉到对环境的控制能力丧失，首先会引起负性情绪体验，此时，个体就希望重新获取对环境的控制力，这也称心理阻抗。但是当多次努力重新获得控制环境的尝试失败后，人们会认为对于环境是无能为力的，于是放弃努力，并"学习"认识到个人对社会环境的限制是无能为力的。

适应水平理论认为当环境改变时，人们可以通过某些机能来调整自身以适应环境。即，当环境刺激不符合个人的适应水平时，可以改变自身对刺激的反应去适应环境，也可以改变或选择刺激顺应自己的需要。

综上，改变了环境，个人的心理条件、行为方式等都有可能受影响，使社会内部发生变化。因此，德育需要环境心理学的启发和借鉴，利用这些理论研究现代社会环境及其变化对大学生思想、心理和行为的影响，从而更好地把握德育内容和方法。

（三）隐性课程理论

高校德育生态建设的另一个理论依据是隐性课程理论。从20世纪60年代末起，西方国家开始注重隐性课程的研究、开发和运用。隐性课程理论是由美国著名教育家、课程论专家利普·杰克逊在1968年出版的《班级生活》中最先提出来的，后来经过弗里丹柏格、罗森塔尔、柯尔伯格等人的发展与完善。

隐性课程是相对显性课程提出来的。所谓的"隐性课程"是在显性课程和专业课程（尤其是教育环境中的机构课程和建议性课程）的后面或外部呈现的课程。既然是教育课程的一种，隐性课程肯定要向学生施加教育影响，而且这种影响大多是指对事物的看法和认识，即价值观念。"无论涂尔干关于社会整合的学说受到何种批评，他都指出了一个事实：道德在社会中的作用就是为了维护秩序，道德有助于维护社会稳定和把个人整合成统一的社会。"① 我们需要道德教育的一个重要原因就是它有助于社会整合，能够传递其所需的道德秩序，而这种秩序就是道德规范，其本质就是价值观念。因此，隐性课程理论也可作为在校园和大学中构建道德教育环境的理论基础之一。有学者甚至提出，隐性课程是"真正的道德教育课程"②。

二 新时代高校德育工作生态建设的基本策略

高校德育环境的性质和特点决定了必须坚持集成大学教育观，具体来说就是要坚持大空间观、大时间观和大主体观。大空间观要求德育工作应以积极的姿态面向社会，优化和开发高校德育生态，同时将德育内容渗透到环境建设工作的方方面面。大时间观是从德育环境建设的角度，把高校德育活动作为一个动态的连续的过程，形成一种共时性和历时性高度统一的德育生态。大主体观是将各级党委、政府部门，社会的有关组织、家庭、学校的力量都整合到德育中来，拧成一股绳，形成教育的合力，提高教育的效果。这种大空间观、大时间观和大主体观就要求我们要提高"大德育"意识，这是优化德育生态的重要前提。

优化德育生态应该使整个社会能够建立一种责任感和对德育的认同感，只有在全社会都有提高道德教育意识的基础上，优化道德教育的环境才能成为现实。任何具有特定实践和认知技能并能够使用这些技能来影响和改变德育环境的组织和个人，都是德育环境发展的主体。在建立和加强广泛的德育学科概念时，可以实现从主要依靠学校实施德育的力量的模式向新的多学科参与、多渠道渗透、开放和动态的模式转变。为了践行这种教育观，在高校德育工作生态建设方面应该采取以下策略：

---

① 戚万学、唐汉卫编：《现代道德教育专题研究》，教育科学出版社2005年版，第61页。
② 王兆珍：《开发德育潜在课程：当今高校德育新的突破口》，《教育理论与实践》2005年第2期。

(一) 整体建构策略

高校德育生态是由高校德育环境、家庭德育环境和社会德育环境三个子系统共同构成的大系统，三者处于不同的层次和维度。因此，高校德育生态的优化涉及多个方面，整体建构策略是常用的策略和方法。这种策略调节、控制环境各要素对德育的影响，发扬、扩大积极因素的范围并统一其作用的方向，同时抵制消极因素、减少负面影响，使之形成并始终体现正面教育的整体合力和效应。只有使用整体建构策略，有目的、有步骤地调节社会宏观环境与微观环境的矛盾，保持整体协调统一，才能有助于构建家庭、学校、社会三位一体的高校德育环境教育模式，从而形成教育合力。整体构建策略实施过程中，要重视政府的主导力量。政府在社会经济、政治、文化等发展目标的选择上起宏观调控作用，应该将构建一个有利于学生健康成长的德育生态的理念贯彻渗透其中。除了要重视与学生特别密切的社区文化环境、传媒环境的建设管理，促进文明家庭的建设以外，还要重视改善社会风气，形成正确的社会价值导向，强有力地保障良好的大德育环境的营造，从而实现大德育观。要充分发挥学校在德育环境优化中的主体性作用。学校要根据立德树人的根本任务建设好校园环境，同时主动地参与社会德育环境的建设。既善于利用各类环境系统中的积极因素，组合各种正面的影响形成合力，又以自身特有的优势，传播先进的道德文化并辐射影响社会，从而使外部环境中正面德育影响最大限度地转变为现实的德育影响。

(二) 和谐发展策略

这是一种将发展理念和谐地纳入教育中的方法，从而可以在塑造社会主义社会中发挥重要作用。党的十八大报告提出"构建社会主义和谐社会"。作为社会制度的组成部分，教育在经济和社会发展中起着根本性和领导性作用。教育观念与道德教育环境的和谐结合，可以促进道德教育环境的优化，为近代道德教育的改革提供新思路和新途径。

建立和谐的高校德育生态，就是要努力使大学生生活在一个各得其所而又和谐相处的高校德育生态中。对大学生来说，最重要的居住环境是校园。营造健康、优雅、积极的校园文化和生活环境对培养健康的大学生具有指导作用。因此，高校需要结合自身特点，优化校园德育环境。一是要形成一个和谐的人际环境。良好的人际关系是大学生学习和生活的重要保证，也是高校德育价值体现的重要方面。二是要创建和谐的校园环境。高校道德教育环境包括学校中存在的一切，包括现实的物质和无形的精神因素。通过将学术研究和德育的多种价值观融合为一体，将科学精神与人文精神相结合，来增强"全面推进素质教育"的实施力度，以提升高校德育的效果。

（三）比较鉴别策略

环境的各种构成要素能对学生产生不同的影响。高校德育生态的优化要通过纵向和横向的比较，才能鉴别其作用的效果。因此，在德育环境建设的过程中，应该纵向地把过去德育环境、现有德育环境与创造设想的新环境相比较，找出差距；横向地把同一发展水平的环境影响、国内外的环境影响相对比，区别优劣，并进行优化。通过比较鉴别，还能增强或突出德育环境的某些特征，重点发挥其作用，形成某些特定的环境条件来影响德育活动和师生的行为。这种策略要求高校在进行高校德育生态建设时要努力挖掘和创造资源，主动地、有意识地去优化高校德育生态。

（四）判断预测策略

环境的运动、变化、发展在特定条件下是有一定的规律的，德育环境对于人的影响也具有规律性。高校德育生态的建设者作为环境的主人，可以对环境未来的发展趋势及状况做出判断、预测并进行综合分析。以此对环境建设加以正确的引导、适时的调控，不断强化和优化，让优质的德育环境发挥最大程度的育人功能，让反面的环境因素在建设过程中被过滤，为学生的德育发展提供一个优化的、明净的环境。这种策略主要是组织各领域的专家运用直观归纳法进行总结，也可以采取专家会议来预测环境的过去、现在及其变化发展的过程，通过在专家掌握的环境信息之间进行交流，引起思想共鸣，产生创造性思维，从而为优化德育生态做出正确判断。

（五）隐蔽教育策略

隐蔽教育策略是指在高校德育生态建设过程中应注重德育环境教育功能的自然化和情景化，注重创设情境和氛围促使个体产生内在的需要和情感上的共鸣，让物质环境、精神环境在不知不觉中对学生发挥教育作用，从而实现环境育人的目的。要重视科学规划校园，创建优美的校园环境，不仅可以陶冶大学生的情操，激发大学生的学习热情，还可以对大学生进行"无声"的教育。

加强优良校风、学风建设。通过从严治校、改进领导作风、建立健全规章制度、狠抓教学秩序和考场纪律等确立符合学校传统和特色的校风学风，形成无形的舆论力量和精神力量，从而促进适合大学生发展的良好校园环境的形成。

活跃学生课余生活。要组织丰富多彩的校园文化活动，将政治性、学术性、知识性、健身性、娱乐性、公益性等特征融入各类文化活动，有意识地创建一种有利于大学生发展的良好文化氛围和教育情境。

重视宣传工作在校园文化建设中的重要作用。要坚持以团结、稳定、正面宣传为主的方针，突出主旋律，发扬正确的舆论导向作用。加强社会主义精神文明建设，大力发展先进文化，改造落后文化，抵制腐朽文化，加强校园环境管理，充分发挥好校园广播、宣传橱窗、院报校刊等文化教育的作用。

三　新时代高校德育工作生态建设的实践探索

高校德育工作生态建设是一项需要遵循生态学理念与原则，借鉴生态学方法与策略，多方面、全方位力量整合与协同参与的系统工程。学校在德育生态的建设中担负着重要职责，必须转变观念，拓展功能，担当主角。高校德育生态建设主要分为硬生态建设①和软生态

---

① 硬生态是指基建中为创设良好的投资环境建设的交通、电力、通信、供水、工业厂房等基础设施和生活服务设施。

建设两方面。

(一) 硬生态环境建设

高校德育的硬生态环境既是学生生存发展的物质空间，又是他们的精神家园。学校的师生员工是校园环境建设的主体，他们自己创造、建设、美化校园环境，身临其中倍感亲切也将倍加珍惜，这是最微妙的德育领域，也是最有感染力的德育方式。建设好高校德育硬生态环境，使之从一般的物质环境优化为有育人功能的德育环境，往往会使这些物质环境因素成为影响学生思想感情、道德行为的重要外部力量。

霍姆林斯基曾说："孩子在他周围——在学生走廊的墙壁上、在教室里、在活动室里——经常看到一切，对于他的精神面貌的形成具有重大意义。"[①]"只有创造一个教育人的环境，教育才能收到预期的效果。"[②] 以上都充分说明了校园环境美化对学生品德影响的重要性。一般来说，高校德育的硬生态环境建设包括以下内容：

1. 校容校貌建设

注重教育人的基本目的。学校外观是学校外部形式和整体外观的综合表达。建筑、植物和设施以及其他有形实体构成了高校德育看得见摸得着的空间，具有直观性。因此，要确保每座建筑物，甚至是树木都具有意义，即反映某些价值目标、审美意图。通过运用环境科学和教育的基本原理，结合美学、建筑等各个学科的知识，合理布局、精心雕刻。学校的环境还要注意反映学校的文化底蕴和管理理念。学校在校园环境的具体建设中，要因地制宜，富有个性和特色，在高等教育国际化的大背景下，要注意体现中西文化的交融与碰撞。

体现严谨的科学精神和自由的学术氛围。比如，教室、实验室的设计要宽敞明亮、充满现代化气息；各类学术报告厅要错落有致；英语角、生物角、读书廊等要小而精，随处可见。校园环境的建设要使

---

① [苏] 瓦·阿·霍姆林斯基：《和青年校长的谈话》，赵玮译，上海教育出版社1983年版，第102页。

② [苏] 瓦·阿·霍姆林斯基：《和青年校长的谈话》，赵玮译，上海教育出版社1983年版，第179页。

师生员工在欣赏、享受美的环境的同时，又能领略奋发有为的时代感、增长知识的紧迫感及创造财富的自豪感。

充分考虑青年学生的个性特点和成长需要。当代大学生思想活跃、解放，富有创造性和激情，但他们同时也追求个性、崇尚自由、抵制循规蹈矩，有的甚至还会自由散漫、不遵规守纪。因此，校园的环境设计既要重视学习环境的建设，也要重视生活环境的建设，把学习氛围和生活氛围结合起来，把轻松愉快的氛围和严肃的制度、纪律约束结合起来。如有些高校的大学生活动中心是校园最亮丽的风景线；很多高校越来越重视学生生活园区的建设，不断改善住宿条件等，都有助于学生的健康成长。

此外，校园显眼之处应有校训校风，处处应有规章制度。这既符合社会主义现代化教育目标，也能从侧面反映学校的精神文明水平和学校现代化管理思想水平。

2. 基础设施建设

基础设施建设是德育活动正常运行的重要条件。大学生的学习和生活与所需的基础设施密不可分，如宿舍、食堂、文化和娱乐中心、体育中心、教室、图书馆、视听中心等。良好的基础设施建设可以使大学生的学习和生活更加愉快，同时节省时间并提高学习效率，这也是面向世界、面向未来、面向现代化的青年学生的一种教育方式。

信息技术作为一种现代化的科技手段，为德育提供了高端的知识信息平台，丰富了德育的素材，成为德育重要的外部影响条件。高校应更加重视信息系统设施的建设，如图书馆信息系统的建设和以信息技术为媒介的其他服务、管理系统的建设。高校要适应信息技术迅猛发展的时代要求，有效利用网络虚拟世界，更好地开展德育工作。

大学生活是社会生活的缩影，高校在基础设施建设中要更多地关注学生的生活空间，在为学生提供丰富多彩的校园生活的同时注重完善学生生活空间，促进大学生全面发展。因此，对大学生活动场所的系统性建设是高校德育生态基础设施建设中的重要内容。大学生生活场所的建设必须从系统性角度着手，围绕大学生个体全面发展的各方面需要的整体性特征，在建设中关注人性化设计，突出隐性教育特征，把具有德育内涵的因素巧妙合理地安排在实际建设中，从而激励感染学生，促使大学生养成良好的行为习惯和道德品质。

3. 德育基地建设

如何让德育对象觉得在高校生活就像是在现实世界生活是高校德育生态的新视觉门槛。大学生始终在学校学习科学和文化知识，并在学校广泛培养自己的素质。这就有可能导致大学生对现实生活的适应性差，缺乏对社会现实的充分判断和分析，缺乏建立对生活和价值观的积极态度并发展良好美德的基础。因此，高校德育需要与社会相适应，不仅要为大学生提供实践知识和技能，而且还应通过建立广泛的内部和外部基础来营造良好的环境，从而提高大学生的实践技能和沟通能力，为提高大学生的德育质量提供条件，这种可塑性环境的开放对高校德育具有深远的影响。作为学校内部和外部实施德育的中间环节，它不仅扩大了高校德育的实践空间，而且为实践中的社会德育提供了积极的价值建议。

具体而言，高校可以通过设置与特定道德教育相关的模拟情况来改善科学和实践问题，如模拟法庭、模拟社区等。高校应与相关企业和机构、政府职能部门或一些社会机构建立社会实践基础，还要注意加强高校与其他社会组织之间的双向互动。

（二）软生态环境建设

良好的高校德育环境主要反映了影响大学生思想道德品德形成和发展的各种精神和制度因素，这些因素一般是在德育训练和发展过程中自然而自然地建立起来的。在德育环境中，软环境是德育环境建设的核心和灵魂，也是高校精神文明建设的重要内容。软环境在大学生的道德发展中起重要作用的原因不仅是其反映了学校的精神愿景、校园文化的特征、实现目标和价值体系，还因为各种积极因素形成的软环境是师生的联合实践和历史的积累与选择。

总体来说，德育软环境建设主要包括人际环境建设、文化环境建设、制度环境建设、心理环境建设等。

1. 人际环境建设

人际环境是影响高校德育环境的关键因素。良好的人际关系不仅可以使大学生专注于学习，而且还可以帮助大学生建立良好的集体意识，并建立更高的团体规范。师生关系是大学中最重要的人际关系，并且始终对教育过程和成果产生影响。当师生关系融洽时，可以达到最佳效果。相反，当师生关系紧张甚至对抗时，教师很难影响学生。为了在师生之间建立和谐的人际关系，教师必须在某种意义上起主导作用。在注重提升自己教学水平、教学技能的同时，还应该关爱学生、尊重学生。

学生间的人际关系既影响学生的健康成长，又影响优良集体的形成。教师要有目的地加以引导，强调学生间的理解、团结、互助，鼓励学生充满自信、公平竞争、大度为怀，提倡学生间在学习上互帮互学、共同进步。同时要重视学生的心理疏导，帮助他们解除因人际关系而造成的各种心理烦恼，正确地引导大学生在团结友爱、相互尊重的气氛中健康地成长。

2. 文化环境建设

文化环境也是营造软生态环境的重要因素。良好的学风和班风是文化环境的核心内容，它们与学校精神和教学风格所体现的价值观融合在一起，可以逐渐影响学生的行为和态度。高校应集中精力营造一种良好的文化环境，尤其是学校精神和教学风格。

为了创造文化环境，高校必须首先利用多种教育途径，提高大学生的思想认识和辨别是非的能力，帮助学生正确对待世界、生活和价值观，养成良好的道德行为。应根据社会发展的需要、学校的实际情况和办学方式，采用合适的座右铭来对学生进行引导。高校还应加强作风的形成，包括领导的行事风格、教师的教学风格和学生的教育风格，以此促进大学生的自我修养和提高学生的自我素质。

3. 制度环境建设

"不以规矩，不能成方圆"①，为了有效地开展德育活动，需要按一定顺序进行严格、完善的管理，以达到通过限制和调整学生行为来优化德育环境的目的。学校管理不严、规章制度不健全、纪律松散、秩序混乱等都会使道德教育活动得不到有效实施。因此，建立制度环境也是构建高校德育软生态环境的重要组成部分。为了营造有序的管理氛围，必须着重建立和完善学校的各项规章制度，使学生在这种氛围下有意识地根据要求调节和约束自己的行为。

在设计系统时，需要考虑三个方面。规则和规章应该是全面的，以便一切都是基于规则的，如行政管理系统、德育管理系统、教学管理系统、物流管理系统、内部管理系统等规章制度都需要内容明确、功能齐全，且必须符合学校的实际需要和各项任务的要求。规章制度必须严格执行，奖励和处罚要明确。通过建立制度环境，营造一种自我激励、自我约束和自我管理的制度文化环境。同时，还必须建立一个完整的管理网络，分工明确、责任明确、评估适当，以确保德育管理体系的正常运行。

简言之，一个管理有序、系统完备的校园环境总是充满活力和生机的，学生总是倾向于注意自己的言行的。因此，管理不是消极的约束，而是促进学生良好行为举止和总体发展的一种手段。建立制度环境是为了创造一个良好的环境，使教育能够发挥作用，从而鼓励学生自觉养成良好的道德习惯和行为。

4. 心理环境建设

当代大学生作为一个特殊的群体，他们面临着怎样的心理环境以及他们的心理是如何成长的，是高校德育面临的重要问题。心理环境建设不仅直接关系到学生个体生理和心理的健康发展，还影响和制约着高校德育的发展。因此，在高校德育生态的建设过程中，应该根据当代大学生的心理个性特征，在发展他们自由个性的同时，进行正确

---

① 杨伯峻译注：《孟子译注》，中华书局2010年版，第162页。

的心理引导和合理的心理疏导。要以高校这个共同体为范围，通过必要的心理健康知识传授及行之有效的引导、疏导工作，给大学生以心灵的归属感和精神的慰藉，创造良好的心理环境，让大学生在高校内养成良好的心理素质，从而健康成长。

第五章　新时代高校德育工作队伍的建设

高校是教育的载体,也是意识形态的前沿阵地,高校德育工作队伍作为高校的重要组成部分在高校德育工作的开展中起着至关重要的作用。"教师是人类灵魂的工程师,是人类文明的传承者,承载着传播知识、传播思想、传播真理,塑造灵魂、塑造生命、塑造新人的时代重任。"① 探索如何建设好高校德育工作队伍事关教育现代化的发展和高校意识形态建设,更关乎新时代中国特色社会主义事业的稳步发展。

第一节　新时代高校德育工作队伍的结构素质与建设现状

一　新时代高校德育工作队伍的结构和功能

德育是教育大系统的有机组成部分,与智育、体育、美育、劳动技术教育及心育等共同构成了相互渗透且不可分割的有机整体。所以,建设社会主义现代化强国,要对教师队伍建设提出新的更高的要求。只有全体教师都具有明确的德育责任和德育意识,才可能在德育系统不断开放的进程中成为学生品德形成的主导力量,否则就有失去学校德育阵地的危险。德育工作队伍是加强和改进大学生德育的组织

---

① 教育部课题组编:《深入学习习近平关于教育的重要论述》,人民出版社2019年版,第7页。

保证。

（一）新时代高校德育工作队伍的结构

德育工作队伍的主体是学校党政干部和共青团干部，思想政治理论课和哲学社会科学课教师，辅导员和班主任。就高校具体而言，德育工作队伍可分为专职德育工作队伍和兼职德育工作队伍。

1. 专职德育工作队伍

专职德育工作队伍主要是指德育理论研究与课程教学专业教师，他们以德育为自己的主业，该群体在大学中通常被称为"两课"教师。他们是高校德育的主要力量，是德育工作队伍的骨干和核心，是学校德育总体规划的设计者和实施者。其主要作用是贯彻党的教育方针和密切联系学生思想的实际，制订德育计划，直接从事德育工作并组织兼职德育人员和其他教育者，采用灵活多样的形式和方法，调动德育对象的积极性，认真、有效地实施德育计划，实现德育工作的各项具体目标。

"两课"教师在政治上有主见，对马克思主义有很强的基础理论知识，对思想政治教育也有很强的实践基础。同时，他们还利用自身的高科学研究能力和组织教学、教育活动的技能帮助学生掌握思想道德修养的科学方法，提高学生分辨善恶的能力，抵制来自西方的消极思想和不良思想的入侵。"时间之河川流不息，每一代青年都有自己的际遇和机缘，都要在自己所处的时代条件下谋划人生、创造历史。青年是标志时代的最灵敏的晴雨表，时代的责任赋予青年，时代的光荣属于青年。"[①]"两课"教师还需要负责加强德育科学研究，紧跟时代，丰富和发展德育科学理论，为德育体系提供科学理论依据，指导德育实践活动。

2. 兼职德育工作队伍

兼职德育工作队伍是指专门负责领导、组织和实施学生德育工作的党政工团各级组织工作人员，主要由管理学生工作的副书记和学生

---

① 习近平：《青年要自觉践行社会主义核心价值观》，人民出版社2014年版，第3页。

所在院系的辅导员来担任。因为这些人通常还兼有其他工作，其重心会随着学生的变化而不断变化，所以，对德育工作的教学并不是每时每刻都能进行的，专业能力不强。此外，社会力量也是学校德育兼职团队的有效补充。

（二）新时代高校德育工作队伍的功能

高校德育工作队伍功能是指高校德育工作队伍在实现学校培养目标、培育合格人才工作中的作用。高校德育工作队伍与学校教学、科研、管理、服务队伍在学校育人工作中处于同等重要的地位，共同肩负着培养新时代德才兼备合格人才的重任。高校德育工作队伍的功能大致可分为教育引导功能、管理服务功能、实践育人功能。

1. 教育引导功能

教育引导功能是指高校德育队伍通过制定德育政策、制度及教学管理、纪律制度考核和奖惩措施等手段，因势利导，有领导、有计划、有步骤地对德育对象开展马克思主义中国化最新成果和社会主义核心价值观进课堂、进教材、进头脑的系统教育的功能。教育引导功能是高校德育队伍的核心功能。坚持教育引导功能，要紧紧围绕立德树人根本任务，以培养学生良好的思想素质和道德品质为中心，使学生既能掌握马克思主义基本理论，又能以马克思主义理论为指导解决实际问题。

新时代背景下，高校德育工作队伍要想充分发挥教育引导功能，必须注重方式方法的创新，努力改变单纯说教的传统模式，从"授人以鱼"的传统教育引导功能向"授人以渔"的新型教育引导功能方向拓展。当代高校德育工作者不能仅进行理论灌输的教育活动，而要进一步加强对青年学生思维观念、思考方法的引导。具体来说，德育工作者既要着重研究高校德育与国内外社会环境、社会发展及高校师生的思想品德素质要求的适应性，又要着重研究德育教育的群体与个体关系；既坚持宏观上对整个被教育群体的教育引导，又要重视对不同个体的个别指导或辅导。

要促进高校德育队伍教育功能向引导、辅导方向拓展，走出传统的封闭、狭窄的"说教"天地，广泛汲取系统法、控制法、目标法、信息法等适应新形势需要的科学技术理论和方法论。要善于借鉴相关学科的理论知识，如教育学、心理学、伦理学、社会学、政治学等，运用一切有利于德育教育的现代教育工具和理论模式，形成德育教育发展综合化的认识论，将德育的教育引导功能进一步拓宽、拓深。

2. 管理服务功能

管理服务功能是高校德育队伍的基本功能，是指高校德育团队通过一定的德育途径和方法，对德育对象进行德育原则和对错原则的教育，为他们提供工作、学习和生活支持，以维护他们的健康成长。在新的时代背景下，高校德育工作队伍的管理和服务职能有待进一步扩大。

高校德育工作队伍对全体师生员工的思想行为担负着主要职责，在学校其他各项管理活动中，相关管理部门还应与德育工作队伍合力担负德育职责。管理工作作为一种手段，与高校德育工作相得益彰。高校德育工作队伍遵照党和国家及省市、学校制定的制度法规对师生的思想进行规范和教育，为学校开展德育工作创造条件，强化德育效果；此外，有效的德育工作也为各项管理创造有利条件，推动管理措施顺利实施。成功的高校德育工作，应当是有机渗透于各项管理工作中的。

高校德育工作队伍应当永远坚持为培养社会主义现代事业的合格建设者和接班人服务，为社会主义现代化经济建设这一中心服务。既表现为对教育工作者教书育人、管理育人、服务育人的支持，对大学生健康成长的关心，又表现为对教职工工作、生活的排忧解难和对学生学习、生活的指导。高校德育工作队伍的服务功能是由高校德育工作在学校各项工作中的地位决定的，不是简单的喊口号，或者是单纯的扶贫济困，而是运用德育特有的手段、渠道和方法，既包括在大是大非问题上的教育疏导，又包含大量长期艰苦的服务性工作。

3. 实践育人功能

实践育人功能是高校德育工作队伍的一个重要功能，是指高校德育工作队伍把实践作为德育的有效载体和检验、评估德育绩效的标尺,通过在教育教学过程中组织德育对象开展社会考察、调研,使他们在实践中成长成才的功能。

"不论学习还是工作,都要面向实际、深入实践,实践出真知;都要严谨务实,一分耕耘一分收获,苦干实干。广大青年要努力成为有理想、有学问、有才干的实干家,在新时代干出一番事业。"① 在新形势下,高校德育工作队伍必须更加注重组织和指导实践性德育活动,并加大对人力、财力和物力的投入,以适应全球对校园和大学的改革的要求。基于此,高校要定期组织和开展课堂或课外活动,拓宽知识视野并提高实践技能,提高教师和学生的服务能力。要改善大学生的社会实践活动管理运作机制和服务,紧跟时代,使社会实践活动适应新情况和社会发展新需求,并指导学生培养自我评估各种实践的能力。要与社会各阶层和政府部门进行广泛接触,以"共享"的方式,积极探索不同的社会实践形式,更好地利用高校德育群体的实践教育功能。

二 新时代高校德育工作队伍的素质要求

做好高校德育工作队伍建设的核心就是提高德育工作者自身的综合素质,跟上时代发展,坚持与时俱进。"要精心培养和组织一支会做思想政治工作的政工队伍,要把思想政治工作做在日常、做到个人。"② 德育工作必须坚持正确的理论指导,抓好日常教育培训工作,不断提高德育工作队伍整体素质。

(一) 坚定的政治素质

1. 政治方向

"要在坚定理想信念上下功夫,教育引导学生树立共产主义远大理想和中国特色社会主义共同理想,增强学生的中国特色社会主义道

---

① 习近平:《在北京大学师生座谈会上的讲话》,人民出版社2018年版,第14页。
② 刘宏达、万美容等:《高校思想政治工作前沿问题研究》,人民出版社2019年版,第18页。

路自信、理论自信、制度自信、文化自信,立志肩负起民族复兴的时代重任。"① 思想信念是人们对某种思想、主张的极度信服和对某种社会理想的坚定追求,它决定着一个人思想行为的政治方向。反过来,一个人的政治方向正是其思想信念的体现。政治方向也是我们党生存发展第一位的问题,事关党的前途命运和事业兴衰成败。因此,对高校德育工作者而言,坚定正确的思想信念和政治方向是首先应当具备的素质。德育工作者只有自身先树立坚定的政治信仰,即崇高的共产主义信仰,才能一方面以坚忍的意志从事伟大的事业,另一方面又以坚定的信念向德育对象传播马克思主义和新时代中国特色社会主义科学理论。

"党的领导是人民当家作主和依法治国的根本保证,人民当家作主是社会主义民主政治的本质要求,依法治国是我们党领导人民治理国家的基本方略。"② 高校德育教育者要坚守的正确的政治方向,"就是共产主义远大理想和中国特色社会主义共同理想、'两个一百年'奋斗目标,就是的党的基本理论、基本路线、基本方略"③。

"中国特色社会主义最本质的特征是中国共产党领导,中国特色社会主义制度的最大优势是中国共产党领导,党是最高政治领导力量。"坚持正确的政治方向,最根本的是"坚持党的政治领导,最重要的是坚持党中央权威和集中统一领导"④,坚定不移地做中国特色社会主义事业建设者、捍卫者。世界百年未有之大变局加剧演进,中华民族伟大复兴进入关键时期,作为高校德育教育者,必须牢牢把握正确的政治方向,牢牢立足社会主义初级阶段这个最大实际,一切从实际出发。

2. 政治立场

高校德育工作者不仅要有坚定的政治信仰,而且要有正确的政治

---

① 韩玲:《红色文化涵育社会主义核心价值观研究》,人民出版社 2020 年版,第 309 页。
② 刘俊杰:《社会主义国家治理》,人民出版社 2018 年版,第 113 页。
③ 习近平:《习近平谈治国理政》第 3 卷,外文出版社 2020 年版,第 93 页。
④ 习近平:《习近平谈治国理政》第 3 卷,外文出版社 2020 年版,第 94 页。

立场。政治立场是指立足于一定的阶级、政治集团、派别，反映其利益和要求的政治立足点和出发点。高校德育教育者的主要任务就是用马克思主义的理论和实践培养一大批合格的马克思主义者，因此，政治立场坚定是高校德育工作队伍的基本要求。

高校德育教育者坚定的政治立场，一方面就是坚持马克思主义立场，就是坚持人民大众立场，始终站在人民大众这一边，自觉代表和维护人民的利益，坚持立党为公、执政为民，把服务人民、造福百姓作为最大责任。另一方面就是要坚决同违反党的原则的思想行为做斗争。只有具备了坚定的正确政治立场，才能在大是大非问题上站稳脚跟，向德育对象进行正确的政治立场宣传教育工作。

3. 政治责任感

高校德育教育者本质上是教育者的一种，高校德育教育者的责任是受党的指示向大学生实施德育。"为学须先立志。志既立，则学问可次第着力。立志不定，终不济事。"① 高校德育工作队伍的政治责任便是引导大学生树立正确的世界观、人生观、价值观，有正确且坚定的政治立场，把实现个人价值同党和国家前途命运紧紧联系在一起。高校德育工作队伍要始终坚持以对国家、对民族、对党、对学生高度负责的态度，成为马克思主义理论和党的路线方针政策的传播者，成为合格的社会主义建设者和接班人的培育者。

4. 政治鉴别力和政治敏锐性

政治鉴别力和政治敏锐性是政治方向、政治立场、政治理论水平和政治实践经验的整合表现，是衡量一个人政治水平高低最有效的方式。高校德育工作队伍只有具有较高的政治鉴别力和政治敏锐性，才能在大是大非问题上时刻保持头脑清晰、明辨是非、坚定方向。尤其是信息高速发展的新时代，只有具有较高的政治鉴别力和政治敏锐性，在面对学生复杂的思想实际时，高校德育工作队伍才能正确分析

---

① ［宋］李道传编，徐时仪、潘牧天整理：《朱子语录》，上海古籍出版社2016年版，第356页。

学生政治表现，纠正错误倾向，为学生释疑。

"思政课教师只有自己信仰坚定，对所讲内容高度认同，做学习和实践马克思主义的典范，才能讲得有底气，讲深讲透，才能有效引导学生真学、真懂、真信、真用。要善于从政治上看问题，自觉用新时代中国特色社会主义思想武装头脑，在大是大非面前保持政治清醒。教师是释疑解惑的，自己都疑惑重重，讲出来的东西不会是充分坚定、富有感染力的。"①

（二）良好的道德素质

1. 正确的思想观念

当代青年是同新时代中国共同前进的一代，是朝气蓬勃、好学上进、视野宽广、开放自信的一代。他们的主体观念越来越强，受时代的影响，价值观也更加多元化，这就给高校德育带来了极大的冲击。要想将正确的思想观念传递给学生，德育教育者应首先建立正确的思想观念。

在新时代中国特色社会主义中国，首先要树立社会主义核心价值观。"人类社会发展的历史表明，对一个民族、一个国家来说，最持久、最深层的力量是全社会共同认可的核心价值观。""核心价值观，承载着一个民族、一个国家的精神追求，体现着一个社会评判是非曲直的价值标准"②，还应该包含以辩证唯物主义和历史唯物主义为基础的科学的世界观，为人民服务的人生观，社会主义民主法治观和社会主义荣辱观。要使德育对象在成长中具备良好的道德品质，高校德育教育者自身必须是拥有优秀的道德品质和人格魅力的，更要是社会基本道德规范、社会主义核心价值观的倡导者和践行者。

2. 科学的思维方法

历史证明，以历史唯物主义为基础发展的思维方法才是科学的思维方法。高校德育工作者必须掌握辩证唯物主义的认识论和马克思主

---

① 《习近平重要讲话单行本·2020年合订本》，人民出版社2021年版，第284页。
② 习近平：《青年要自觉践行社会主义核心价值观》，人民出版社2014年版，第3页。

义的方法论，一切从实际出发，减少盲目性和片面性。在对高校德育对象进行德育时，必须充分尊重学生的身心发展、学习和生活规律，因材施教。

3. 高尚的道德品质

道德品质是一定社会的道德原则和道德规范在个人思想行为中的体现，是一个人人格魅力的基础，具有典型的示范性和感染性。"教师教给学生的知识，多年以后可能会过时，可能会遗忘，但教给学生为人处世的道理是学生一生的财富，会让他们终生难忘。教师要成为学生做人的镜子，以身作则、率先垂范，以高尚的人格魅力赢得学生敬仰，以模范的言行举止为学生树立榜样，把真善美的种子不断播撒到学生心中。"[1]

高校德育课程是落实立德树人根本任务的关键课程，要引导大学生立德成人、立志成才。只有打动学生，才能引导学生。书本上的理论知识很难让人产生共情，只有真情才能感染人。高校德育教师首先自己要有良好的道德素质，躬身力行，在生活中成为大学生的榜样，将自己的道德素质外化于行，让大学生切实感受到做一个有道德的人的魅力。

（三）精湛的业务素质

业务素质指高校德育工作者必须具备德育的各种实际工作能力，主要包括组织管理能力、分析研究能力、宣传表达能力等。

1. 组织管理能力

组织管理能力是高校德育工作队伍首先要具备的业务素质。高校德育是社会性的教育活动，同时它的德育对象又是多以群体形式出现的人。因此，在教育过程中，高校德育工作队伍既要组织各种教育力量以发挥教育合力的作用，又要独立主持各种教育活动；既要深入细致进行个别教育，又要善于发现和培养骨干，并通过他们团结和带领

---

[1] 教育部课题组编：《深入学习习近平关于教育的重要论述》，人民出版社2019年版，第56页。

群众；既要善于发动和组织德育活动，又要善于协调德育各部门之间、德育部门与其他部门之间、德育工作与其他工作之间的关系。因此，德育工作队伍只有具备较强的组织管理能力，才能有序、有效地开展德育工作。

2. 分析研究能力

分析研究能力是高校德育工作队伍必须具备的能力。在百年未有之大变局的当下，德育工作日趋复杂化和多样化，要求高校德育工作者要善于运用马克思主义基本理论，尤其是马克思主义方法论来解决德育实际问题，并在实践中不断丰富和发展德育理论。要在通过调查研究掌握大量事实材料的基础上，认识和研究人们的思想及德育的内在联系和规律，要能够在分析研究的基础上，综合各种情况进行正确判断和做出科学决定。只有具备了一定的分析研究能力，高校德育工作队伍才能依据形势变化和客观情况科学制定德育目标，正确选择德育方法，合理设计德育活动。

3. 语言表达能力

语言表达能力是高校德育队伍应当具备的基本能力。"语言表达能力是指能够在口头交流和书面交流的过程中运用字、词、句、段的能力。具体指用词准确，语意明白，结构妥帖，语句简洁，文理贯通，语言平易，合乎规范，能把客观概念表述得清晰、准确、连贯、得体，没有语病。要求是得体、清晰、连贯；概括、简洁、精炼；准确、贴切、犀利；生动、含蓄、明快；观点鲜明、是非清晰、褒贬明确。"[①]

德育工作者要把基本的社会道德规范、共产主义的理想信念、党的理论和路线、方针、政策通过文字、语言、形象等表达出来，并通过课堂教学主渠道以及广播稿、黑板报、橱窗、报纸杂志和网络、手机等大众传播媒介进行传播和宣传，才能使受教育者受到感染、影响直至接受。这就需要高校德育工作者具有较高的语言表达能力，否则

[①] 张鑫主编：《语言表达能力训练》，西南交通大学出版社2011年版，第107页。

就无法将自己想要传播的思想很好地表达出来，会让大学生感到老师是在说教，枯燥无味，失去兴趣。

（四）扎实的知识素质

高校道德教育是一门综合性、实践性很强的应用性学科，其工作对象是具有一定科学文化知识素养的大学生。高校德育课教学涉及马克思主义哲学、政治经济学，涉及经济、政治、文化、社会、生态文明和党的建设，涉及改革发展稳定、内政外交国防、治党治国治军，涉及党史、国史、改革开放史、社会主义发展史，涉及世情、国情、党情、民情，等等。

"所谓大学者，非谓有大楼之谓也，有大师之谓也。"[①] 每一个思想政治教育工作者都必须具有扎实的理论基础和宽广的知识面，还应该树立终生学习的理念，不断提升自己，真正实现"学高为师，身正为范"[②]，成为德才兼备的"大师"。

1. 思想政治教育专业知识

思想政治教育理论课程仍然是高校德育的"主渠道"，但它是一种融政治性、思想性、理论性、知识性、实践性和修养性为一体的综合课程，涉及的内容十分广泛，具有一定的理论深度、广度和高度，是理论性和综合性较强的课程。因此要讲活、讲透该课程，除了以教材内容要求为主线索，弄通、弄熟各环节内容外，还应拓宽知识面，通过言传身教使教材内容体系转化为学生的认识和信仰体系。在具体教学中，应多联系现实中的生动事例，力求讲得生动、透彻，不能照本宣科。否则就会出现教与学脱节的现象，从而达不到教育的目的，甚或出现言者谆谆、听者昏昏，你讲你的、我干我的之类的现象。

2. 相关学科知识

大学生思想政治教育的理论性与实践性相结合，不可分离。"如在马克思主义原理课程中，既向学生传递马克思主义的基本立场、观

---

① 朱清时主编，徐迅雷编：《现代大学校长文丛·梅贻琦卷》，安徽教育出版社2015年版，第26页。

② 《陶行知全集》第2卷，四川教育出版社1991年版，第300页。

点和方法，同时也培养学生的哲学素养和经济性素养；在思想道德修养课程中，既向学生传递社会主义的道德和法律，同时也培养学生的道德素养和法律素养。"① 马克思主义的相关学科包括政治学、教育学、伦理学、心理学、社会学和其他人文学科，这些学科知识，有利于拓展马克思主义的视野，可以提高学生德育的效果。高校德育教育者必须具备这些丰富的学科知识，努力建立合理的知识结构。

3. 高等教育性质和特点知识

高校道德教育虽然是一种有着自身特性的教育，但其首先应该是教育，应先符合教育学的一般规律。潘懋元先生认为高等教育不同于普通教育的基本特点有两个，他指出："一个是性质任务不同于普通教育，它是高等专业教育；一个是培养对象不同于中小学生，全日制普通大学本科或专科，在我国，一般说，是20岁左右的大学生，有其身心发展特征。其他众多的特点，是由这两个基本特点所派生的。"② 高校德育中，教育学理论是根本。高校德育工作队伍应具备教育学的相关知识，还要掌握教育学相关理论，利用其体系服务于高校德育活动。

（五）过硬的心理素质

德育的对象是人，因此必然涉及人的心理活动，这就决定了德育工作者不仅要了解德育对象的心理特征，还要保持自身健康的心理状态和过硬的心理素质。心理素质是一个内容非常广泛的概念，涉及人的感知、想象、思维、观念、情感、兴趣等多方面心理品质。心理素质是高校德育工作队伍素质结构中比较重要的组成部分，甚至可以说，心理素质制约和影响着高校德育工作队伍的素质结构。

1. 广泛的兴趣爱好

兴趣是最好的老师。人一旦对某事物有了浓厚的兴趣，就会主动去求知、探索、实践，表现出对这一事物的积极肯定情绪和态度。高

---

① 钭利珍：《浅论高校思想政治理论课青年教师的自我培养与成才》，《现代教育科学》2007年第7期。

② 潘懋元：《高等教育学讲座》，人民教育出版社1993年版，第11页。

校德育教育者具有广泛的兴趣爱好，可以在更广范围和更多领域里接触、了解德育对象，改变传统教育模式，融入学生群体，潜移默化地影响学生。

2. 积极的教育心境

教育者积极乐观的心理状态，有利于师生心理、生理状况的健康发展。同时，健康良好的教育心境对于预防和克服教师心理挫折有积极的防御作用，可以提高他们的承受力、忍耐力，维持心理平衡，自尊、自爱、自信、自强，提高适应能力和工作效率。教师激扬振奋的态度，会形成强有力的精神力，营造出积极的学习氛围，不但可以满足大学生热情向上的心理要求，而且能使注意力更集中，思维更活跃。

3. 坚忍的意志和执着的信念

"意志是人在完成一种有目标的活动时所进行的选择、决定与执行的心理过程。信念是人对某种思想或事物坚信不疑并身体力行的心理态度和精神状态。"[①] 高等教育的发展在当代呈现出社会化、国际化、立体化和多元化的特征。这些特征增强了高校德育过程的随机性、偶然性和无序性，也使得德育工作变得更加复杂，德育任务更加繁重。因此，高校德育教师必须具备坚忍的意志和执着的信念。

三 新时代高校德育工作队伍的不足

高校德育工作队伍的素质和工作质量对德育工作的效果影响非常大，是德育影响的关键因素，在德育工作中占主导地位，是德育工作的主体之一。德育工作队伍关系到德育是否能够真正接受德育内容，是否能够有效地实现德育目标。当前，我国的德育工作队伍还存在一些不足。

（一）队伍结构协调性和互补性不足

"在信息时代做好老师，自己所知道的必须大大超过要教给学生

---

① 李敏：《大学生思想政治教育理论探索与实践育人体系建设研究》，中国水利水电出版社2016年版，第254页。

的范围,不仅要有胜任教学的专业知识,还要有广博的通用知识和宽阔的胸怀视野。好老师还应该是智慧型的老师,具备学习、处世、生活、育人的智慧,既授人以鱼,又授人以渔,能够在各个方面给学生以帮助和指导。"① 新时代背景下,高校德育工作队伍的结构应该体现为专兼结合、年龄适中、学历较高、职称平衡,但是目前许多高校德育工作队伍的结构,还远远达不到均衡合理的要求,存在的问题主要是:

人员构成不合理。高校德育工作队伍一般是由专职和兼职人员两类构成,由高校德育的专业性质和重要性决定,高校德育工作队伍人员构成应以专职为主,兼职为辅,专兼结合。但是当前很多高校的德育工作队伍都是兼职为主,专职为辅的不合理结构。

年龄结构不平衡。两极分化的现象比较明显,有的过于老龄化,有的则过于年轻,缺乏中坚力量。而且,现如今高等教育中年轻化趋势还在加剧,这会使得高校德育工作队伍的年龄结构更加不平衡。

学历结构不合理。虽然新时代要求辅导员或管理岗位必须有硕士研究生及以上学历,但现今很多德育工作者都是曾经的原班成员,学历普遍较低,其专业水平与新时代教育事业发展不能适应,无法满足人才培养的需要。

职称结构不合理。高校德育工作队伍中的高级职称,尤其正高职称是普遍较少的,即便有,也呈现出老年化严重的情况,阻碍了科研质量的提升,缺乏培养具有创新精神和实践能力的高级专门人才的能力。

(二) 队伍思想意识还不够明确

当前我国高校德育工作队伍思想意识的主流是好的,高校德育工作队伍在德育工作中能够坚定信念,坚决贯彻党的教育方针,将德育工作放在第一位。但是我国正处于面对世界百年未有之时代大变局的时期,价值观念多元复杂,难免会出现这样或那样的侵蚀或影响。

---

① 习近平:《做党和人民满意的好老师》,人民出版社2014年版,第9页。

虽然专职教师尤其是青年教师一开始选择从事德育教学工作，但很大一部分是选择把其作为一个自身沉淀的平台，在获评高级职称后，会把自己的研究重点甚至是研究方向转移到其他学科上，真正愿意将德育事业当作终生事业的高校青年教师的比例偏低。

高校德育工作的兼职教师一般是由辅导员或管理学生工作的副书记担任，大多是在从事教学科研工作的同时兼职德育工作的，其工作重心并不在德育，还会随着学生在校学习的阶段变化而发生改变，无法深入对思想教育理论进行更加深入的研究。

（三）队伍素质与发展需求存在差距

相较其他学科，高校德育工作队伍不是追求单纯的高学历，而是需要与德育工作相匹配的综合素质的提升。当前，高校德育工作队伍总体上已从素质教育的角度将"以人为本"的育人理念贯穿到工作中，逐步改变了过去以教师、教材和课堂为中心，侧重理论灌输的传统理念。但是新一轮科技革命和产业革命的大规模快速发展，全球化进程深刻的传播、扩散、冲刷作用，使得世界正在形成新的社会形态，德育工作者的工作理念和方法如果不及时更新，将可能导致德育内容与时代脱轨。

知识结构不完善。德育是一个不断发展的学科，建成怎样的体系、规定哪些教学内容、采取何种教学方法，都处在不断探索、不断完善的过程中。但有一点是明确的，即德育是一个融多个学科在内的学科。因此，德育工作队伍必须集多学科知识于一身，才能全方位回答学生提出的问题。早些年从事德育工作的老教师，受当时思想工作唯一政治性的影响，缺少现代教育理论知识；而刚毕业特别是非文科类刚毕业的年轻教师，既对理论知识缺乏认识，又对有关社会科学知识知之甚少。

教学方式水平不高。在教学内容上，部分德育工作者仍过于理想化、政治化，脱离了学生生活的实际和道德认识的水平，缺乏时代内涵和实际应用性，因而难以被学生们接受，也就很难转化为他们的自身信念。仍有部分德育工作者在教学过程中采用传统方式，不自觉地演变成了一种知识的灌输，学生只能被动接受，致使学生们对原本就枯燥的德育理论产生厌烦情绪，甚至会否定这项教育的意义。德育是一门综合学科，又是一门既要传授知识，又要塑造灵魂的课程，所以在教学方式上，较其他专业课有更高的要求。

第二节　新时代高校德育工作队伍的能力提升

一　新时代高校德育工作队伍的培养提高机制

（一）建立健全的选拔、招聘机制

要建设一支专兼结合、素质优良、业务精湛的德育工作队伍，必须把好"入口关"，建立科学有效的选拔制度，选拔高素质人才。建立健全的选拔、招聘机制也是高校德育工作队伍建设的前提和基础。建立健全的选拔、招聘机制，重点是制定正确的选人标准。

1. 选拔对象要有过硬的政治素质

1938年10月14日，毛泽东同志在中共六届六中全会上作《论新阶段的政治报告》，明确指出："共产党的干部政策，应是以能否坚决地执行党的路线，服从党的纪律，和群众有密切的联系，有独立的工作能力，积极肯干，不谋私利为标准"①。在改革开放和社会主义现代化建设时期，邓小平同志提出了以德才兼备为基本特征的"革命化、年轻化、知识化、专业化"②的干部"四化"标准。在新的历史时期，2013年6月的全国组织工作会议上提出"好干部要做到信念坚定、为民服务、勤政务实、敢于担当、清正廉洁"。因此，在确定选择德育工作者的标准时必须强调政治素质。这个政治，是指马克思主义的政治，是建设中国特色社会主义的政治，具体包括政治方向、政治立场、政治观点、政治纪律、政治鉴别力、政治敏锐性。德育工作者只有讲政治，才能保证把党的基本理论、基本路线、基本方针和各

---

① 《毛泽东选集》第2卷，人民出版社1991年版，第527页。
② 《邓小平文选》第3卷，人民出版社1993年版，第179页。

项政策贯彻到实际工作中去,从而防止和排除各种错误思想、错误倾向的干扰,使高校德育朝着正确的方向发展。

2. 选拔对象要有知识、有才干

高校德育的主要对象是有一定文化知识的大学生,能否将他们培养成为未来社会主义现代化建设事业的接班人,与德育工作者的知识结构和能力水平密不可分。德育工作者应当具备的知识包括专业文化知识、马克思主义与思想政治教育的理论知识及对提高学生全面素质有益的各种知识。当然,选拔的对象还要具备传播知识、实施德育活动的能力,以有效发挥其作为德育主体的作用。当下,科学技术日新月异,信息技术迅猛发展,选拔的对象还应具有创新精神和敏锐的思维能力,以面对复杂的内外环境,适应新形势、新情况、新任务。

3. 选拔对象要有个性特征和人格魅力

德育工作与其他教学管理工作不完全一样,后者重于"教"与"管",而德育更重"育";后者主体与客体之分明显,且难以相互转化,而德育的主客体在一定条件下可以相互转化,而且主体的素质涵养和言谈举止本身就对客体有着潜移默化的影响,即所谓的"言传身教"。因此,选拔的对象要有从事德育工作所特有的个性特征和人格魅力,如爱岗敬业、无私奉献、富有激情、充满活力等。

4. 要坚持正确的原则并使用科学的方法

正确的原则包括自荐与推荐相结合的原则、双向选择的原则、公开择优选拔的原则等;科学的方法包括任命、推荐、招聘、考核等。只有坚持正确的原则并使用科学的方法,努力实现社会化、公开化的公平竞争才能取得最佳的选拔、招聘结果。如今,律师、会计师等行业都已建立了健全的选择制度,持证上岗。从长远看高校德育也要尝试实施政工师上岗许可制度,德育工作者的上岗和资格确认也应逐步向这方面过渡,从而把严"入口关"。

(二)建立完善的培养、教育机制

2019 年,教育部印发《普通高等学校思想政治理论课教师队伍培养规划(2019—2023 年)》(教社科函〔2019〕10 号),每年将招收 100 名从事高校思政课专职教在岗教师在职攻读马克思主义理论学科博士学位。通过 5 年的时间培养数十名国内有广泛影响的思政课名师大家、数百名思政课教学领军人才、数万名思政课教学骨干。这里的思政课就是广义的德育课。要建设这样一支优秀的德育工作队伍，更好地为中国特色社会主义建设事业服务，就必须做好高校德育工作的管理，完善培养、教育机制。

1. 培养目标和计划要科学化

德育工作队伍的培养与教育本身就是一个系统工程，必须以科学的目标为指导，才能明确工作方向。培养与教育目标的制定既要着眼于德育工作队伍素质现状及现阶段乃至未来相当长时间所承担的任务，又要考虑实现目标的现实条件，如物质条件、精神条件等，还要考虑实现目标的社会环境。

德育工作队伍培养与教育的总体目标应该是：通过培养与教育，使德育工作者成为具有坚定的马克思主义信仰、中国特色社会主义道路自信、理论自信、制度自信和文化自信以及社会主义核心价值观的引导者和践行者；成为党的基本理论知识及科学文化知识的传播者；成为科学把握教育规律，促进德育对象身心健康发展的教育者。

培养计划是培养目标的具体化，包括培养的时间、步骤、人员、内容、组织机构等。培养与教育要严格按照计划有序、有效地开展，计划实施过程中要经常检查计划执行情况，及时发现问题，根据变化的情况做适当调节，使计划更完善。计划实施后要总结经验教训，为下一次培养工作目标的制定提供依据，使今后的培养与教育工作开展得更好。

2. 课程设置和教育内容要规范化

根据思想政治教育专业的培养目标、特点和要求，思想政治教育应当设置思想教育、政治教育、道德教育和法纪教育等四大类内容。广义的思想教育指关于政治、法律、道德、哲学等方面的思想观念的教育，狭义的思想教育指世界观、人生观、价值观教育。政治教育主要包括马克思主义理论和党的基本路线、方针、政策教育及形势与政策教育、爱国主义教育等；道德教育在现阶段主要指公民基本道德教育、社会主义核心价值观教育、职业道德教育、家庭美德教育等；法纪教育一般指社会主义民主教育、社会主义法制与法治教育、纪律教育等。

思想政治教育这四个方面的内容应当是相互联系、相互渗透和相辅相成的。其中思想教育是整个思想政治教育的关键，制约和影响着德育对象的政治态度、道德观念和法纪意识，关系到他们观察、分析和处理问题的根本出发点和态度；政治教育是整个思想政治教育的核心，始终把坚定正确的政治方向放在人才培养的首位，是我们党和国家历来十分重视和强调的，政治教育对人的道德观、法纪观等同样起着很重要的制约作用；道德与法纪教育是思想政治教育的根本，思想政治教育的根本目的就是把德育对象培养成为具有良好道德品质和道德修养的、遵纪守法的、合格的社会主义事业建设者和接班人。

3. 培养路径和教育方法要丰富化、实效化

建立完善的培养、教育机制，必须拓宽培养路径，建立形式多样的、行之有效的教育方法。培养路径上既要重视岗前培训，又要重视定期培训和阶段培训，更要建立长期的学习制度；既要整体培养，又要有计划地选送素质全面、能力水平高、有培养前途、可担重任的人员参加更高层次的培训，进行深造和锻炼。

教育方法上要注重理论学习和实践锻炼相结合，既引导、组织德育工作者以马克思主义为指导，紧密结合现阶段工作实际，通过调查研究、交流经验、专题研讨等各种形式，积极开展思想政治教育理论研究，又要引导、组织他们深入实践，在实践中不断学习、大胆探索、积累经验、增长才干。还要建立自我教育制度，使德育工作者自觉学习马克思主义基本理论和中国特色社会主义理论，自觉接受积极影响，克服消极影响，从而提高自身的思想道德素质。此外，自我反省、自我修养也是重要的方法，建立自我教育制度就是要把自我反省、自我修养的方法制度化，靠制度的力量保证自我教育效果的实现。

（三）建立科学的管理、提高机制

管理对于德育工作队伍的建设起着重要的作用，加强内部管理是

德育工作队伍建设的关键，优良的管理可以使德育工作队伍的新时代建设制度化、长期化。

1. 建立约束管理制度

要根据社会发展的具体要求，建立一套行之有效的约束管理制度，对德育工作队伍的素质、职责、待遇、奖惩以及招聘、培训、转岗、提拔等做出明文规定，并通过制度建设，达到优化队伍组合、加强队伍建设的目的。新形势下，尤其要建立相对稳定和合理流动的制度，既要保持队伍的相对稳定，以便积累经验，提高整体素质和工作水平，又要看到队伍的正常流动是必要的，也是优化队伍结构的需要，两者不可偏废，关键是要制定制度、明确要求、区别情况、严格把关、妥善解决。

2. 完善激励和惩戒机制

要完善激励机制，调动队伍的积极性，增强队伍的活力和生机。从辩证唯物主义的观点来看，客观事物的发展总是不平衡的，我们的事业在前进与后退、积极与消极、明与暗的矛盾运动中不断发展。

在新时代，更要从思想上激励德育队伍，促使他们自觉提高自己的思想理论水平。高校各级党委要把提高政工干部的思想理论水平当作大事来抓，使广大政工干部的思想理论素质不断提高。同时从生活上激励德育队伍，帮助德育工作者解决生活当中存在的实际困难，为他们排忧解难，使他们安下心来，积极努力地把工作做好。

在正面激励的同时还要建立惩戒机制，对不认真履行工作职责，甚至是因失职而造成严重后果的德育工作者，要追究其责任。只有做到奖惩分明，才能够更好地发挥良好的导向作用，极大地调动广大德育工作者的积极性、创造性，为德育工作做出努力，干出实绩。在做学生的思想政治工作时，也要处理好对德育工作者进行物质鼓励与精神鼓励的关系。

3. 建立科学的考核和评估体系

没有考核就没有管理，建立科学的考核评估体系是德育工作队伍培养、提高的重要环节。

一是要坚持一切从实际出发。根据本地区、本部门、本单位的实际情况制定符合实际的考核制度，反对脱离实际的主观主义与形式主义的种种做法，要有针对性、有的放矢、对症下药，不能"一刀切"。

二是要做到定量与定性相结合。德育考核和评估是对德育活动开展情况、完成质量做出定性的结论和定量的估计评价，它必须是兼具科学性与严肃性的工作。在实际工作中，对德育工作效果的考核评估难度较大、较复杂。因此，德育考核、评估工作要科学化、规范化和制度化，坚持定性分析与定量分析的结合，这是推进德育工作发展的客观要求。

三是要注重"四个结合"。素质考核与业绩考核相结合，既注重对德育工作者政治态度、思想作风、知识水平、工作能力及事业心、责任心的考核，又注重他们的工作实绩，从"德、能、勤、绩"四个方面进行全面考核；组织考核与群众考核相结合，既要发挥职能部门的作用，由相关部门按一定的组织程序考核，又要组织群众进行民主评议，以保证考核的客观性；年终考核与平时考核相结合，既要一年一度集中考核，又要结合平时工作开展经常性的检查和督促，使考核经常化、制度化；考核与奖惩、任用及职称评聘相结合，考核的过程和结果要达到激励的目的，促进德育工作者总结经验、发现问题、不断提高。

二　新时代高校德育工作队伍的实践探索

（一）建设职业化、专家化的新时代高校德育工作队伍

1. 高校德育工作队伍职业化、专家化的内涵

德育工作队伍是整个德育过程中最活跃、最重要的因素之一。德育工作队伍在高校人才培养中兼具教学和育人的双重职能，其突出地位不言而喻，不仅担负思想品德教育的重任，还兼具传授知识和发展智力的任务。2005 年颁布的《教育部关于加强高等学校辅导员班主任队伍建设的意见》（教社政〔2005〕2 号）、2014 年教育部制定并印发《高等教育辅导员职业能力标准（暂行）》（教思政〔2014〕2

号）以及2017年颁布的《普通高等学校辅导员队伍建设规定》（中华人民共和国教育部令第43号）中，都深入贯彻了《中共中央国务院关于进一步加强和改进大学生思想政治教育的意见》（中发〔2004〕16号）的精神，将职业化、专业化作为高校德育工作队伍的发展方向。但实际上，其地位和影响却是始终次于教学科研人员的，建设的力度也远不及之。这是长期以来教学科研在高校的"本位化"思想及德育工作队伍非职业化的原因所造成的，也是高校德育工作队伍不稳定的重要因素。

高校德育工作队伍的职业化，就是要赋予高校德育工作者专业的地位，提供专业的教育，实施专业的管理，使之将德育教学当作终生事业。社会科学研究不断现代化的客观现实，要求德育研究也要现代化。而现代化德育研究不应该只是少数专家学者所特有的工作，而应当是德育理论工作者和德育实际工作者的共同事业。做"研究型"或"专家型"的德育工作者，是新时代对德育工作者提出的新要求。

高校德育工作队伍的专家化，就是要引导德育工作者时刻站在时代前沿，关注社会现代化、社会转型以及价值观念的更新，结合自己的具体工作开展研究。将工作过程视为研究过程，把工作对象作为研究对象，以新的广阔视野，观察、审视高校德育的目标、任务、内容和方法，成为高校德育理论工作和实践工作的某方面或多方面的专家。

加强高校德育队伍的职业化、专家化建设，是时代发展的客观要求，也是当前学生思想政治状况的现实需要。当今世界正处于百年未有之大变局，世界政治多极化、经济全球化、信息网络化、知识海量化等社会变化对当代大学生思想观念和价值观念产生了一定的影响。西方资产阶级意识形态和思想文化对大学生的侵入和渗透更直接、更快速、更广泛。同时，日益突出的社会矛盾及就业压力等因素也严重困扰并影响、制约着大学生的身心发展。这些新情况、新问题、新特点对高校德育工作队伍的素质提出了更新、更高的要求。建设一支职业化、专家化的德育队伍已是大势所趋。

加强高校德育工作队伍的职业化、专家化建设，也是新时代贯彻党的教育方针，全面深化高等教育综合改革，解决好怎样培养人的重要内容。高校德育内容涉及大学生思想道德、学习、身心、生活发展等多个专业领域，涵盖教育、管理、服务等各类活动过程，是大学育人的重要环节。这就要求德育工作者必须具备思想政治教育、马克思主义理论、心理学、教育学、管理学等多学科知识和技能，以及不断研究和探索的能力。对高校德育工作者的这些特殊要求，决定了它具有不可替代的专业特征。

长期以来，我国高校德育工作队伍存在着结构比较复杂、流动性过大、专业化程度低等问题。相当部分的德育工作者目前仍是把从事德育工作和学生管理工作作为一个阶段性岗位，而不是将其作为终生的职业。他们或是不愿放弃自己原来的专业，抱着兼职的态度，在从事德育工作的同时，还一心想转到自己本身的专业上去，没有静下心来研究德育工作；或是"身在曹营心在汉"，把这一工作当作从事其他管理工作的跳板，以期被提拔重用。另外，很多高校现在还没有足够重视思想政治专业，对德育工作人员的职称评审等涉及切身利益的政策倾斜不到位，导致高校德育工作队伍普遍存在学术水平、研究能力不高，专职化、专业化水平较低等弊端，极为缺乏高校德育方面的专家。只有进一步更新理念，改革现有的德育工作队伍管理模式，明确高校德育工作者的职业化方向，才能增强这支队伍的社会认同感，从而激发他们的主体意识，发挥他们的主体作用。

德育实践是科学性、艺术性、创造性很强的工作，有其自身的特点和规律，而目前高校德育工作者中仅有少数是来自思想政治教育专业的，其中多数人的专业知识结构、管理水平等与思想政治教育专业相距甚远，以至于从事思想政治教育工作的实际能力偏弱。这些人员疲于应付学生工作的日常事务，只是在不断积累处理学生事务的实际操作经验，而不能上升到理论研究水平，谈不上能正确把握思想政治教育的特点和规律了，他们的发展是趋向"经验型"的，而非"专家型"的。因此，建设"专家型"的德育工作队伍，使广大德育工作者能结合自己的工作,以专家的眼光和高度,研究并遵循德育的特点和规律,是德育改革的关键。

2. 高校德育工作队伍职业化、专家化的建设途径

(1) 更新理念,树立新时代德育观

德育是社会大系统的一个要素,社会进入新时代要求德育也要进入新时代。高校德育自身的发展表明,应以新时代的视角来审视高校德育。党的十八大以来,虽然高校德育工作队伍的建设受到了前所未有的重视,高校德育工作队伍建设的理念不断更新,德育工作者的地位和整体素质不断提高,但仍不能满足新时代社会发展和人才培养的诉求,新时代德育进程任重而道远。树立新时代德育观就是要强调德育在新时代社会中的推动和导向作用,这是新时代德育与传统德育在社会功能性质上的差别。以往的德育功能侧重于政治方面,表现为通过社会政治意识的传播,制约人们的政治行为。随着新时代社会的发展,新时代德育已经突破政治功能的局限,其经济功能越来越明显。新时代德育在我国新时代中国特色社会主义建设过程中,一方面充分发挥其政治功能,推进民主政治建设,为社会主义精神文明建设服务;另一方面还要促进经济增长转向以保护生态平衡为前提的理性的经济增长,保护不可再生自然资源的科学化经济增长,为经济建设服务,为建立和发展社会主义市场经济体制服务,为社会、经济的可持续发展服务。这为高校德育工作队伍职业化、专家化建设提供了理论和实践依据。

(2) 科学规划,塑造新时代德育队伍

随着我国经济社会的不断发展,人们的思想观念和道德准则正发生巨大的变化。高校培养的是社会主义事业的建设者和接班人,他们的思想道德状况如何,直接关系到社会主义现代化建设战略目标的实现。高校要切实坚持党的十八大提出的"立德树人"的理念和要求,从战略高度充分认识加强学生思想政治工作的重要性和必要性,狠抓德育工作队伍建设,改变长期以来只重视技术方面专业师资队伍建设,对德育工作队伍建设只有"号召"没有"实招"的现状。建设

职业化、专家化的德育队伍，就是要立足长远、科学规划，将德育工作队伍建设也纳入整体师资队伍建设。

鼓励德育队伍进行科学研究，提高理论水平。培养职业化、专家化德育队伍，不仅是新时代德育的新要求，也是德育工作者全身心奉献给德育工作，充分发挥创造性，提高德育实效性的重要途径。高校要创造条件，通过脱产学习、在岗培训、选送进修等渠道定向培养，打造一批德育专家、学者和教授，要切实将德育当作一门科学来研究，建立专业的德育学术群体和学术梯队。同时，在全国范围内建立更多的德育工作队伍培训、研修基地，并在多数高校而不局限于一些重点高校或师范高校开设思想政治教育或者德育专业，为实现德育工作队伍的专家化提供基础保障。德育队伍职业化、专家化建设离不开德育工作者自身的努力，这是决定事物发展规律的内因。高校的德育教育者要不断加强自身政治思想道德素质的修炼，在重大政治问题上立场坚定、旗帜鲜明，与党中央保持高度一致，坚决维护党和国家的利益及高校教学秩序稳定。同时，必须以教育学、心理学、管理学、政治学、公共关系、法律等多学科专业科学为基础开展科学研究。掌握需要提高的技术和专业技能，能够解决工作中的各种问题，更深刻地了解学生所面对的困扰和问题。同时，健全德育队伍管理与奖励制度，提升工作积极性。高校应进一步完善德育工作人员的职业资格考核和任用方法，充分考虑德育工作任务多、任务重的工作特点和现实，对德育团队进行科学和系统的评估。要不断提高德育工作人员的相关利益，提高高校德育工作人员的积极性。如为兼职德育人员提供研究经费补助和交流补助、奖励取得学术研究成果的德育人员、向已取得具体科研成果的员工提供物质和精神奖励等。要在德育工作队伍内部进一步优化德育工作队伍结构，除了组建思想政治理论专业教师队伍，还要鼓励共青团干部、专职学生顾问、管理人员和其他专业从业人员积极加入德育教学，打造一个具有专兼结合、功能互补、信念坚定和业务精湛的德育团队。

(二) 建设社会化的新时代高校德育工作队伍

1. 高校德育工作队伍社会化的内涵

揭示德育工作队伍社会化的内涵，首先要深刻理解德育工作队伍社会化的现代意义和价值。传统的以经济、科技为主体的社会发展观所遵循的是一种"社会—人—社会"的逻辑。也就是首先要根据社会的需要来培养人，使受教育者能够适应现实的社会历史，德育的社会性的功能由此而实现。在这一过程中，作为社会的一方是主体、主动的，而受教育者的一方则完全是作为客体来对待的，德育的社会性功能的实现全部表现为被培养者对社会的适应性。新时代德育已经打破了时空的界限。从时间上看，德育不再是短暂的学校教育，而是长期的终身教育；从空间上看，某个特定区域已经不能够满足德育的发展，德育走向了全社会各领域。

随着社会的现代化，社会也更趋于人性化，新时代社会发展观正是反映了这种社会人性化的趋势与理想。以人为本的发展观蕴含的现代德育之价值，表现为德育的社会性功能是通过人与社会的相互作用，双向建构而实现的。德育的根本任务就是培养具有主体意识的人，培养能超越和改造现实社会的人。在新时代，德育培养所发挥的社会功能是变革性而不是适应性的，这也是其在社会发展中的先导性的支撑。

高校德育工作队伍的社会化是新时代德育工作队伍建设不可避免的趋势。首先，新时代社会经济关系的复杂性决定了学生意识形态和价值观的多样化，也就导致学生的社会化更加复杂。因此，道德教育必须与德育对象的社会经济关系紧密相关，以实现个人社会化。其次，新时代社会对大学生的思想与行为的影响因素越来越多，个体社会化越来越严重，德育队伍要紧跟时代，就必须要趋于社会化。如互联网的发展对人们思想意识产生的影响越来越大，高校德育工作队伍要主动适应这种社会潮流，既成为现实社会的德育工作者，又成为虚拟社会的德育工作者。最后，信息化的迅猛发展也要求德育工作队伍加快实现社会化的进程，以适应社会化程度不断提高的新时代经济与社会发展的客观需求及教育对象的实际需要。

高校德育工作队伍的社会化其实是面向社会的开放系统,是多渠道和多层次的,且每个子系统都有明确的分工和牢固的联系。因此,德育主体不应限于高校的德育教育者,而是全社会合力育人、齐抓共管,积极吸收和利用各种社会资源,形成强有力的道德教育力量。

2. 高校德育工作队伍社会化的建设途径

(1) 创新高校德育工作队伍自身的工作理念和方法

随着信息技术的迅猛发展,知识的传播速度越来越快,更替周期越来越短,传统的高校教育已经远远不能满足新时代教育发展的需要。因此,必须用发展的眼光看待教育,变短期性、阶段性教育为长远性、终身性教育。与之相适应,高校德育工作者也应树立终身德育理念。此外,高校德育的任务是对学生进行思想政治、品德修养、心理健康教育,而人的思想政治素质、道德修养素质、心理素质等是一个由外化到内化的逐步形成的过程,这就决定了德育的过程是教育对象在德育认知的基础上,不断吸收、实践、升华从而内化成相对稳定的素质的过程。这个过程无疑是一个长期而终生的过程,它不仅需要将基础、中学和大学的德育联系起来,而且还延伸到德育学科的整个生命周期。随着社会的变化和时代的发展,德育遇到的问题将会更尖锐。因此,高校德育工作人员要紧跟时代变化,不断创新工作理念,积极寻求有效途径。

德育工作者要更加注重理论与实践结合。在传统的以灌输为主的德育模式下,德育工作者把自身作为唯一的德育主体,在德育对象面前往往居高临下,以先知先觉者的身份出现,忽视德育对象的个性特点和实际需求。但是在科技发展与社会变革日益加速的今天,由社会经济利益多元化而引发的社会价值取向与评价标准的多元化,使人的主体意识不断增强,教育对象的思想也变得更加活跃和复杂,而高效快捷的传媒又能使人们既快速又平等地占有信息。教育者与教育对象之间的双向互动以及高校德育主体系统与社会环境之间的相互作用在不断加剧,影响在不断深入。这就要求德育不能只停留在简单的说教上，还是要体现在社会生活的方方面面。德育工作者必须更加注重理论与实践结合，从台上走到台下，从校园走向社会，从书本走向实践，在实践中不断丰富德育思想和德育内容、方法及途径。否则，德育工作就难以适应社会发展，德育工作者就会被时代所淘汰，失去德育阵地。因此，德育工作者要更多地将德育工作向社会延伸，在校外建立德育基地，与工厂、企业和社区联合开展各种行之有效的德育实践活动，在实践中不断创新工作方式、方法，让广大青年学生回到现实的道德生活中去，在道德交往的实践中培养高尚的道德情操。

（2）重视家庭在高校德育工作队伍社会化建设中的重要作用

家庭教育不仅是每个人成长的起点，而且是他们一生的起点。"中华民族自古以来就重视家庭、重视亲情。家和万事兴、天伦之乐、尊老爱幼、贤妻良母、相夫教子、勤俭持家等，都体现了中国人的这种观念。"① 每个人的个性和美德都将受到其家庭不可磨灭的影响，"家庭教育涉及很多方面，但最重要的是品德教育，是如何做人的教育。也就是古人说的'爱子，教之以义方'，'爱之不以道，适所以害之也'。青少年是家庭的未来和希望，更是国家的未来和希望。古人都知道，养不教，父之过。"②。家庭教育是人们思想政治道德教育的基础，也是高校德育的社会基础，在高校德育中具有不可替代的地位和作用。高校应加强与学生家长的沟通与联系，争取家庭对学校德育的参与、支持和配合。

德育工作者要提高认识，高度重视家庭在高校德育工作中的重要地位，要努力寻找家庭教育与高校德育的最佳结合点，要积极创造条件，逐步确立起高校与学生家长沟通联系的组织形式和工作机制，推动德育工作与家庭教育的协调与结合，建立一种家庭与高校定期联系制度，以充分发挥家庭作为社会细胞的基础性教育功能。比如，创造

---

① 中共中央宣传部、中央广播电视总台编：《平"语"近人——习近平总书记用典》，人民出版社2019年版，第95页。

② 中共中央文献研究室编：《习近平关于青少年和共青团工作论述摘编》，中央文献出版社2017年版，第94页。

性开展"家长联谊会""家长见面日""家长学校""家长系列讲座"等活动;成立家长委员会,特邀家长参与高校教育与管理;互访交流、信函往来、电话通信等。

(3) 发挥社会在高校德育工作队伍社会化建设中的引导作用

社会道德教育是对家庭和学校道德教育的补充和发展。不能只靠家庭或者学校来调适,还要争取社会力量,只有在社会环境和社会教育的帮助下,才能更快实现高校德育工作队伍社会化的目标。新时代,新一轮科技革命和产业变革带来的新陈代谢和激烈竞争前所未有,高校的德育工作者必须善于利用社会资源来协调和巩固学校的德育成果。手机、互联网等各种现代媒体对大学生思想的影响带来巨大冲击,当然,也为高校德育建设提供了新的突破点。利用互联网的时效性,以科学理论为武器,不跟风舆论,引导人们在网上发表客观的意见,不仅可以优化网络环境,而且还会不断清理社会环境,控制社会舆论和文化市场,积极地引导学生追求高尚的道德情感以培养健康的审美意识。

随着生产力水平的不断提高和社会文明的不断进步,社会化的进程不断加快,社会的育人功能日臻完善。国务院印发《国务院关于鼓励社会力量兴办教育促进民办教育健康发展的若干意见》(国发〔2016〕81号)强调:"鼓励社会力量兴办教育,促进民办教育健康发展,是一项事关当前、又利长远的重要任务。"[①] 高校德育工作队伍必须动员全社会的力量,发挥社会在德育工作队伍社会化建设中的引导作用,构建德育系统工程。要积极倡导全社会为青年学生营造健康的文化氛围和良好的社会环境,努力为青年学生提供更多了解社会的机会。如与社区建立联系,将社区教育纳入学校德育工作之中,这样社会工作人员自然就成为学校德育队伍中的一员;如建立教育基地,吸收德育基地工作人员到德育队伍中来;在全面依法治国的社会大背

---

① 国务院:《国务院关于鼓励社会力量兴办教育促进民办教育健康发展的若干意见》(国发〔2016〕81号),2017年1月18日。

景下，将法律专业人员请进校园，通过法律讲座，增强大学生的法律观念；让大学生广泛接触社会，接触各个层面的英雄模范人物，树立多层次的学习榜样，帮助他们树立正确的人生观，从而坚定为祖国、为人民服务的志向。

（三）建设信息化的新时代高校德育工作队伍

1. 高校德育工作队伍信息化的内涵

随着信息技术的迅猛发展，网络文化、网络道德给青少年的思想和行为带来巨大的影响。高校德育队伍的信息化建设，是通过教育培训使德育工作者具备现代信息技术的运用能力，充分利用网络平台，开展网上德育课教学、网上交流、咨询答疑、就业指导等德育活动，使高校德育工作者的素质适应网络化社会的新要求。现代信息技术为高校德育开辟了新的可能。德育内容更加丰富。现代信息技术的超信息特性和信息本身的固有性质，使教育内容既丰富又全面，既客观又有选择性。只要德育人员利用得当，就可以适应新形势，提高工作效率，使德育工作方法更加多样化。现代信息技术的发展使德育的益处进一步发挥了作用，德育可以集成到网络、多媒体、手机等中，德育的目标任务、内容和要求可以破除时空的制约，迅速、广泛地传播。在各种形式的创新发展中，德育的吸引力和影响力得到了提高。

2. 高校德育工作队伍信息化的建设途径

（1）健全高校德育信息化工作的各种条件

互联网已经渗透到社会的各个领域，也改变了当代学生学习、思考和生活的方式，这种方式具有政治影响力、道德风范和价值取向。面对互联网来势汹汹的影响，必须健全高校德育信息化工作的各种条件，让高校德育工作队伍充分了解如何利用网络开展德育工作，为德育工作队伍的信息化提供支持和保证，知己知彼方能百战不殆。

充分发挥主题网站的主要作用。主题网站的创建必须具有明确的主题和目标，坚持正确的政治方向，坚持全面而广泛的原则，不断创新内容和形式以增强吸引力和影响力。高校要投入大量的精力指导建设主题网站，尤其是在建设网络文化主题方面。网络文化不仅是网络思想教育的手段，更是网络思想教育的战斗武器。高校应努力营造健康向上的互联网文化氛围，并为学生提供良好的在线生活空间。

加强信息网络的监控和管理。学校应加强对局域网、校园网、论坛等各种网络平台的管理，提高学生的法律意识和互联网的责任感和安全性，增强学生区分网络信息的能力，具备正确的网络概念和良好的网络道德；建立和完善可行的网络管理规则，确保网络活动基于规则，并使用"实名互联网访问"等方法，以监视互联网上的不健康内容。

开展各种在线教育活动。学校在制订培训目标、培训内容、实施计划时，应将德育与网络技术有机地结合起来，并根据网络环境向学生提供定期的在线指导，帮助学生解决心理、思想、生活和学习上的问题。互联网不仅可以使学生随时随地参加德育课程，有选择地、自发地尝试德育内容；还可以开展将意识形态与信息丰富且有趣的在线校园相结合的文化活动，如在线竞赛、在线论坛、网页设计竞赛等。

（2）高校德育工作队伍应提高自身信息技术应用能力

面对信息化带来的巨大机遇和挑战，广大高校德育工作者应该主动出击，努力提高自身信息技术应用能力。

树立正确的网络教育观。面对网络带来的各种新情况和新问题，德育工作者应与时俱进，解放思想，及时更新旧的教育观念，改变以往德育中以教育者为主体，受教育者只是被动接受各种知识信息的观念。德育工作者不再单纯扮演知识传授者的角色，而要在教育教学过程中充分凸显学生的主体地位，使学生具备高效、科学、合理利用网络的能力，并引导他们树立正确的网络观念和网络道德，增强自律意识，学会正确甄别各种纷繁复杂的网络信息资源。在虚拟网络空间里，要引导学生在自我教育、自我调适、自我发展的过程中逐渐养成良好的思想政治素质及道德品质，成为适应时代进步和社会发展的新型人才。

提高驾驭网络的工作能力。教师的素质和水平直接影响学生的道德品质的养成和政治思想观点的形成。德育工作者要自觉主动适应信息化发展的要求，树立现代科技意识，充分借助网络技术平台，采用图文并茂的综合表现方式表达教育内容，增强教育的感染力和吸引力，达到网络德育的实效。比如，在互联网或校园网及其他栏目里建立自己的德育专题网站，开展德育理论研究或实际工作指导等，有效占领网络德育新阵地。

加强网络德育工作的理论研究。网络德育工作的实践同样需要科学的理论指导。因此，高校德育工作者应该加强对网络德育工作的理论研究和探索，尤其是对网络空间的特点与发展变化趋势的研究及对网络实施有效管理的方法研究等，以此来促进网络德育工作的开展。网络德育工作的理论研究还应包括对沉迷网络的学生等特殊对象的心理特点及疏导方式的研究，通过研究才能有效处理应对沉溺网络问题。在研究的过程中，高校德育工作队伍自身的信息技术应用能力也将得到提升。

第六章 新时代高校德育工作思路方法的转型与重构

万事万物在发展过程中都遵循着一定的规律,并且每个发展阶段都有其相适应的规则或规律,并在此基础上得到不断发展。但各阶段所遵循的规律不是一成不变的,而是在不断变化中保留其相适应的部分,去除不适应的部分,并根据发展需要加入更加合理和满足当下发展需要的内容,高校德育工作也是如此。在高校德育工作开展和发展的过程中,其工作思路和方法发生了改变。尤其是进入中国特色社会主义新时代后,高校教育体制的改革带来了德育工作思路方法的转型与重构,对高校德育工作产生了重要影响。在这具有历史性的转变中,新时代高校德育工作思路与方法也必将随着时代发展的变化而变化。

第一节 新时代高校德育工作思路创新

一 革新认识,培根铸魂

高校是培养新时代德才兼备、全面发展的人才的重要场所,是培养社会主义现代化建设者的重要阵地。在中国特色社会主义新时代,党和政府以及社会各界十分重视德育工作的开展,把"立德树人"作为教育的根本任务,始终坚持"发展素质教育,推进教育公平,培养德智体美全面发展的社会主义建设者和接班人"① 的教育方针。

(一) 紧扣新时代主题

高校德育工作的开展要紧跟时代潮流，紧扣新时代主题，把握新时代脉搏。进入中国特色社会主义新时代以来，我国经济高速发展，社会面貌发生了深刻的变化，高校德育工作的开展也相继面临诸多的挑战，例如国际国内形势复杂化，社会思潮多元化，学生需求多样化等。党和政府高度重视高校德育工作的开展，相继出台了《中共中央关于加强和改进学校德育工作的若干意见》《中共中央国务院关于进一步加强和改进大学生思想政治教育的意见》等纲领性文件，对新时代高校学生的德育目标、德育理念、德育方法等提出了建设性的意见。全国高校思想政治工作会议、全国教育大会等一系列重要会议的召开，对新时代高校德育工作提出了新要求。高校德育要引导学生树立正确的世界观，理性认识世界的发展格局，合理看待中国的发展趋势，正确认识中国与世界各国的外交关系；要引导学生树立正确的人生观，确立正确的人生目的，养成积极乐观的人生态度；要引导学生树立正确的价值观，正确认识个人价值与社会价值的关系，培养独立判断和自主选择的意识，践行社会主义核心价值观。正如党的十九大报告提出的："人民有信仰，国家有力量，民族有希望。要提高人民思想觉悟、道德水准、文明素养，提高全社会文明程度。广泛开展理想信念教育，深化中国特色社会主义和中国梦宣传教育，弘扬民族精神和时代精神，加强爱国主义、集体主义、社会主义教育，引导人们树立正确的历史观、民族观、国家观、文化观。"② 开展好高校德育工作，关键在于发挥德育工作者的积极性、主动性和创造性。新时代高校德育工作者要有正确的政治方向、深厚的育人情怀、创新的思维模式、宽阔的时代视野，要注重理论与实践的统一、显性教育与隐性教

---

① 习近平：《决胜全面建成小康社会 夺取新时代中国特色社会主义伟大胜利——在中国共产党第十九次全国代表大会上的报告》，《人民日报》2017 年 10 月 28 日。

② 习近平：《决胜全面建成小康社会 夺取新时代中国特色社会主义伟大胜利——在中国共产党第十九次全国代表大会上的报告》，《人民日报》2017 年 10 月 28 日。

育的统一、统一性与多样性的统一、政治性与学科性的统一，紧扣时代命题，把握机遇，应对新挑战。

（二）以党和国家的新方针新政策为指导

党的十八大报告在十七大"坚持育人为本，德育为先"教育理念的基础上不断深化，首次将"立德树人"作为教育的根本任务确立下来，并在党的十九大报告中进一步完善。在新时代背景下，党的"立德树人"教育理念的提出是对如何培养人这一教育本质新的认识。立德树人的"德"，应该是"大德、公德、私德"之总称，与德智体美劳中"德"的含义相同，包括政治、道德、法律，即理想信念、道德品质、法治素养三个方面。为了坚定新时代大学生的理想信念，建设一支专职为主、专兼结合、数量充足、素质优良的高校思想政治理论课教师队伍，教育部制定出台《普通高等学校思想政治理论课教师队伍培养规划（2019—2023年）》，要求："新时代思政课教师理想信念更坚定、马克思主义理论功底更扎实、教书育人水平整体提升，切实做到政治要强、情怀要深、思维要新、视野要广、自律要严、人格要正。"[1] 为了培养具有高尚品德，文明行为的新时代高校学生，2020年4月，教育部等八部门印发《关于加快构建高校思想政治工作体系的意见》，就如何引导新时代大学生树立正确的价值观体系提出指导性意见。"研究制定体现社会主义核心价值观要求的师生行为规范，组织国家勋章和国家荣誉称号获得者、最美奋斗者、改革先锋、时代楷模等新时代先进人物走进高校，面向广大师生开展思想政治教育。开展教书育人楷模、思政课教师年度人物、高校辅导员年度人物、大学生年度人物等先进典型的宣传选树。"[2] 为了用好红色资源，赓续红色血脉，不断开创新时代高校思想政治工作新格局，2021年7月，国家文物局联合教育部印发《关于充分运用革命文物资源，加强新时代

---

[1] 教育部：《普通高等学校思想政治理论课教师队伍培养规划（2019—2023年）》，教社科函〔2019〕10号，2019年4月18日。

[2] 教育部等八部门：《关于加快构建高校思想政治工作体系的意见》，教思政〔2020〕1号，2020年4月22日。

高校思想政治工作的意见》，要求"牢牢把握革命文物资源与高校思想政治工作相结合的领导权和主动权，推进革命文物资源深度融入高校思想政治教育、日常教育体系、师德师风建设和校园文化塑造"。"有效推进革命文物资源与高校思想政治工作相结合的理念创新、手段创新、基层工作创新，不断增强高校思想政治工作的感染力、说服力、吸引力，让红色基因、革命薪火代代相传。"[1] 2022 年 2 月，中共中央办公厅、国务院办公厅印发的《关于加强新时代关心下一代工作委员会工作的意见》，要求"坚持'急党政所急、想青少年所需、尽关工委所能'的工作方针，以培育和践行社会主义核心价值观为主线，以理想信念、思想道德、传统文化、科技素养和法治教育为重点，充分发挥'五老'在教育引导和关爱保护青少年方面的优势作用，促进青少年成长成才，为培养德智体美劳全面发展的社会主义建设者和接班人贡献力量。"[2]

高校德育要紧跟党和国家的方针政策，坚持与时俱进、改革创新，遵循新时代大学生的成长规律和发展规律，引导新时代青年积极投身于全面建设社会主义现代化国家的火热实践中，积极探索适合新时代高校德育工作顺利开展的方法和路径，使高校德育事业充满生机活力。

（三）落实"三全育人"教育机制

"三全育人"即"全员育人、全过程育人、全方位育人"，是我国社会发展到新的历史阶段而产生的一种全新的教育理念，是对我国人才培养、教人育人的一种归纳和总结，并随着时代的变化不断赋予新的内涵。在中国特色社会主义新时代背景下，"三全育人"的教育理念不仅反映了党和国家对高校德育事业发展的期盼，也反映了德育理论自身内容不断创新完善的内在要求。"全员育人"强调对高校德

---

[1] 教育部、国家文物局：《关于充分运用革命文物资源，加强新时代高校思想政治工作的意见》，文物革发〔2021〕25 号，2021 年 7 月 27 日。

[2] 中共中央国务院：《关于加强新时代关心下一代工作委员会工作的意见》，《人民日报》2022 年 2 月 10 日。

育教育的普及性，不仅是高校德育工作者要有育人意识，任何教职员工都要有育人意识，立足本职工作，相互配合，建设好高校德育队伍；全程育人重点关注大学生在校学习和生活的全过程，根据大学生的阶段特征和心理变化，针对性地开展德育工作，促进大学生的身心健康发展，使大学生活充实而有意义；全方位育人强调大学生的学习包括诸多方面，是一个系统的教育工程，智育和德育、显性教育和隐性教育都应渗透学生学习的全过程，贯穿在各专业、各学科的教学内容中，对大学生树立正确的价值观，养成良好的思想道德素养，适应现代社会发展的要求，对国家培养全面发展的新时代人才具有重要意义。

（四）以中华优秀传统文化为特色

"文化自信是一个国家、一个民族发展中更基本、更深沉、更持久的力量。"[①] 中华民族有着源远流长的历史文化，有着灿烂的光辉历程，五千年之久的历史文化折射出中华民族的骄傲和中国文化的自信。中华优秀传统文化对国家的强大、社会的发展和人民的进步起着巨大的推动作用，对新时代大学生德育工作的开展有着重要的理论意义和深远的现实意义。随着我国进入中国特色社会主义新时代，国家经济建设取得长远的发展，社会面貌发生深刻的变化。新时代大学生面对错综复杂的国内外环境，不仅要提高自身的政治素养应对新挑战，还要抓住新机遇，践行社会主义核心价值观，树立高度的文化自信，带领中国文化走向世界的舞台。在新时代背景下，原有的德育模式已经不能满足当前高校德育的需要，将中国优秀的传统文化融入高校道德教育并以此为特色，既有利于发挥传统文化的优势，加强对新时代大学生的思想熏陶，也有利于抵挡西方意识形态的干扰和渗透，引导高校学生树立文化自信，焕发中华优秀传统文化的活力。中华优秀传统文化是在长期实践的过程中总结、提炼出来的，时至今日，依

---

① 习近平：《决胜全面建成小康社会 夺取新时代中国特色社会主义伟大胜利——在中国共产党第十九次全国代表大会上的报告》，《人民日报》2017年10月28日。

然有着强大的生命力。例如，中国传统文化中的"修身、齐家、治国、平天下"的理想信念依然适应新时代的发展要求。

中共中央国务院印发《关于新时代加强和改进思想政治工作的意见》要求："深化拓展群众性主题实践，充分利用重要传统节日、重大节庆日纪念日，发挥礼仪制度的教化作用，丰富道德实践活动，推动形成适应新时代要求的思想观念、精神面貌、文明风尚、行为规范。更加注重以文化人以文育人，深入实施文艺作品质量提升工程，深入实施中华优秀传统文化传承发展工程，推进城乡公共文化服务体系一体建设，更好满足人民精神文化生活新期待。"① 充分肯定了中华优秀传统文化的时代价值，要求高校德育以中华优秀传统文化为特色，在新时代背景下继承和发扬中华优秀传统文化，促进中华优秀传统文化与德育内容的有机结合，不断提高德育的感染力，增强德育的实效性。

二 内强素质，外树形象

在中国特色社会主义新时代，高校德育工作对新时代大学生的健康成长和学校各项工作的顺利开展起着重要的导向作用。开展好高校德育工作关系到培养社会主义合格建设者的问题，关系到中华民族的荣辱兴衰，高校工作者必须高度重视德育教育，完善高校德育考评制度，切实增加德育责任感，提高德育实效性。

（一）完善德育考评制度

德育考评既是高校教育教学工作顺利开展的重要保证，也是高校德育工作的重中之重。因此，高校德育考评应严格秉持公正、公平、公开的原则，紧紧围绕"育人"的核心，根据德育对象和德育内容系统全面地、科学合理地制定考评标准。考评内容不只包括对学生的思想政治品德进行考评，还包括对高校德育队伍的工作考评。监督教务

---

① 中共中央国务院：《关于新时代加强和改进思想政治工作的意见》，中发〔2021〕15号，2021年4月27日。

处是否落实德育安排，实施德育过程是否规范合理；核查学工处和团委开展德育监督工作是否到位；评估各级学院学科教师教书育人工作是否落到实处，评估各级学院和班主任是否为学生营造良好德育氛围。通过对德育工作的考评，可以清楚了解高校德育教学过程中的真实情况，明确德育工作的不足之处，进行查漏补缺，加强德育工作的进一步改善，引导学生树立正确的世界观、人生观、价值观，使新时代德育考评模式落到实处。

（二）加强德育队伍建设

高校德育工作是一个系统工程，并有其内在的特点和规律。高校德育工作者是这个系统工程中的主体，是政治教育的骨干。重点关注如何加强高校德育队伍建设，对高校培养社会主义事业合格建设者有着重要的现实意义和深远的历史意义。高校德育团队要开展好德育工作，要加强学习，牢牢掌握德育工作的理论和方法。首先，要学习党和国家的教育方针、政策法规。高校德育工作者应坚定正确的政治立场，在大是大非的问题上不随波逐流，要旗帜鲜明地维护党和国家的根本利益，严守纪律，做党和国家路线、方针、政策的宣传员，严格依法治教、依法执教。其次，要学习现代化的德育理论，树立科学的育人观念，改变传统的评价方式，让不同层次、不同个性特点的学生都能得到全面发展。再次，要高度重视和加强师德师风建设，要有崇高的精神境界和无私奉献的精神，注重自己的道德品行以此来影响学生、教育学生，做学生的榜样，以实际行动发挥高校教师的行为表率作用。最后，要认真关注学生的现实需求，关心和帮助每一位学生的发展，切实掌握学生的身心特点和不断变化的新情况，切实提高德育工作的针对性、时代性和实效性。高校德育队伍的每一位成员都要保持清醒并不断学习，勇于自我革新，才能开创"全面育人，育人全面"的高校德育事业新局面，培养合格的社会主义事业建设者。

（三）提高德育工作有效性

高校在开展德育工作时，必须明确学生是德育工作的主体，发挥学生的主观能动性和主体性。道德教育既是适应社会发展的外在要求，也是学生自我发展、增强自我能力的内在要求。因此，高校德育要善于把社会要求与学生内在的发展要求结合起来。德育工作不是要束缚和约束学生的思想行为，而是要通过德育激发学生的自我革新性，发挥学生的主观能动性，实现学生的自我发展。虽然社会的政治、经济和文化建设发生了很大变化，但是高校德育工作必须正视社会开放化和价值多元化的事实，高校德育工作的重点应当从传授道德知识和灌输道德结论的方式转化为让学生主动掌握和使用德育理论知识指导实践，提高其辨析力和创造力，让学生学会自主面对社会，创造生活。随着年龄的增长以及活动范围的扩大，大学生在参与社会实践活动的过程中，与外界社会频繁接触，相互作用，接受来自家庭、社会、学校等各方面的影响，进而逐步发展自己的内在思想与行为习惯。高校的德育工作者要注意规范和引导学生参加有意义的实践活动，在社会实践过程中逐步形成知行统一的良好行为规范，引导大学生增强道德意识，自觉加强抵御社会不良风气的能力，充分发挥学生德育主体的作用，实现自我教育与管理的提高，增强德育工作的有效性。

三　多方协作，形成合力

随着我国社会经济的不断发展，科技水平的不断提高，人才培养成为新时代国家发展的动力资源。学校、家庭、社会协同合作的教育理念，也随着时代的发展被不断总结归纳出来，并已成为我国重要的育人指导思想和基本原则。大学生的德育系统作为一个复杂的社会系统，离不开学校、家庭、社会等德育力量的支持与协作。家庭是学生道德养成的基础，学校是德育的主要阵地，社会是道德实践的重要场所，三者对于大学生道德品质养成所起的作用是有所区别的，而如何将三股德育力量集中整合，发挥最大德育作用，对新时代大学生的健康成长有着重要的作用。

（一）建立多方协作的德育机制

学校、家庭以及社会是大学生健康成长的重要场所，也是他们世界观、人生观、价值观形成的重要阵地。没有良好的育人环境和育人氛围，新时代大学生的德育实效将大打折扣。学校德育处于德育工作的主导地位，德育工作队伍是高校育人体系的重要组成部分，育人团队的素质对高校德育教育的成败起着重要的作用。

高校党政领导要亲自担任思想政治理论课和哲学社会课的教学，起表率作用，凸显党政领导对新时代大学生德育教育的高度重视。要亲自过问德育教学工作中的重大问题，制定相关的德育培养方案和德育培养目标，组织、协调其他相关部门积极配合德育教学工作，开展好大学生的思想理论教育工作，提高学生的思想品德和人文素质。

高校要建设一支高素质的德育工作队伍，可以通过教学计划、课程安排、活动组织等对学生进行系统的德育教育，帮助他们成人成才。高校辅导员和班主任应各尽其职，充分发挥自身的骨干作用，按照多方协作的德育策略，与家庭成员，社会各界紧密联系、协同合作，有序地指导学生的学习，帮助学生解决在生活、工作等方面的道德疑虑。多方协作形成教育合力，塑造良好的育人格局，担任起大学生的人生导航者与引领者的重任，与学生心心相连，了解学生的思想特征与性格特征，切实纠正高校学生只重智育，忽视德育的不良倾向，顺利建立"多方协作"的德育教育机制。

（二）构建家校协作德育体系

随着互联网的快速发展和普及，网上大量的虚假信息和反动言论正在侵蚀着新时代大学生的思想道德观念，影响着大学生的心理健康。因此，高校德育工作者要利用好互联网技术，引导大学生增强网络道德意识，自觉抵御网上不良资讯；要利用新媒体，如QQ、微信、抖音、微博等途径，与家长进行互动沟通，及时了解学生的心理健康状况，准确把握学生的发展特点；学校要对家庭德育进行科学指导，让家长懂得德育的基本内容，了解学生的心理变化情况，学会尊重孩子，平等地与他们进行心灵上的沟通。

家长要不断地加强德育学习，认识到家庭德育的重要性，掌握家庭德育的科学理念和方法，树立正确的成才观，了解孩子的思想动态和发展特点，提高学生明辨是非的能力，树立崇高的理想信念；要注重自身修养，提高自身素质，做到以身作则、言传身教，以自己的言行影响和教育孩子；要积极、主动地与学校联系，把孩子的生活表现、学习情况等反馈给学校。

只有家校双方协同做好学生的德育工作，构建家校德育体系，才能使学校的德育工作均衡、持久地开展下去，并取得实实在在的效果，开创新时代高校德育事业的新局面。

（三）推动高校与社会协同合作

高校是社会的一个重要细胞，高校德育工作的开展仅靠学校教育和家庭教育是无法完成的，必须要有全社会的广泛参与，以形成德育合力。

政府和教育主管部门要加强对高校德育的统筹和领导，建立与学校紧密联系的工作机制和体制，不断加强高校学生校外活动场所和德育网络建设，落实好各类公共文化体育设施以及图书馆、博物馆、历史纪念馆等对大学生免费或优惠开放的政策。

政府和教育部门要担负起责任，树立系统全面的德育发展观，加强德育教师队伍建设，改变德育测评方式，主动与各部门加强联系，争取社会各界的关心和支持。影视新闻、文化宣传等部门要把德育实效放在首位，为新时代大学生提供积极、健康的精神食粮，广泛宣传先进人物，弘扬社会主义正能量。

司法、公安、城管等部门要加强对高校周边环境的治理，清理不适合大学生进入的娱乐场所，保障学生的人身安全和身心健康。工会、共青团等群团组织，要大力开展新时代大学生喜闻乐见、积极向上的活动，努力做好不同层次学生的素质提高工作。当然，社会也要加大对家庭贫困学生、单亲家庭子女等特殊群体的关爱力度，让他们感受到社会的温暖，树立正确的世界观、人生观、价值观。

四 创新方式，注重实效

在社会发展日新月异的今天，高校德育工作的开展面临许多新情况、新问题。如果再用传统的单向灌输方式开展德育工作，势必会事倍功半。因此，高校必须适应新形势，不断创新德育工作方式与方法，制定切实可行的德育工作实施方案及德育工作近期、中长期工作目标，制定必要的德育工作实施保障制度，特别是要创新性地采取有效方式提高高校德育工作的针对性及实效性。

（一）坚持德育贯穿教育教学全过程

自觉将德育工作融入高校各部门各工作环节的全过程各方面，贯穿于教育教学的全方位。高校各级学院、各级部门要支持德育工作者发挥学科优势和智力优势，推进德育理论体系和教学体系建设，围绕德育理念的创新、教学、运用开展跨学科的理论研究和教学研究。

通常德育工作者在讲授德育理论时，避讳讨论社会热点问题，认为讨论社会热点问题或社会现实问题就有可能与所授课程的理论发生冲突，但新时代大学生却可以通过互联网获取各种各样的信息，他们会对某些不良社会现象产生道德疑惑。如果德育工作者仍一味从理论层面讲授社会制度，却避而不谈存在的社会问题，学生的道德疑惑就无法得到解决。大学生对于社会热点问题的思考存在的片面性和表层化，正是德育教育的切入点，如果德育教师能和学生在课堂上讨论和研究当今社会现象，分析社会热点问题，运用科学的理论指导学生，解答学生对现实问题的疑惑，则有助于促使学生逐步形成正确的世界观、人生观、价值观。

充分发挥优秀传统文化和红色文化的精神感召力和民族凝聚力，在教育教学的过程中贯穿诸如以人为本、诚信爱国、无私奉献等思想观念，讲好红色故事、传承红色基因。深挖红色故事所蕴含的革命精神和时代价值，大力弘扬中国共产党的优良作风，引导青少年从党的艰苦历程、辉煌成就、优良传统中深刻领悟"中国共产党为什么能、马克思主义为什么行、中国特色社会主义为什么好"①，进一步增强爱党报国情怀。深入开展党史、新中国史、改革开放史、社会主义发展史学习教育，用中国共产党人精神谱系教育新时代大学生，引导其从中汲取信仰力量。

当今世界正在经历百年未有之大变局，面对新时代新挑战新机遇，高校要坚持以学生为中心的发展理念，坚持以规律为遵循开展德育教育，坚持以开放为路径培养学生全球化视野，促进学生德才全面发展，努力构建高质量的教育体系。

（二）开展丰富多彩的德育活动

开展丰富多彩的德育文化活动，丰富青年大学生的精神世界。如组织参加青年志愿者活动、"三下乡"活动、希望工程、学雷锋送温暖活动、读书活动、缅怀英烈活动等，把德育寓于各种活动之中。在开展德育活动时，应当准确把握时代特点和学生思想特征并进行科学有效结合。如在开展爱国主义主题教育时，会涉及不少关于革命烈士遗址的介绍，表达对革命先烈的崇敬之情。由于很多学生没有机会去亲身体验这些革命遗址，不容易与这些地方红色遗址产生情感上的共鸣，更难有效地感受到革命先烈的精神品质。因此，在进行爱国主义主题教育时，可以组织学生一起去到革命纪念馆等地方，让学生亲身观看和聆听有关革命先烈事迹的介绍，让学生分享自己听到的、看到的和想到的革命意志精神，全面丰富当代大学生对战争年代革命先烈的情感体验，感悟中国红色文化的精神，提高新时代大学生的思想品质和道德修养。

（三）加强线上线下德育阵地建设

加强线上线下德育阵地建设，努力构建德育工作立体化布局。要做好德育工作，除要求教师投入一定的时间和精力之外，高校也必须加强德育阵地建设，构建必要的德育活动场所，如校史馆、科技活动

---

① 习近平：《加强和改进国际传播工作 展示真实立体全面的中国》，《人民日报》2021年6月2日。

室等。要经常组织开展一些积极向上、寓教于乐的德育活动,如艺术节、体育运动会、读书分享会等,充分发挥校内广播、有线电视、宣传橱窗、校报校刊等的德育宣传功能。

随着时代的发展,科学技术的不断更新,互联网也进入高校这一主阵地,对那些对新生事物充满好奇的新时代大学生们有着极大的吸引力。高校要充分利用互联网平台,拓宽德育渠道,深挖互联网资源、创新德育内容,利用互联网媒介,加强与学生的互动和交流,提高学生德育课堂参与度,提升高校德育的实效性。校园网络平台的德育内容既要保证丰富多彩,也要能扩展学生的视野,满足大学生的求知欲。利用学校官网、微博、公众号等网络平台,开展一系列德育教育网络活动,发挥大学生互联网主体作用,鼓励大学生发挥想象力和创造力,参与网站的管理和建设。高校通过在网络平台上发布信息,使学生和家长都能了解到学校的最新动态,教师、学生和家长能及时交流信息,保证德育活动的时效性。总之,高校要通过建立起一个全方位的、系统的德育工作阵地,来保证德育工作的效果,占领可能存在的德育工作的死角、死面,让不良影响因子无处生根。

第二节 新时代高校德育工作方法的创新与发展

一直以来,高校被视为学生德育工作的主要阵地。党和国家高度重视高校德育工作,出台了一系列加强和推进新时代高校德育工作的科学部署与战略措施。这将创新发展提到一个历史新高度,也为新时代高校的理论和实践创新指明了前进方向。《关于进一步加强和改进大学生思想政治教育的意见》指出:"坚持继承优良传统与改进创新相结合。在继承党的思想政治工作优良传统的基础上,积极探索新形势下大学生思想政治教育的新途径、新办法,努力体现时代性,把握规律性,富于创造性,增强实效性。"随着经济全球化日趋深入,现代思潮与传统观念形成了剧烈的冲突,中西方文化深度交融又相互对抗,对高校德育工作的开展造成了一定的影响。高校要结合时代发展要求,创新德育工作的思路,从而更好地使德育适应新时代的发展要求,增强对新时代大学生思想行为的引导,开创德育事业新局面。

一 构建新时代大学生自主发展路径

学生是非常宝贵的人力资源,是祖国的未来,是民族的希望。培养具有杰出的思想政治素养和全面发展能力的新时代大学生可以促进全面建设社会主义现代化的宏伟目标,对中华民族伟大复兴具有广泛而深远的战略意义。当前,面对改革创新,市场经济的深刻发展,以及国际和国内形势的深刻变化,学生的德育面临着前所未有的机遇和挑战。如何在新形势下发挥新时代大学生德育主体性,促进学生自我道德养成,对创新和发展新时代高校思想政治工作,开创新时代高校思想政治工作新格局意义重大。

(一)大学生自主发展的高校德育创新原则

其一,互动性原则。在学校通过和教师、同辈群体进行平等交往是大学生实现自主发展的重要途径之一。因此,高校开展德育工作,促进大学生自主发展的一个最基本的原则就是互动性原则。"所谓互动性原则是指德育中大学生和教师、同辈群体之间通过各种方式的心理层面的相互影响,对于大学生在道德自主发展方面产生作用的人际互动的原则。"[①] 这种心理层面的相互影响可以通过有目的、有计划、有针对性的德育实践活动完成,也可以通过日常师生交流、同辈群体合作等方式实现。教育者和受教育者遵循互动性原则,在思想、情感和行为上进行平等的交流与磨合,即使在发生冲突时也能坚持平等对话,从而使二者达到思想上的统一。因此,互动性原则在新时代大学生的自我发展中有着重要的作用。

其二,真实性原则。大学生生活在真实的道德生活中,大学生的

---

① 李志楠:《基于大学生自主发展特征的高校德育创新研究》,辽宁省高等教育学会2017年学术年会,沈阳,2018年,第542—549页。

道德自主成长应该是建立在"真实道德生活"基础之上的。新时代大学生生活在真实的社会环境中，面临更深刻的道德冲突和更多样的道德选择。因此，高校德育在培养大学生自主发展方面，也应该秉持"真实性"的德育原则。新时代大学生只有清楚了解生活中道德现象的本质，才能对道德现象做出正确的道德判断，并逐渐建构起自己的道德内容。

其三，个人自主和社会价值相统一的原则。新时代大学生的个体自主发展和社会整体的价值取向是相统一的。大学生个体自主发展是实现社会价值的前提，而大学生个体的自主发展也必须符合社会整体价值要求。高校德育在促进大学生个体自主发展的过程中，要把大学生个体自主发展必须和整体社会价值取向相一致的原则放在首要位置。高校德育工作者既要尊重大学生的自主选择权，也要对大学生的自主选择谨慎把关，引导新时代大学生在符合社会整体价值的基础上进行自我选择，使个体的自主选择权在社会价值允许的范围内得以实现。

（二）大学生自主发展的高校德育新方法

一是交互讨论法。"交互"是指在事物发生、发展的过程，各种要素主体之间的相互作用。因此，"交互"所关注的是双向的主体之间的相互作用、相互交流、相互协调。交互讨论法是指大学生和教师在相互作用的基础上进行讨论交流，逐渐获得自我发展的方法[1]。社会认知领域理论认为导致学生观点发生改变的要素是"学生是否已经努力吸收并积极转化听到的别人的观点，即建立个体社会认知概念理解的方式还应是依靠讨论"[2]。交互讨论是指通过多方面的探讨从而获得一致性的意见。在互相交流共同讨论的过程中，可以结合心理学的方法通过教师和学生的进一步探讨获得更好的德育效果。

---

[1] 李志楠：《基于大学生自主发展特征的高校德育创新研究》，辽宁省高等教育学会2017年学术年会，沈阳，2018年，第542—549页。

[2] ［美］拉瑞·P. 纳希：《道德领域中的教育》，刘春琼、解光夫译，黑龙江人民出版社2003年版，第206页。

二是个性化德育法。个性化德育法是高校根据大学生自主性发展的差异性特征，采用有针对性的方法促进大学生自主性德育发展。每个大学生道德意识发展不仅有着不同的成熟程度，而且这种发展在个体上的表现有很大的差异，而德育培养方案也不能简单划一、一概而论。新时代大学生各不相同的成长环境，会影响大学生自主性发展的水平和程度。针对大学生自主发展的差异性，高校德育工作者可以采取不同的德育策略。如对于农村偏远地区的大学生，学校应采取有效方法拓宽学生视野，提供更多让学生自我开拓、自我探索的机会，逐步引导其独立地处理各种事务，增强学生在道德发展中进行正确判断的能力，鼓励学生踊跃表现自己等。这种根据大学生自主性不同发展差异的德育方法，可以促进大学生自主性朝向更多样化、个性化的方面发展。

三是自主性探究法。自主性探究法是指大学生在教师的价值引导下自我建构道德认知的方法。在德育活动中，教师要积极引导大学生进行自主性探究，让大学生发挥主体作用。通过设置各种发挥大学生主动性的探究活动，使大学生养成道德自我判断、反思和选择的能力。大学生通过这种活动能够验证教师或者教科书中道德观点的正确性，形成对道德规则和规范的认同感。自主性探究法还强调大学生自身在道德自主生成过程中的主体性作用。高校德育工作者可以通过创造德育自主性氛围，引导大学生建构自己的道德体系，促进自我道德人格成长。

（三）大学生自主发展的高校德育新途径

第一，营造自主德育的氛围。学生的道德行为在一定程度上不是被"教育"出来的，而是被"熏陶"出来的。大学生道德行为的发生更会受到学校道德氛围的影响，高校道德氛围对于大学生道德品质和行为发生起到非常重要的作用。大学生个体所形成的价值观念，做出的道德行为，在很大程度上依赖于所处的道德氛围，不同的群体氛围往往会导致不同的道德责任判断。高校应该建立起宽松、平等的道德自主和互动氛围，在大学生道德认知形成的过程中给予积极的支持，促进其道德自主认知发展。

第二，建立起教师和大学生相互作用的新型德育模式。在传统德育的师生关系中，是以教师单一的权威地位为主导的德育模式，传统德育中教师占据绝对的权威地位。新时代大学生更渴望建立民主、平等的师生关系，这就要求德育工作者要适应新变化，和学生平等相处，尊重大学生的民主化要求，从理念、行为上适应新型师生关系。

第三，建立德育自主管理机制。虽然现代高校管理制度改革非常重视学生的参与度，但是仍然缺乏对大学生自主发展特征的了解。因此，转变新时代高校管理机制，建立以大学生参与为主要特征的自主管理机制尤为重要。高校制定各项规章制度的最终目的是促进大学生道德的发展，教导大学生学会平衡自身发展需求和社会要求之间的关系。如果大学生能够自主参与到学校公共服务项目，有助于促进其自主发展，学会处理道德责任、承诺和个人自主之间的关系。

二 构建新时代高校德育"交互协同"模式

(一) 构建"交互协同"德育模式的必要性

中国传统的德育模式大多采用教师单向传授知识给学生的方式开展德育工作，是一种强制性、灌输性的德育模式，在一定程度上忽视了学生的主体性和差异性，把学生视为被动接受知识缺乏思考的容器，不利于发挥学生的主观能动性。

高校德育应该是教育者价值引导与受教育者自主建构融会贯通的过程。在这个过程中，受教育者世界观、人生观、价值观的构成不是靠外界力量的强制作用，而是基于教育者潜移默化的价值引导和学习者积极的自主构建，是在交互协同的过程中完成的。

在大学生道德品质构建的过程中，德育工作者在其中扮演的角色不仅仅是道德知识的传授者，还是学生自我道德建构的积极促进者。"交互协同"的德育模式倡导多主体之间的协调互动，各个主体之间应该有一致的道德信仰和价值追求，有相同的文化底蕴和政治方向。

因此，新时代高校德育的模式应该由"教师主动，学生被动"转变为"师生交互协同"，教师积极引导学生自主进行道德学习，激发学生的发展潜能，形成师生间良性的互动。

新时代高校德育的过程应该是一个交互协同的过程，是教育者和受教育者共同交流、相互促进的过程。学生把自我道德构建中遇到的收获与困惑，通过各种有效的形式与老师、父母、同辈进行情感、思维等多领域的交流与探讨，从而形成一种尊重学生差异性、发挥学生主体性、体现师生互动性的"交互协同"的德育模式。

（二）构建"交互协同"德育模式的原则

第一，尊重学生的个体差异性。大学生的成长环境不同、形成的个性特点不同，有着不同的思维方式和行为习惯。高校德育工作的开展不能一概而论，而是要遵循"以人为本"的教育理念，根据学生的个性特点"因材施教"。

第二，发挥学生的主观能动性。大学生作为独立的个体，有自己的认识、情感、思维方式和行为习惯，有自己的理想信念和价值判断，德育工作者需要尊重学生，将他们视为德育工作的真正主体，充分发挥大学生的主观能动性，引导他们既要主动接受外在德育知识的传授，也要形成自觉和自律，构建自我道德体系。

第三，体现师生的互动性。新时代提倡教育者与受教育者之间的良性互动，即在教育过程中教育者与受教育者之间平等且互相尊重，主张二者的对话在平等的主体之间进行。只有师生之间的平等从形式的平等转变为实质的平等，才能实现学生从被动学习向主动学习的转变。

（三）构建"交互协同"德育模式的途径

每个学生都是独立的个体，都具有个性特征，高校不能用统一的标准去衡量每一位学生的成长与发展。新时代大学生作为高校德育的主体，高校在对其进行道德教育时既要遵守道德发展的基本规律，也要尊重学生的个体差异性，满足学生的发展需求。高校德育工作者要坚持学生的主体地位，不仅要把学生当作德育教学的核心，还要把学生当作独立的个体,深入了解学生的个体差异性,这种个体差异性必然会导致学生的道德目的和道德水平等方面的不同。因此,高校德育工作者要在科学的德育理念下因材施教。

高校德育的主体是人,每个个体都有其主观能动性,每个学生都有可挖掘的潜能,高校德育的最终目的是促进学生的全面发展,这与人本主义心理学之父罗杰斯的人性观是一致的。"人的本性是积极的,富有建设性的,正是因为人性是积极、乐观的,因此应该尽量引导,让人性的积极面表现出来,并促进它。"[①] 基于这一认识,要坚持"以学生为中心"的教育观点,把学生的发展需求放在德育过程的核心位置,让学生自由地表达自己的思想,充分认识自我的价值,发挥其主观能动性。当然,尊重学生的主体性,并不意味着德育工作的内容和目标就全部由学生自主决定,而是在尊重学生主体性的基础上,遵循学生发展规律和教育规律,引导学生树立正确的世界观、人生观、价值观,坚定理想信念,提高他们辨别是非的能力,激发他们的发展潜能,创造更加美好的生活。

随着社会经济和科学技术的高速发展,互联网为人们的生活和工作带来便捷,也在信息传播的过程中发挥着重要作用。信息量的扩大,信息传播速度的加快,使得新时代大学生获取信息的途径更加便捷。教师不再是知识的垄断者,但是在对知识的挖掘、分析、探究,对学生群体的研究,对德育过程的整体把握以及人生阅历等许多方面,仍具有明显的优势。因此,教师的角色应该从传统意义上的知识传授者向教育的引导者转变,激发大学生的主动性、调动积极性、引领大学生的发展方向、帮助大学生解决道德疑惑、促进全面发展,从而建立起一种新型的、平等和谐的、良性互动的师生关系。在德育过程中满足学生参与感的内在需要,创立平等的德育对话氛围,鼓励学生积极主动地探索和创新,增进师生间、学生间的交流与互动。

---

① 张丹:《浅谈罗杰斯人本主义理论在高校思想政治教育中的运用》,《教育教学论坛》2018年第23期。

三　加强高校德育场域建设

高校德育场域①是德育活动实施的外部条件，在德育这个大系统中，高校德育场域制约着大学生思想品德的形成和发展，优化德育场域是提高高校德育实效性的重要保障。

（一）课堂德育

课堂是开展高校德育工作的主要渠道和主要阵地，除了思政课，高校其他学科课程也同样肩负着"课程思政"的任务，在学生的道德教育中发挥着至关重要的作用。虽然高校在德育课堂上投入了大量的人力、物力和财力，但德育的实效性却仍显不足。学生无法将在课堂上习得的理论应用于实践，无法用德育的理论知识去解决现实生活中的道德疑惑，造成知行分离，导致德育的吸引力和感染力降低，德育实效性不高。因此，如何丰富课堂作为德育主渠道的功能，增强课堂德育的实效性，是新时代高校和德育工作者急需解决的问题。"要运用新媒体新技术使工作活起来，推动思想政治工作传统优势同信息技术高度融合，增强时代感和吸引力。"② 丰富课堂的德育主渠道功能，一是要融合优秀的中华传统文化。中华优秀传统文化的精髓是高校德育的根基和源头，高校德育内容中体现了红色文化以及其他优秀的传统文化，但在高校德育内容体系中，却缺乏系统性和专业性的传统文化知识。因此，要将高校德育与优秀传统文化知识进一步融合，以更加精练、简洁、系统的方式进行整合、梳理和概括，增强德育的吸引力和感染力，达到以文育人、以文化人的目的。二是要加强课堂德育

---

① 德育场域：场本来是物理学的概念，如磁场等，后来被皮埃尔·布迪厄（Pierre Bourdieu）引入社会学，将其定义为"一个场域可以被定义为在各种位置之间存在的客观关系的一个网络（network）或一个构型（configuration）"。将场的概念引入德育领域，称为德育场，其含义是：以德育对象为中心，在一定的时空内，处于德育对象外部的与德育对象发生联系的各种要素综合起来作为一个德育场在与德育对象的互动中影响、塑造着德育对象的知、情、信、意、行。详见邱伟光、张耀灿主编《思想政治教育学原理》，高等教育出版社1999年版，第94—96页。

② 习近平：《把思想政治工作贯穿教育教学全过程 开创我国高等教育事业发展新局面》，《人民日报》2016年12月9日。

的情景构建。通过挖掘社会资源和校园资源，创建德育课堂情景，在注重传授德育知识的同时，既要发挥学生的主体性，也要发挥教师的主导性，给予学生更多的课堂话语权，鼓励学生自由表达自己的想法和看法，增强学生的道德情感体验，构建和谐平等、交互协同的课堂德育氛围，增强课堂德育的实效性。三是实现高校课堂德育内容和网络的融合发展。吸收并整合全球优秀道德文化，使之与我国传统道德文化相融合，以此丰富课堂德育内容，利用QQ、微信、钉钉等平台加强与学生的互动和交流，实现德育日常化。

（二）网络德育

当前，信息技术高速发展，人和人之间的沟通交流也突破了时间和空间的限制。对于新时代大学生而言，互联网不是一种新型的技术，而是一个对他们的思维方式，言行举止产生潜移默化影响的场域。互联网络既有虚拟性，也有现实性。在互联网络中传播的文字、图像、音频会在无形之中影响每个人的认知和情感，态度和行为。德育内容与互联网的融合，不仅仅是要引导学生用现实中的道德规范去抵制网络世界的不良行为，而是要将现实道德观念融入互联网络中，帮助大学生构建道德世界，指导道德行为。

构建网络德育，一是利用网络平台，加强与学生的互动。利用互联网平台的互动性，高校德育工作者可以了解大学生的内心世界以及真实想法，尊重其在网络德育中的主体地位，帮助其解决学习上、思想上和生活上的实际困难，从而增强德育的渗透力和感染力。二是创建网络话题，增强德育影响力。利用网络热点话题的影响力，加快德育知识的传播力度，增强与网络参与者的交流互动，提高高校德育工作者在网络世界的影响力，争夺网络世界的话语权。三是共享德育资源，构建网络德育立体模式。教育者和受教育者应在自媒体环境下进行线上和线下的交流互动活动，实现实时的信息传递、资源共享功能。同时，构建自媒体环境下的"学校、社会、家长、学生"四位一体的立体德育模式是以现实德育为基础、以自媒体德育为拓展，构建高校德育新模式的有效路径。共享多方的德育资源，无疑能充分发挥德育的合力效应，提升高校德育的效果。

（三）生活德育

道德来源于生活，存在于生活并且服务于生活。党的十九大明确提出，"我国经济已由高速增长阶段转向高质量发展阶段"。人民生活日益丰富，高校校园的开放度和包容度越来越高，大学生的社会生活也成为德育工作的重要场域。目前，我国德育环境既有网络虚拟环境，又有社会现实环境；既有德育社会环境、人文环境、生态环境，又有校园环境、社区环境、家庭环境。每种环境还可以细分成许多德育小环境，其共同作用的结果将直接影响大学生思想工作的方方面面。

生活德育既是高校德育的重要组成部分，也是高校德育的补充和强化环节。通过生活德育可以有效提升德育质量、增强德育效果，同时现实生活可以为德育提供丰富的教育素材和教育资源，从生活实践中汲取德育发展的有利资源，更好地制定德育目标，丰富德育内容，调动学生参与生活德育的积极性和主动性，可以更好地提升高校德育的实效性。

从学生实际出发，细化生活德育目标。德育目标是对生活德育效果的整合与展望，生活德育目标应以学生的成长规律为遵循，以学生实际发展情况为基础，将学生个性与共性相结合。一是生活德育目标应具有时代性。新时代生活德育的目标应与时俱进，目标的制定应以增强学生思想道德素质为宗旨。二是生活目标应具有针对性，要符合学生的发展状况和发展规律。学生是生活德育的主体，在生活德育的过程中要尊重学生主体地位，以学生为中心，充分发挥学生的主体参与作用，激发学生的参与热情，确保生活德育目标的确立落到实处。

聚焦理论前沿，丰富生活德育内容。生活德育理论对生活德育实践的开展有着重要的指导作用。生活德育内容的丰富需要前沿的研究理论作为支撑，通过对前沿理论的学习，有助于生活德育内容的拓展与创新。一是鼓励德育工作者定期开展理论学习，通过不断提升自己的理论素养，以前沿理论为依托，结合学生发展实际，丰富生活德育内容，把握生活德育内容的大致发展方向。二是注意观察学生的生活特点。生活德育内容的丰富要结合当下的时事热点事件，将生活德育与课堂德育结合起来，以更贴近学生实际为目标，始终为学生服务，贴近学生真实所想，才能真正地提升学生思想道德素质。

四 加强高校德育团队建设

（一）新时代高校德育工作原则

第一，以人为本原则。重点强调德育工作与人的关系，强调在德育过程中发挥人的主体作用，其中既包括德育工作者的主体作用，也包括高校学生的主体作用。在德育工作的开展中，既要重视德育工作者自身思想政治的建设，也要不断完善学生的内在思想道德素养。

第二，思想导向原则。高校德育工作在开展与实施的过程中必须坚持以某种思想方法为基本指导。一个国家的繁荣富强，离不开科学正确且符合发展实际的指导思想作为引领。指导思想的正确与否，事关高校德育工作的未来，决定着高校德育将会走向怎样的发展道路。因此，高校德育工作者必须以新时代中国特色社会主义理论为指引，坚持正确、科学且符合时代发展的德育指导思想，才能实现以德树人的最终目的。

第三，系统整体性原则。高校德育工作体系是一个极其复杂的整体性系统，德育过程中的诸多要素是彼此相互作用、相互影响的，并受内部环境和外部环境的双重影响。高校德育工作并不仅属于高校某一部门的任务，它是国家教育体系中至关重要的一个环节，需要多个部门协同工作，保驾护航。

第四，组织开放性原则。德育工作的开展需要全体社会成员的共同参与，德育质量的提升和德育目标的实现，既需要师生的良好配合，也需要家庭、学校、社会等各方面的协同合作，缺乏沟通与交流的德育工作模式必将使得整个德育工作停滞不前，陷入泥潭。德育团队建设要与时俱进，紧跟社会发展的潮流，与时代发展保持一致，顺应时代发展的方针政策。

第五，评价客观性原则。评价客观性原则主要是指德育教育结果的评判是否客观，即德育工作的成效、德育目的实现与否应当是客观的。坚持评价的客观性原则对于以人为本原则、思想导向原则的实现起着重要的保障作用。从社会的角度来看，德育工作是一种主观的劳动，或是一种主体的活动。但就其本质而言，德育源于学生自我发展的一种内在需要，也是国家发展和社会进步的外在要求，因此，德育工作的成效应当交由学生、家长、学校、社会等各方面来进行评判。我们习惯于以教师或学校的评价，以分数的高低来衡量德育的对象，自觉或不自觉地使之成为衡量德育工作成效的标准，传统以试卷评分为主的评价机制仍在扮演重要的角色。这是失之偏颇的，成绩的好坏，教师和学校的评价固然是检验和评判的一个方面，但从根本上说，德育目标的实现与否应当是客观的，检验的尺度、评判的标准应交由社会。

（二）新时代高校德育团队建设

结合新时代德育工作实际，培养建设一支专职为主、专兼结合、数量充足、素质优良的高校思想政治理论课教师队伍，是新时代高校德育工作的重要内容。

首先，要有坚定政治信念、保持敏锐洞察力。高校德育工作者的首要任务是要把马克思列宁主义、毛泽东思想、邓小平理论、"三个代表"重要思想、科学发展观、习近平新时代中国特色社会主义思想和中华传统美德融会贯通，潜移默化地融入学生的日常教学和生活中，使之成为新时代大学生的行动准则。其次，要有过硬的政治素质，坚定的政治信念，对日趋变化的社会状况保持敏锐的洞察力，能够及时对学生面临和可能面临的道德疑惑做出判断和分析，为学生解答道德疑惑时，所持的观点和所提的建议要与党和国家倡导的社会主义核心价值观相一致，在涉及国家利益、民族利益等大是大非的问题上要坚定自己的立场，做出正确的选择。引导学生正确面对道德问题，正确处理道德问题，正确把握自己的人生价值方向。

强化理论知识、把握时代脉搏。高校德育工作者和学生之间的互动既是一种学术理论的探讨，也是一种道德情感的交流，而道德榜样的力量往往使得这种互动更有成效。德育工作者要不断与时俱进，利用各种资源通过学习来更新、丰富自己的德育理论知识，还要通晓德育、心理教育、美育、自然科学、社会科学等各专业领域的理论知识，正确把握学生心理和生理的发展规律，结合学生的专业所学，有的放矢地开展德育。德育工作者还要能紧随社会发展、把握时代的发展脉搏，具备一定的生活经验和工作阅历，在人生、工作、家庭、情感、就业等方面为学生提供可行可信的建议，帮助解决生活和工作中的思想道德问题，为大学生的健康成长保驾护航。

提高育人能力，提升业务素养。随着社会经济的快速发展，社会变革日益加快，各种思潮融汇交锋，而此时大学生正处于世界观、人生观、价值观的重要构建时期，容易受到不良社会风气的影响，无法全面识别错误思想，其面临的思想道德困惑也日趋复杂。全球化背景下，国内社会由传统向现代全面转型，广大高校教师也正面临着前所未有的经济压力、价值取向多元选择，高校德育工作中出现了一些"不和谐"现象，育人过程中出现了一些原则性的问题。这就要求高校德育队伍自觉夯实政治素质、业务素质和学习素质，提升综合素质。一要提升高校德育队伍的政治素质。政治素质是培养社会主义合格建设者和可靠接班人的基础，德育队伍没有过硬的政治素质，为国家培养建设者和接班人就无从谈起。因此，德育队伍要更加主动、积极地加强马克思主义理论学习，掌握并运用马克思主义立场、方法论去理解、认知和分析育人问题，不断坚定政治立场、夯实业务素质、追求崇高理想。二要提升德育队伍的业务素质。高校德育工作者要加强对社会时政热点的研究，尤其是在国际问题、经济问题、领土问题等领域的基本素养要加强，具备全球化的视野；专业化发展领域的基本素养也要强化，如心理健康领域、就业创业领域、职业指导领域、党团教育领域等，提倡专业化团队、专业化发展。三要增强德育队伍的学习素质。在经济快速发展、理念日新月异、价值判断多元以及国际主体间经济、政治、文化、社会日益交融的大背景下，增强德育队伍的持续学习能力成为必需，只有不断学习才能增强理论创新能力、时势应对能力，才能避免大学生受到非理性理论、思想和价值观的影响，引导他们形成正确的价值判断。

第七章　新时代教育新认知——德育共同体

在新时代背景下，党和国家对高校德育提出了新的要求。"我们正在为实现'两个一百年'奋斗目标而努力。未来30年，我们培养的人要能够完成'两个一百年'的伟业。这就是教育的历史责任。"①"新时代呼唤新德育，新德育的人才培养目标，应该适应新时代的人才培养需求，培养具有人类关怀精神、国际理解意识、本土文化情怀、专业知识技能的公民。"② 在全面建成高等教育强国的伟大征程中，培养符合新时代要求的复合型人才，是德育工作者的人才的光荣使命，具有划时代的重要意义。

"德育共同体是基于一致的道德信仰和价值认同，为了完成共同的德育目标，由群体成员共同参与，通过多种媒介体系或场域体系相互作用，以多主体互动合作、资源共享为基本准则，在培养有道德品性的人的社会实践活动中形成的有着强烈的责任感和归属感的生命有机体。"③ 本章从高校德育共同体基本理论逻辑出发，以高校德育共同体体系为基础，探究高校德育共同体的时代使命和发展逻辑。

---

① 习近平：《思政课是落实立德树人根本任务的关键课程》，《求是》2020年第17期。
② 朱永新：《破除"重智轻德" 呼唤新德育》，《中国青年报》2020年11月2日。
③ 吕成祯、任少波：《德育共同体：内涵、特征与时代使命》，《国家教育行政学院学报》2018年第4期。

第一节　德育共同体的基本理念

中国特色社会主义高校要坚持马克思主义的指导思想，坚持中国共产党的领导，坚定社会主义的办学方向，积极培育和践行社会主义核心价值观，培养又红又专的社会主义建设者和接班人。培育社会主义建设者和接班人的新时代高校目标，呼唤和催生建立高校德育共同体。德育共同体不仅强调教师和学生双主体的道德责任，更强调高校内部多元主体的道德责任以及多元主体在不同场所的道德责任。德育共同体的内在逻辑是集体协同，强调共同体内部个体的主动参与和道德品性的主动生成，最终实现共生共长。

一　共同善：德育共同体的伦理诉求

共同善由西方的 common good 这一词翻译而来。"关于共同善的讨论可追溯至亚里士多德（Aristotle），他认为政治是在社区中与他人一同完成的公共生活，政治的目的即共同体存在的目的在于塑造更好的个人。"[1] 普遍认为亚里士多德所主张的共同善是共同体的善，即 the good of community，区别于个体的善，不是个体善的简单集合。共同体是将"共同善"作为目的，保护和促进其成员的"个体善"。亚里士多德的观点可以概述为"个体善应该从属于共同善，共同善应该优先于个体善"[2]。除了亚里士多德，英国哲学家托马斯·希尔·格林（Thomas Hill Green）也提出"个体善和共同善应该协调平衡"[3]。

高校作为德育共同体，立足于共同善的伦理诉求，倡导价值目标的一致性，通过价值选择、价值认同和价值信仰达成价值共识。共同

---

[1] 卢俊豪：《共同体感与道德赋能——论共同善的情感基础与实践机制》，《道德与文明》2020 年第 3 期。
[2] 陈玮：《在个体善和城邦善之间——亚里士多德论伦理学和政治学》，《浙江社会科学》2016 年第 7 期。
[3] 邓振军：《个体性与共同善：格林的财产权话语》，《学术研究》2016 年第 12 期。

善不仅强调教师和学生双主体的道德责任，更强调大学内部多元主体的道德责任和自我建构以及多元主体在不同场域的道德责任。

尽管西方学者提出个体善和共同善相辅相成的观点，但西方高校在实践层面更多的还是践行价值中立原则，倡导价值中立，反对价值判断，强调个体自由，个体尊严。价值中立是一种主张将事实与价值对立起来的哲学认识论立场，是一种宣称捍卫公民精神自由的政治主义立场，强调个体善的实现，强调人之所以为人，源自个体的理性、自由和人格尊严。这种立场认为，高校应该在多元化的价值观之中保持中立态度，不应该用伦理、道德和价值观来塑造大学生，更不应该教人信仰，将教师的价值观灌输给学生，只需向学生教授知识和技能。大学生凭借所获得的知识、方法，遵循个人的意愿去追求个体善的实现，追求人格完整、私人利益和幸福生活，形成了这个世界特殊的个体善。

中国特色社会主义高校在强调传授知识、科学研究、服务社会和文化传承的同时，倡导培育和弘扬社会主义核心价值观，要求高校将社会主义核心价值观融入人才培养的全过程。社会主义核心价值观从根本上来讲就是要实现人民的共同幸福或公共利益。"公共福利就是人们设想与他人共享的东西，与他人共享的善，实际上就是共同善"[1]。从这个意义上来讲，社会主义核心价值观就是共同善。共同善理论可以为德育共同体的伦理诉求提供理论支撑。格林所提倡的个体自我满足和自我完善，其本质就是共同善，因为"人本质上是一种追求共同善的道德存在，他只能在与他人平等互助的关系当中，在推动社会共同善实现的过程当中，实现自我的真善"[2]。要实现自我的真善，就需要个体主动置身于国家和社会当中，并积极为实现共同善做贡献。而"为了保障有利于共同善的权利得到实现，还需要国家对权利进行协调和维护，它因此成为推进共同善的工具"[3]。

---

[1] 徐大同主编：《20世纪西方政治思潮》，天津人民出版社1991年版，第26页。
[2] 邓振军：《个体性与共同善：格林的财产权话语》，《学术研究》2016年第12期。
[3] 邓振军：《自由和共同善：格林的国家话语》，《浙江学刊》2016年第6期。

在德育共同体中，共同善是个体善在自我建构、集体协同基础上产生的，是基于个体善主动生成、同频共振而形成的善的"最大公约数"。由此可见，个体善和共同善是和谐统一的。社会主义核心价值观所倡导的自由、平等、公正等理念，正是社会个体所追求的价值目标的集体体现。同时，社会主义核心价值观为个体美德的形成和实现提供了良好养分，以共同善为目标的德育共同体有助于培育大学生的个人美德。只要确保德育共同体的价值目标，就能够使德育共同体内部各要素实现相对稳定和良性运转。

德育共同体的基础是共同体内部生命主体的价值共识，即实现共同善的目标。共同善作为德育共同体的伦理诉求，也是中国特色社会主义高校的必然选择。它不仅在学理层面具有科学性，在实践层面也具有可操作性。共同善的实现，除了要依靠个体的努力，还要依靠国家，国家是实现共同善的重要保障。

依靠个体的力量，即通过个体的认知、体验和自我建构来接受和内化社会主义核心价值观，进而通过彼此间的交往、合作、对话来实现群体的共识，最终实现共同体对共同善的价值共识。依靠国家的保障，即以马克思主义为指导，自上而下开展意识形态教育和思想文化宣传等工作，最终使得德育共同体内的每一个个体通过价值选择、价值认同和价值信仰，达成共同善的价值共识。以共同的道德信仰和价值追求将不同个体凝聚在一起，将共同善贯穿于大学教育的全过程。在学术精神上除了要培养科学精神和理性精神，还应当强调人文精神，注重基本的人类道德，承担基本的社会责任。

在教育目标上，中国特色社会主义高校除了传播知识、能力培养和服务社会以外，还具有更为丰富的目标，那就是人的自由的全面发展和道德品性的主动生成，而个体的自由只有在追求共同善的德育共同体当中才能实现。这就意味着我们要跳出高校作为学术共同体的"为学术而学术"的狭隘定位，将个体自由的全面发展融入共同善的总体目标当中。

教育内容上，中国特色社会主义高校除了教授基本的知识技能、科学理论之外，更要构建基于生命、生活、生存的德育知识体系，引导大学生进行主动建构，从尊重生命开始，进而去反思自己以及自我的生存状态和生存价值，最终实现共同善。管理理念上，中国特色社会主义大学除了强调大学作为学术共同体的"管理即服务"职能以外，更强调在价值层面尊重教师和学生权利，坚守公平公正的理念。

二 道德责任：德育共同体的本质要求

作为学术共同体的高校诞生之日起，就是一个由教师和学生所组成的，相互尊重、相互联系、相互影响，以学术研究为目标，以真理为追求，遵守共同的道德准则而形成的师生关系共同体。作为共同体内部的两个主体——"教师"和"学生"，不论是教师向学生传授知识的教学活动，还是师生共同努力去探求真理、发现新理论、探究新方法、解决新命题的科学研究活动，抑或是为满足社会需求而培养高级专门人才的社会服务活动，都承担着一定的道德责任。

所谓道德责任，是指"具有一定自由和能力的个体或集体，以社会客观道德价值为评价标准，履行一定社会所赋予的对自我、他人、社会和自然的责任"[①]。高校主要在学术自由和正常运行过程中履行道德责任，其基本职能的实现都需要一定的道德指引。"道德性已经扎根于大学的天性，渗透在大学的各种关系和各种活动中，大学开展教学、科研和社会服务等活动的过程也就是履行道德责任的过程。"[②] 学术共同体主要强调教师和学生作为个体的道德责任，强调道德责任主要适用于个体的行动。教师道德责任的履行主要是用自己的价值观念和道德观念影响学生的道德品性以及不同的价值观；学生的道德责任主要表现为在师生交流、互动、合作的过程中，耳濡目染，经过情感体验，将在大学中接受的道德准则和价值原则进行反思与内化，做出道德判断和道德选择，不断完善自己的道德行为。

---

① 郭金鸿：《道德责任论》，人民出版社2008年版，第52页。
② 王向华：《论大学的道德责任》，《教育研究》2018年第1期。

中国特色社会主义高校不仅强调教师和学生主体的道德责任，更强调高校内部各个主体的群体道德责任和高校作为一个共同体的本体道德责任。在共同体内部，重视教师、管理人员、服务人员、学生等群体对自己的行为及其后果承担道德责任。多元主体在德育共同体中通过交流、互动、对话、合作和自我教化，践行道德责任，最终实现共同成长与发展。

教师群体的道德责任。所有教师都承担着教学育人的任务，他们不仅教人学识，更要育人品格，塑造灵魂。他们通过课堂德育和实践德育，发挥教育引导、价值引领和道德示范作用，践行大学的创造精神、批判精神和社会关怀精神，引导大学生树立对于社会主义核心价值观的价值认同和实现中华民族伟大复兴的时代责任。

管理人员群体的道德责任。管理人员主要承担管理育人的任务，他们通过党的基层组织建设、制度安排、网络德育等引导学生对加深规则的敬畏和对善的追求，通过民主弘扬大学精神，为共同善的实现提供良好的制度保障。

服务人员（主要是学校各类后勤服务人员）的道德责任。服务人员主要承担服务育人的任务，他们通过创造良好的校园学习空间、生活环境、休闲娱乐设施等，不断提升自我的工作形象、工作作风和服务水平，彰显大学精神，陶冶大学生的道德情操。

大学生群体的道德责任。大学生是实现德育目标的关键所在，是高校德育的对象，又是高校德育的主体，他们在德育共同体中通过价值认同、自我反省、榜样借鉴和交往实践构建自我的道德责任，坚守共同的道德价值，展现大学生的精神风貌，践行社会主义核心价值观的文化自觉，承担中华民族伟大复兴的时代使命。

德育共同体的道德责任体现为互为主客体的共同体成员的道德责任，还体现为共同体内部的多元主体在不同的场域的道德责任。一是教师和学生在课堂中的道德责任。课堂是学知识、传播理论和引领思想的重要场所，是校园生活的主要空间和重要场域，在促进学生的知识习得、人格养成中发挥着不可替代的作用，强调学生与老师之间、学生与学生之间相互配合，相互启发，共同学习，共同进步。二是教师、学生、服务人员和管理人员在生活中的道德责任。大学生的生活世界本就是一个共同体。共同体作为人们生活的一种样态，是道德品性的主要存在形式。在大学的生活环境中，共同体的道德诉求为德育共同体提供了必不可少的社会基础。大学生活环境作为共同体的重要场域，通过教师、学生、服务人员和管理人员多向的交互、交流、对话、合作，从大学生的日常生活出发，弥补了传统课堂的知识道德和专业知识教育的缺陷，使得多元主体在生活实践与生活体验中主动生成道德行为，最终实现共同体内部多元主体的共生共赢。三是教师、学生、管理人员在网络社会中的道德责任。网络社会实质上就是具有共同的信念、共同的价值目标和共同的兴趣爱好的网络群体在共同活动的虚拟区域所形成的一种相对稳定的关系共同体。教育群体和大学生通过网络社会这种稳定的关系共同体进行交互、对话、交流，应传播社会主义核心价值观，增强大学生对当代中国主流意识形态自信和认同。

三　集体协同：德育共同体的内在逻辑

在高校这个德育共同体中，"各成员共同参与制定人人都要遵守的规则，在规则的约束下，平等合作，共享资源，并在此过程中获得精神的契合，进而对共同体产生强烈的归属感和认同感"[①]。道德品性的形成是一种实践、理解和主动生成的过程，教师不再单纯地作为价值观的灌输者，还是这个过程的组织者、参与者、引导者和推进者。在德育共同体中，教学活动实际成为师生双方共同交流互动、探讨价值观念、形成自己独特的价值观的过程。"高等学校的一个典型特征就是把科学和学问设想为终极任务，并为此进行着不间断的探究过程。在高层次的教育中，教师和学生相互独立，又相互依赖，教师和

---

① 李洪修、张晓娟：《大学"学习共同体"的实践困境》，《江苏高教》2015年第5期。

学生都有权利共同探索知识。"① 知识的范畴广泛，不仅仅指人们常规概念里的"知识"，它是一种对世界的认知，对于道德的定义、价值观的认同与否也包括在其中。高校德育共同体的主要成员为教师和学生，强调个体和全体的共同目标和共同成长。在共同目标的指引下，共同体成员在相互平等的基础上，通过相互交流、沟通对话、资源共享等方式，形成新的知识体系。由此可以发现，在德育共同体中，平等、实践、共享是其基本特征，其中最为核心的特征就是实践，这是由德育共同体的实践属性所决定的，因为德育共同体的一个重要特征就是实践共同体的意义建构。共同体成员在学习实践中通过彼此之间交流、沟通、探究，对自身知识体系进行不断的"建构"，进而不断发展和完善自身的知识体系。

中国特色社会主义高校不仅是基于共同的目标愿景的共同体，更是一个集体协同生成的实践共同体。它强调集体协同，将集体协同作为德育共同体的内在逻辑，倡导个体的自主参与和道德品性的主动生成。从根本上讲，这种集体协同还是依托学习进行的，是师生共同成长、共同发展的过程，具有三个核心要素。一是共同的目标愿景。这种集体协同生成的实践共同体关注的是大学的总体目标，甚至是高等教育的目标，即培养德智体美劳全面发展的社会主义建设者和接班人。这也是共同体内部成员的共同目标愿景，所有成员将为此投入他们的热情，在此过程中通过实践活动的相互作用不断提升自己的认知和专长。二是共同的社区。这种集体协同生成的实践共同体的共同社区，即中国特色社会主义高校，为了追求共同的目标愿景，共同体成员在同一社区中相互帮助，相互交流，相互影响，相互合作，共享信息，最终形成对共同体的认同感和归属感以及相互之间的责任和义务。三是共同的实践。这种集体协同生成的实践共同体并不仅限于教师与学生的双向互动，而是诸多个体组成的集合。"长时间

---

① ［美］伯顿·R.克拉克：《探究的场所——现代大学的科研和研究生教育》，王承旭译，浙江教育出版社2001年版，第19页。

地共享共同确定的实践、信念和理解，追求一个共同的事业。在该共同体中，每个成员都有着共同的任务、相关的实践资源以及共同认知的常识。"① 共同体内部的成员之间是平等的，他们围绕着共同的愿景，通过整合外部资源，发挥整体协同作用，相互学习、相互促进、相互帮助，使高校德育从施加向建构转变。在这种集体协同的实践中，新知识能够得以生成，道德品性能够得以养成。

第二节　基于德育共同体理念的高校德育体系

针对当前高校德育存在的问题和面临的挑战，学界开展了广泛研究，达成了一定共识。面对党和国家对高校德育提出的新要求，结合新时代的背景特点，仍需要不断地深入探索。尤其是在坚持以马克思主义理论为指导的基础上，如何继承和发扬高校德育工作的优良传统，借鉴西方发达国家已有的有益经验，建构新时代新形势的高校德育工作体系，已成为当前最新和最为紧迫的时代命题。专家学者借鉴教育学、心理学、管理学、社会学等相关学科理论，在德育理念、课堂教学、生活德育、网络思政、德育实践等方面开展了科学探索。

一　高校德育体系的总体思路

（一）从马克思主义德育观出发

1. 以马克思主义理论为指导

建构高校德育体系，必须坚持以马克思主义理论为指导，坚持社会主义办学。马克思主义科学揭示了人类社会发展的普遍规律，具有强大的生命力，是立党立国之本。不仅是高校德育工作的指导思想，也是高校德育工作的理论基石，为高校德育工作提供了正确的世界观、人生观、价值观，为大学生提供了判断是非善恶的标准。国务院

---

① ［美］J. 莱夫、E. 温格：《情景学习：合法的边缘性参与》，王文静译，华东师范大学出版社2004年版，第7页。

《关于加强和改进新形势下高校思想政治工作的意见》(中发〔2016〕31号)提出了"培养又红又专、德才兼备、全面发展的中国特色社会主义合格建设者和可靠接班人"的工作目标,还把"坚持党对高校的领导"和"坚持社会主义办学方向"作为基本原则[①]。不仅为我们建构和创新高校德育体系指明了方向,也为应对日趋多元的德育环境和复杂的内外形势提供了有力武器。此外,马克思主义理论中关于"人的全面发展理论""交往实践理论""灌输原理"等也为做好新时期德育工作提供了重要的理论和方法指引。

2. 紧扣新时代新主题

做好高校德育工作,必须紧跟时代潮流,把握时代脉搏,紧扣时代主题。随着我国经济社会的迅猛发展,高校德育相继面临经济全球化、个人需求多样化、社会思潮多元化、高校管理社会化和信息化等变化和挑战。《中共中央关于加强和改进学校德育工作的若干意见》《中共中央国务院关于进一步加强和改进大学生思想政治教育的意见》以及中华人民共和国教育部令(第24号)等纲领性文件相继出台,对大学生德育的目标、理念、方法、队伍等都做出了具体的规定。高校德育工作者不断更新工作理念、开辟新的工作领域、创新工作方法,取得了丰富的德育成果。近年来,中央研究组织召开了全国高校思想政治工作会议、学校思想政治理论课教师座谈会等一系列重要会议,对做好新时代高校德育工作提出了新要求,明确了新任务。

新时期高校思想政治工作要坚持政治性和学理性相统一、价值性和知识性相统一、建设性和批判性相统一、理论性和实践性相统一、统一性和多样性相统一、主导性和主体性相统一、灌输性和启发性相统一、显性教育和隐性教育相统一。建构高校德育体系,必须紧扣这些新时代的新主题,分析新形势、新元素、应对新挑战,不断"创新德育形式,丰富德育内容,不断提高德育的吸引力和感染力,增强德

---

① 中共中央国务院:《关于加强和改进新形势下高校思想政治工作的意见》,中发〔2016〕31号,2017年2月27日。

育的针对性和实效性"①。

思想政治工作从根本上说是做人的工作，关键在于教师。要求教师的思想政治工作能力要强，情怀要深，思维要新，视野要广，纪律要严，人格要正，要善于调动大学生的积极性、主动性和创造性，教育引导大学生正确认识世界和中国发展趋势，正确认识时代责任和历史使命，正确认识远大抱负和脚踏实地。

3. 弘扬德育优良传统

一段时间以来，高校德育争议不断。这些争议主要集中在目前德育工作是否强制化、智育化、功利化，表现内容是否空洞、形式是否单一、效果是否良好等方面。传统的德育内容和方法被认为是导致这些问题的原因，受到了不同程度的质疑和否定。应该说，这些现象在当前高校德育实践中是存在的。但是，传统的德育工作内容和方法是在长期实践过程中总结、提炼出来的，曾经起到过很好的效果，其中许多理念和方法在今天仍然具有强大的生命力。比如中国传统文化中"修身、齐家、治国、平天下"的理想信念教育内容，以及"循序渐进、有教无类、因材施教、知行合一、寓教于乐、教学相长"等教育工作理念，在当代仍然具有很强的生命力。《关于加强和改进新形势下高校思想政治工作的意见》要求"实施中华文化传承工程，推动中华优秀传统文化融入教育教学，加强革命文化和社会主义先进文化教育，深化中国共产党史、中华人民共和国史、改革开放史和社会主义发展史学习教育"②，也充分肯定了传统德育的时代价值，这需要结合时代因素不断继承和发扬。德育工作者长期以来探索形成的德育主渠道、主阵地，也需要持之以恒地坚守和弘扬。

（二）辩证审视和科学借鉴西方理论

传统西方德育的主要形式为宗教课程和权威教育，主要表现为通

---

① 张国民、郝志杰、李扬：《论立德树人是高等教育的根本任务》，《山西高等学校社会科学学报》2013年第6期。

② 中共中央国务院：《关于加强和改进新形势下高校思想政治工作的意见》，中发〔2016〕31号，2017年2月27日。

过教学、规劝、纪律、强迫、训诫、奖惩等，对道德观念、宗教教条进行强制灌输。进入21世纪，伴随着科技突飞猛进和价值日趋多元，西方形成了诸多影响广泛的理论流派和鲜明的理论特色。这些理论主要集中在人本心理学、道德认知发展等领域，有行为主义、人本主义、认知主义等相关理论和思潮，它们对德育工作产生了较大的影响。这些相关理论对教育尤其是对高校德育工作有一定的启示，值得我们批判地借鉴。

1. 行为主义：关注刺激—反应

行为主义理论又称"刺激—反应理论"，在20世纪20年代由美国心理学家约翰·华生（John Broadus Watson）创立。该理论认为，构成人类行为的基本要素是反应，不同反应的组合构成人类多种多样的行为。在所有反应中，除了少数是与生俱来的反射之外，多数是个体在适应环境过程中，在经典条件反射的作用下，在各种刺激之间不断调整、学习所形成的①。因此，只要能了解到刺激与个体的关系，就可以通过设计并控制刺激，引起预期的反应和复杂行为，也可以根据条件作用法则来消除个体已有的行为。简而言之，行为主义理论认为通过一定的操作，人的所有行为都可以被创造、设计和改变。在以行为主义为指导的教育理论中，教师的角色是教学的组织者、环境的控制者，他们的职责是设置情境，实现行为控制。教师创造情境，激发学生学习行为，学生之间的关系是互相合作，而教育应当加强人际互相合作和整体之间的互相依赖。行为主义理论及程序教学，促进了教师对学生行为的反馈，具有一定积极作用。但是它将人的学习等同于一般的行为训练，也存在诸多弊端，主要表现为教学刻板、使学生厌倦等，不利于学生整体认识能力和独立解决问题能力的提高。

2. 人本主义：尊重学生主体

人本主义理论的代表人物是亚伯拉罕·马斯洛（Abraham Harold Maslow）和卡尔·罗杰斯（Carl Ransom Rogers）。该理论坚持人性本

---

① ［美］华生：《行为主义》，李维译，北京大学出版社2012年版，第59—62页。

善，认为人生来就有自我实现的倾向，德育的任务是为自我实现提供条件，促进自我的生成和完善。德育不只是改造人的思想、重塑人格，更多的是挖掘人的潜能，也就是善的本质①。人本主义理论认为，传统德育过分重视灌输和说教，忽视了人的主动性。现代德育应是人道的、自主的、理解的、尊重的、体验的、开放的，必须重视情感在德育过程中的作用及其功能的充分发挥。因此，他们认为德育需要一些基本条件，如了解和理解、爱心和尊重。受教育者感受施教者的意图，具有三个基本条件：一是真诚；二是接受；三是移情。教师要充分尊重学生人格，师生之间要进行充分的交流与沟通，促进信任。同时，教师还要积极换位思考，站在学生的位置上理解学生，去体验学生的情感。人本主义比较符合人类自身发展的状态和德育发展的规律，具有呈现德育问题、充分沟通等特点，它强调了学生的主体性，有利于培养学生健全的人格。

3. 认知主义：关注内部思维过程

认知主义源于格式塔心理学，该派代表人物有让·皮亚杰（Jean Piaget）、杰罗姆·布鲁纳（Jerome Seymour Bruner）、戴维·保罗·奥苏贝尔（David Pawl Ausubel）、爱德华·托尔曼（Edward Chace Tolman）和罗伯特·加涅（Robert M. Gagné）等。与行为主义相比，认知主义学者更加关注学习的主体性和差异性。认知主义认为，刺激与反应之间的联系不是直接的、机械的。主张从人的内部思维过程和信息加工模式来考察人的认知过程，认为学习是人的一种主观行为，是人们根据自己的爱好、需要、态度，通过感觉、概念、思维等一系列过程，有选择性地对外界刺激进行加工的、更新原有认知结构的过程。在不同的认知发展阶段，人们接受信息、处理信息和使用信息的内在模式是不同的②。因此主张研究人们的认知发展过程和模式，在

---

① 何柳珊：《高中地理课程思政实践及其对学生价值观的影响研究——以佛山市西樵高级中学为例》，硕士学位论文，海南师范大学，2020年，第14页。
② 李海霞：《国外教育技术主要研究内容及成效分析》，《内蒙古财经大学学报》2017年第3期。

教学中根据学生在不同阶段的认知发展需要设计出相应的教育程序。认知主义充分肯定了学习者的自觉能动性,把学习看作积极主动的过程,强调人的内在动机,重视人的主体价值,重视学习者现有的认知水平以及非认知因素对学习的影响,注重调动学生的积极性,有针对性地发挥学生的主观能动性,激发学生的创造活力,促进了教学过程从教师操作体系向教学互动体系的转变。值得注意的是,行为主义和认知主义的教学目标是相同的,所不同的是行为主义者运用反馈来调节行为的预期方向,而认知主义者则利用反馈来指导和支持准确的心理联结①。

4. 建构主义:主张知识的自我建构

建构主义是20世纪80年代以来兴起于西方的一种新的认识论。在哲学、教育学、社会学等领域产生了较大影响,并逐渐发展为一个新的学术流派,被称为"现代教育心理学中的一场革命"②,在教学改革、教学设计中得到了广泛的应用。系统性地阐述建构主义理论的是瑞士心理学家让·皮亚杰,他通过长期的儿童心理学研究,提出了一种新的认识理论——"发生认识论"。苏联心理学家、教育家列夫·维果茨基也就相关问题进行了进一步的研究,提出"社会文化历史理论"和"最近发展区理论"。皮亚杰主张知识的"个人建构和自我理解",认为"知识是一种结构,而结构的形成有赖于认知主体富有能动性的建构活动。因此,知识的建构过程是一种动态的均衡过程"③。维果茨基则主张"知识是社会性建构的",认为"人根本不同于一切动物,人具有一切动物所不具备的心理机能,所以人能总结经验、发现事物的内部规律、主动地控制自己的行为,并因而具有积极

---

① 竺丽英:《以实验为基础的高中化学教学设计》,硕士学位论文,浙江师范大学,2005年,第13页。

② 罗静:《高中思想政治课故事化教学实验研究》,硕士学位论文,贵州师范大学,2020年,第14页。

③ 李明汉:《建构主义学习观与主体性德育模式》,《教育导刊》2003年第11期。

地改造客观现实、创造世界的本领"①。建构主义者认为，知识是人们对客观世界的一种解释、假设或假说，是个体根据自身已有的认知结构建构出来的②。学习是学生根据自身经验，对外部信息进行主动选择、加工和处理，并获得自己的意义的过程，学生是学习过程的主体，应当成为学习的主人。教学则是知识的处理和转换过程，教师是教学的组织者、指导者，是学生建构意义的帮助者和促进者，教师的作用是启发、引导学生向主学习。而教学评价的重点在于知识获得的过程，怎样建构知识的评价比对结果的评价更为重要。当然，建构主义与其说是一种具体的理论，不如说是一种思潮。它并没有形成统一的理论体系，建构主义不同流派之间也存在许多分歧。需要指出的是，建构主义较为系统地阐述了学生在学习过程中的内在思维活动，但并没有明确某种具体的学习形式。

从行为主义、人本主义、认知主义到建构主义的发展，人们对学习的研究不断深入，使得人们关注的焦点逐渐从外显的行为转向学习意义的生成，从对教师主导的行为操作研究逐渐转向学生主导的个人意义的建构研究。行为主义注重有机体的外在反应，人本主义关注个人发展与成长，认知主义强调个体的主动性和内部心理机制，建构主义主张认知和知识的自我建构③。这些理论提出的"以人为本""以学生为主体""增强师生互动""促进学生个性化发展"等理念，为德育工作的创新实践提供了有益的借鉴。当然，没有一种理论能够解释所有的学习现象，这些学习理论只是从不同的视角、方法来研究人类的学习，需要在具体的工作中灵活地应用。

（三）探讨"知行合一"的德育模式

任何文化都是蕴含价值观的文化，价值观是文化的内核，因此，

---

① 龚浩然：《Л.С.维果茨基关于高级心理机能的理论》，《心理学报》1985年第1期。
② 陈娟：《信息技术与课程教学深度融合研究》，中国铁道出版社2017年版，第53页。
③ 成鹏：《不同流派动机理论对教育教学工作的启示作用》，《中国多媒体与网络教学学报》2019年第12期。

有何种文化，就有相应的价值观，德育是进行价值观的教育，文化影响德育模式的各个要素，文化影响德育目的的确定，影响德育内容和方法的选择。

中国的儒家文化追求的是一种"内圣外王"的理想道德人格，因此道德教育的内容也应以此为宗旨。孔子是儒家文化的代表人物之一，孔子的许多思想对当今的教育都有重要的影响。孔子提出学在行中，知行分离，在其认识论中，知是具体的知识，是后天的积累和总结。上智的知识是天生的。孔子提出人们可以直接获得知识。也可以间接获得知识。孔子是我国提出"知识来源"问题的第一人，虽然孔子的观点带有一定的局限性，但对后世教育和思想产生了深远的影响。

新时代"知行合一"德育观不仅要适应多元价值观，充分尊重青少年个体发展，更要吸收宣传中华优秀传统文化的精华，这是德育的根本，高校在制定德育内容时，要熟练利用中华优秀传统文化资源，汲取、创新相应内容，融入新时代德育中，使学生建立文化自信，面向世界。

1. 加强学生主体意识与理想信念教育

在"知行合一"德育中，要重视培养学生的主体意识。个体主体价值的主观能动性，表现为主体意识。主体意识是人的价值观念的一部分。主体意识的形成，可以促进人格素质、人的其他思想的培养。树立正确主体意识，是学生自我教育的重要基础。现代市场经济、多元文化条件下，崇尚自主、追求个性自由、个人权利等主体意识受到社会的广泛关注。受传统道德观念的影响，以及长期应试教育制度的制约，一些学生缺乏自主创造的精神，缺乏独立的个性，不愿发挥自我能动性。有的学生完全不顾规范、制度等，过分追求自我。学生主体意识要有正确的引导，避免盲目性和随意性，避免超越"度"。学生要学会构建平等的、相互尊重的关系，取得学生的认同，避开错误或过激意识，激发学生的主观能动性。

加强学生理想信念教育，把学生培养成为有社会责任感和社会担当的人。高校要围绕社会主义核心价值观，加强理想信念教育，激发学生的精神动力，引导学生选择正确的成长和成才之路，从而为建设社会主义现代化强国奉献自己的青春和智慧。同时，高校要重视培养学生的协作意识。现代社会网络、电话等，逐渐取代人与人之间的沟通，人们的人际关系、协作等存在许多问题，更加容易出现隔阂。人具有社会属性，难免会需要别人帮助，或者要帮助别人。在生存和发展中，协作意识十分重要。一些学生不能正确处理人际关系，或者协作关系，引发各种矛盾，产生不快。协作精神与团队意识相关，当集体利益与个人利益发生冲突时，学生要如何进行选择，这是一门课题。

2. 挖掘德育综合课程中的文化要素

文化是德育的核心，德育课程中不乏优秀的文化成分，学校教育者应该善于挖掘课程中的文化成分，用文化育人，德育综合课程主要包括学科课程和活动课程，在学科课程中，增加中华传统文化比重，学科有人文类学科和自然科学类学科，在人文类学科中，如语文、历史等，在这些学科中可以适当增加我国传统优秀文化比重，在自然类学科，如物理、数学、化学等，可以增加与优秀传统文化有关的知识，结合具体的教学实践环节渗透传统文化的精神要义。各大高校也应该利用区域资源和区域优势，建设自己的校本课程与主题区域课程，通过开设选修课和必修课，拓宽中华优秀传统文化的接触领域，让更多的学生可以通过多种途径接触中华优秀传统文化，增强民族自信，坚定文化自信。

活动课程更能让学生体会文化方面的精神。要完善活动课程体系，开发一系列的学生实践课程，增加学生参加实践活动的课时，学校应该在实践活动上下功夫，让学生多实践，知行合一，中华传统文化如果让学生自己去体验去实践，更能发挥它的作用。在学校举行的活动中，通过参加一些主题活动，学生们体会到人与人之间的仁爱精神，通过举办各种演讲比赛，也可以将传统文化渗透到德育活动中。但是，这些活动不能仅仅停留在形式上，要挖掘这些活动背后的文化精神，同时也要考虑到学生的兴趣，要让学生主动参与。

3. 坚持知识灌输与知识渗透相结合、课堂体验与社会实践并举

在"知行合一"德育模式下，单纯的知识灌输不能满足新时代下学生的德育需求，反而容易禁锢学生的思想，不能激发德育的长久作用。高校要在情景体验中融入德育知识，进行灌输和渗透，避免传统知识灌输的枯燥，激发学生的兴趣。教师通过情景体验，营造轻松的氛围，调动学生的积极性，并且有利于提高德育效果，方便学生更好地掌握德育知识，并在情景中内化实践。德育最终是要回归生活情景，与学生的职业要求、社会发展相适应。同时与学生的个体特点相结合，面向学生、社会和生活。

德育是动态发展的教育，高校在"知行合一"德育模式中，要充分利用课堂和学校体验。高校要将学生的课堂分为三大课堂，即在社会实践中的德育课堂、各类校园文化的德育课堂、教室理论课程的课堂。高校需要充分整合资源，实现三堂合一，发挥各个课堂的价值作用。开展体验式教育，设置丰富的社会实践活动；举办校园文化活动，启发和感悟学生的德育情感和行为；推动课程思政化，实现德育对多种类课程的渗透。

二 高校德育体系的基本设定

以德育共同体的理念构建一个"交互协同"的德育模式，关注学生的差异性，建立良性的师生互动，并不是改变一个理念就可以完成的，还需要对德育目标、德育对象、德育内容进行相应的调整和设定。德育的目标不仅是对知识体系的掌握，更在于促成学生对意义世界的建构；德育的对象不是被动的接受者，而是主动的建构者；德育的内容不仅有知识体系的传授，更有建立在知识体系之上的认知结构。

（一）德育目标：促成主体道德品性的养成

过去很长一段时间，由于把知识体系作为德育的内容，而将德育知识的掌握作为德育目标，把知晓作为德育的最终目的，追求理论和

教条，简中、机械、单向地告知学生，考核的主要办法为记忆、复述和背诵。德育传播的是意识形态，而意识形态教育所追求的最终目的并不是知识的掌握，而是价值的认同、意义的掌握，并最终指导人的实践。因此，将知识的掌握作为德育目标加以考核，是不够完善的。德育的目标应包括知识的掌握、价值的认同和意义的建构三个方面。

1. 知识的掌握

"知"是"行"的前提和基础。高校德育工作最初的目标是学生掌握知识，有了知识的铺垫，才能让道德品性体现在学生的行动上。高校德育工作必须坚持以马克思主义为指导，中央31号文件强调"中国特色社会主义合格建设者和可靠接班人"的培养目标，党的十九大报告提出"新时代中国特色社会主义思想"。这些特定的意识形态作为一面旗帜，对人们的思想、行为进行了符合目标的引导和规范，对偏离目标的思想、行为进行阻止和纠正。要实现人才培养的根本目标，势必要求学生对马克思主义相关的概念、知识和体系有所掌握。在传统的德育模式中，在"灌输论"的指导下，知行德育对相关理论的概念、知识的教育方式是长期有效的。这对高校德育有很强的借鉴意义，学生并不是生来就有着统一的道德认知，这就要求高校德育不能仅仅局限于对社会现实的消极适应，而是必须超越现实的经济基础，从而达到在上层建筑上有所成就。即使在信息时代，仍然具有很强的前瞻性和超现实性。因而让学生系统地掌握相关的知识体系，是高校德育的第一步目标，也是促进价值认同的前提。当然，在具体实践中，不能简单、机械地开展知识教育，不能被动、强制地促进知识的掌握。

2. 价值的认同

在掌握知识的基础上，还应当积极促成价值的认同。知识并不是对客观事物的直接复制，它是以人原存的认知结构为基础的。学习也不是简单的知识转移，它要以原有的知识经验为基础实现知识建构，通过新经验与原有知识经验反复的、双向的相互作用，来充实、丰富和改造自己的知识经验。掌握知识并不是学习的最终目的，学生对知识的理解和记忆只是教学的第一步，他们还要结合原有经验，对学习中获得的知识做出分析、检验，并最终判断其是否合理、是否可信，决定是否认同。引导学生通过对命题进行分析和思考，把知识转化为自己的学识、变成自己的主见，形成自己的思想。在这种转化过程中，"认同"的作用至关重要。必须明确的是，教育者必须主动参与整个学习过程，全面地把握受教育者主动参与的程度，积极地促进价值的认同。

3. 意义的建构

所谓的意义不是简单地由外部信息决定的，而是受教育者通过新的知识经验间反复的相互作用而成的。受教育者是可以根据自己的认知图式基础和学习风格，进行针对性地选择，进而发展意义建构，这种意义的建构不可能由他人代替。因此，德育的核心在于引导受教育者如何进行选择并建构正确的意义。

德育是个体主动建构价值、理想、信念意义的过程。因此，需要根据受教育者现有的思想道德知识与信仰基础，把握好他们思想道德发展的最佳关键期，创设良好的教学情境，使"教育走在发展的前面"，促进受教育者理想信念的意义生成与内化。

（二）德育对象：交互协同的多元主体

高校德育的对象，即大学生，已经通过中小学阶段的德育掌握了基本的德育知识，初步形成了自己的世界观、人生观、价值观，养成了自己的认知结构和建构意义世界的习惯和方法。但传统德育模式仍存在着把德育工作者和工作对象对立的状况，主张教师是主体，学生是客体，教育过程自上而下。这种德育模式在德育对象的设定中发生了偏差，将学生当成了被动的接受者。如何对德育对象进行更加具体的设定，还是一个不甚明朗的问题。结合我国德育的实际，高校德育的对象主要有以下三种存在形式，需要在实际德育工作中科学地把握和运用。

1. 被动的参与者

毋庸置疑，当前高校德育实践中存在被动参与者，他们不是主动参与而是被引导、约束着参加到德育体系中来的。比如，政治理论课作为大学的必修课程与大学生毕业的基本条件直接挂钩，或将学生社会实践等课外活动列为必修环节。德育实践过程中带有一定的强制性，学生选课是被动的，来上课或者参与活动也是被动的。不管学生在被动参与中对德育内容接受与否，他们的参与实际上只是表现了形式上的参与，是事实上存在的。对于被动参与者，采取听之任之或者强迫强制都是不可取的，而应当加以正视和转化。应当认识到，学生并不是把知识从外界搬到自己的大脑中，而是以自己的认知结构为基础的再加工、转化、吸收，我们不能无视这些已有的认知结构，简单强硬地从外部对学习者实施知识的灌输，而应当通过积极引导，把他们原有的认知结构作为新知识的生长点，形成新的认知结构。

2. 良性的交互者

无论是强制参与，还是出于自身功利的目的，或是主动的追求，实际的德育工作中都存在着大量的与教师良性互动的学生。这为我们开展德育工作提供了良好的契机。需要明确的是，学生的主动建构并不会自发形成，它需要教育过程中师生的参与、互动与协作。

教师要认识到自己是学生学习的促进者、鼓励者和帮助者，作用是帮助学生探索答案，任务是促进学生的发展。因此，德育工作的任务是通过设计教学活动，营造良性的互动氛围，引导大量的被动参与者向良性的互动者转化，使学生变被动为主动，参与到"交互协同"的德育模式中来。

3. 主动的建构者

不管德育的对象是被动的参与者，还是良性的互动者，他们事实上都是主动的建构者。无论学生在不在情境中，在不在互动中，他们总是在不停地建构着自己的认知，更新着自己的认知结构。学生的建构是始终存在的，差别在于我们是否参与其建构的过程，对建构结果有多大的影响。开展德育的目的并不是为了让学生被动地接受知识、简单地重复知识，而是要培养学生认同我们所主张的价值观和行为导向。因此，发挥学生的主体性，增强其平等和自由度，引导其站在自身角度理解和接纳我们的主张,是增强德育实际效果的关键。换言之,要把我们的教育对象设定为"主动的建构者",把"被动的参与者"转变为"主动的建构者",积极地参与其内在的认知建构过程,从而实现德育工作的目标。

(三) 德育内容:知识、情感、认知的多维度

长期以来,无论是在西方还是在中国,德育的主要内容都是知识体系。早在古希腊,苏格拉底关于"知识即美德"的命题就在一定程度上提高了个体的道德认知,使个体获得道德知识、拥有道德。在中国,德育课程成为德育的主要形式,德育的内容表现为复杂的理论体系和分门别类的课程体系。

课本中的知识是德育内容,德育开展过程中的体验、互动也是德育内容。结合高校德育的实施过程和学生意识的形成过程,可认为高校德育内容包括知识体系、情感体验和认知结构三个方面。

1. 知识体系

偏重理论教学的知行德育受到了批判,许多学者认为知行育的极端化造成德育观论与实践的"两张皮",使德育走向抽象化、虚假化和失范化,导致学生"知行分离"。当下,要清醒地认识到解决知行分离的问题,并不是要简单地摒弃"知",而是要科学地引导"行";并不是知识体系不应该成为德育的内容,而是德育的内容不应该只有知识体系。一方面,道德知识作为一种间接经验,是人类历史发展的产物,是薪火相传的、具有道德认知的功能。另一方面,"知"是"行"的前提和基础,系统的道德知识是学生道德形成、发展的前提。

2. 情感体验

道德是和人类的体验、情感等主观感受紧密联系在一起的,这些主观感受对道德判断具有重要的作用。如孟子所说的"恻隐之心,人皆有之",又如"将心比心""换位思考"等就体现了情感、体验对道德判断的影响。人类的体验和情感是具有相关程度的共通性的,这为开展德育工作提供了极大的便利和极佳的素材。在知识体系的基础上,情感体验应当成为德育的重要内容。和知识体系不同,情感体验

不是静态的理论和文字,也无法传播和扩散,它只能存在于特定的情境之中。情感体验这类德育内容,产生于德育工作的实施过程之中,将情感体验融入德育内容中并不是一个困难的过程。

在过去,这些情境的创设更多是从德育方式方法的角度来研究的。事实上,近年来德育工作中广泛采用的研讨教学、情景教学、现场教学、角色模拟等教学形式,创设了大量的情感体验和交流的情境,对学生引起情感共鸣、产生道德判断具有极大的促进作用。德育内容建设工作的重心应该放在教学情境中共同的情感和体验方面。德育工作者在创设情境时,应重点关注情境给学生带来的情感和体验,而不是情境设计本身。

3. 认知结构

德育内容既不是输入的知识,也不是输出的意识形态,而是要让知识在头脑中产生意识形态结果的"认知框架"(认知结构),这种认识框架包含了知识,但不仅限于知识,包含了价值观,但也不仅限于价值观。而德育中所使用的各种教育方法,目的并不是使受教育者掌握指定的知识体系,也不是直接掌握意识形态,而是掌握意义建构的方法。

知识不是对现实世界的客观表征,它不是自动生成的,若是没有主动建构,教育中对于知识真正的见解就不可能发生。因为知识具有相对性、主观性、参与性、过程性,它不是被发现而是被发明的。由此,意识形态也不可避免地具有多样性和相对性,这与德育所追求的意识形态导向性是相违背的。那么,德育工作又如何达到意识形态引导的目的呢?即使面对同一个刺激源,不同的受教育者也会产生不同的教育效果,当面对"不同"的知识的时候,德育工作者又如何确保学生能产生相类似的意识形态?这些问题都有待于进一步考察。

第三节 高校德育共同体的时代使命

在新的历史时期,多元文化的碰撞和意识形态的渗透对高校德育工作具有较大的冲击。要实现中华民族伟大复兴，需要进一步铸牢中华民族共同体意识，进一步强化大学生的政治认同和价值认同。如何强化政治认同和价值认同，有效地整合资源，优化资源配置，创新协同机制，构建中国特色世界一流的高校德育工作体系，既是实现"立德树人"根本任务的迫切要求，也是德育共同体最为重要的时代使命。

一 面向"两个一百年"的系统工程

中国特色世界一流的高校德育体系是面向"两个一百年"的系统工程。"两个一百年"自党的十五大报告提出以来，历届党和国家领导人都非常重视。《中共中央关于党的百年奋斗重大成就和历史经验的决议》中提到："党和人民事业发展需要一代代中国共产党人接续奋斗，必须抓好后继有人这个根本大计。"[①]

社会主义现代化强国目标的实现离不开教育的现代化，尤其是高等教育的现代化。当前高等教育的重要任务就是深化高等教育改革，加快建设中国特色现代大学制度。高等教育最终目的并不仅仅是办好一所学校，或者培养社会所需要的某种人才，而是要进一步落实立德树人的根本任务，将其融入实现"两个一百年"奋斗目标和"中国梦"的历史进程中。这就要求高校的德育工作必须扎实推动中国特色社会主义高校德育体系建设，进一步深化以马克思主义作为指导思想的理论内涵和外延的研究和建设，牢牢占领高校意识形态主阵地，不断增强大学生的道路自信、理论自信、制度自信和文化自信，将社会主义核心价值观带进课堂、带入学生头脑，培养大学生的家国情怀和社会责任，创立一个人人追求"共同善"的美好的境界。

二 坚持"四个正确认识"的科学判断

"四个正确认识"是指正确认识世界和中国发展大势、正确认识

---

① 《中共中央关于党的百年奋斗重大成就和历史经验的决议》，人民出版社2021年版，第74页。

中国特色和国际比较、正确认识时代责任和历史使命、正确认识远大抱负和脚踏实地。"四个正确认识"是一个严密的体系。认识世界和中国发展大势是从全球视野和社会历史的角度来分析局势，正确认识中国特色和国际比较是从本土情怀和民族国家的视角来比对判断，正确认识时代责任和历史使命是从历史所托和当下所需的角度来肩负重任，正确认识远大抱负和脚踏实地是从人生价值和知行合一的角度来阐释路径。中国特色高校德育工作体系要将"四个正确认识"作为切入点，并对青年学生思想政治工作提出明确要求。

正确认识世界和中国发展大势是高校德育工作的航标。世界和中国发展的大势就是"两个必然"，即人类社会发展的必然性和中国特色社会主义发展的必然性。高校德育工作要旗帜鲜明，坚持马克思主义为指导的中国发展大势，以社会主义核心价值观为主要内容，不断树立为共产主义远大理想和中国特色社会主义共同理想而奋斗的信念和信心。

正确认识中国特色和国际比较是高校德育工作的基石。经济全球化带动了文化全球化、教育全球化，当今世界的发展已经离不开中国，中国的发展也离不开世界，高校德育工作要引导学生充分认识中国特色社会主义的优越性，增强大学生中国特色社会主义道路自信、理论自信、制度自信、文化自信，同时要培养大学生的国际视野和辩证思维，以理性客观的态度看待问题、认知世界。

正确认识时代责任和历史使命是高校德育工作的重要指南。正确认识时代责任和历史使命最主要的就是要认清当前中国的建设目标，即实现中华民族伟大复兴。高校德育要植根于改革开放的伟大实践，以学生为主体，坚持价值引领，创新方法，营造德育氛围，不断增强德育工作的吸引力和感染力，使得大学生将社会主义核心价值观内化为自我的道德修养，外化为将个人理想追求融入国家和民族的事业中的切实行动。

正确认识远大抱负和脚踏实地是高校德育工作的引擎。正确认识远大抱负和脚踏实地就是要引导学生树立实现中华民族伟大复兴的理想，同时要将理想付诸行动，自觉将爱国之情、报国之志转化为勤学钻研之行、报国奉献之行。对此，高校德育工作要引导青年学生，坚持把理想竖立在建设祖国的大地上，把梦想放飞在民族进步的进程中，坚持理论联系实际，理想结合实践，在奋斗中实现人生的伟大志向，实现民族的伟大复兴。

三 立足中国本土的德育解决方案

中国特色高校德育工作体系要立足中国本土、立足中国国情、立足中国特色社会主义的根本制度。"我们要建设的是中国特色社会主义，而不是其他什么主义。历史没有终结，也不可能被终结。中国特色社会主义是不是好，要看事实，要看中国人民的判断，而不是看那些戴着有色眼镜的人的主观臆断。中国共产党人和中国人民完全有信心为人类对更好社会制度的探索提供中国方案。"[1] 这里的"中国方案"就是特指中国特色社会主义。中国特色高校德育工作体系就是要在借鉴世界先进经验、整合各类资源形成德育合力的基础上提出解决德育问题的中国方案，是具有内生动力的生命体系。

立足中国本土的高校德育解决方案，一是要在大学办学方向上，坚持社会主义办学方向，扎根中国大地办好中国特色的社会主义大学，这就要求要坚持中国共产党的领导，提出建设世界一流大学的"中国方案"，形成建设世界一流大学的"中国经验"，走出一条一流大学建设的"中国道路"。二是在大学治理模式上，不同于美国的董事会领导下的负责制，不同于英国的学院制，也不同于法国的校务委员会领导下的校长负责制，而是要坚持和发展党委领导的校长负责制，这是中国特色社会主义大学制度的核心内容。三是在人才培养目标上，坚持"立德树人"根本任务，培养德才兼备的社会主义建设者和接班人，积极发掘和弘扬中华优秀传统文化，自觉抵御错误思潮的

---

[1] 习近平：《在庆祝中国共产党成立95周年大会上的讲话》，《人民日报》2016年7月2日。

渗透和侵蚀，开展社会主义核心价值观教育。四是在育人方式下，坚持全员、全过程、全方位的育人模式，实施"共同体"育人，促进大学生全面健康发展。

第四节 高校德育共同体的发展要求

高校德育共同体不仅具有学术共同体和学习共同体的固有属性，更是将立德树人作为高等教育的根本任务和人才培养的中心环节，这是由中国特色社会主义大学的本质属性所决定的。这意味着高校要坚持马克思主义指导思想，坚持中国共产党的领导，坚定社会主义的办学方向，主动承担起实现中华民族伟大复兴中国梦的伟大历史使命，立足于立德树人的根本要求，从高校德育的对象、目标、内容、场域和路径等方面实现德育共同体的自我发展。

一 德育对象凸显主体意识

高校德育共同体要求德育工作将大学生由被动的参与者变为良性互动者和主动建构者，凸显德育对象的主体意识。这就需要构建一种主动性、参与式的"主动生成"的德育实践模式。

尊重大学生的主体性。大学生作为德育的主体，通过自身的实践，如自觉学习、生活体验、共同体活动等的道德实践，经过一定的情感体验，独立做出道德判断和道德选择，进而能够自主地调节自己的道德行为，在实践中完善自己的品德，丰富和发展道德规范，在完善中求得情感的愉悦与人格的升华，更求得自身社会价值的提高。

关注大学生的个体差异性。在德育工作过程中，要重视大学生的自由选择，培养其道德选择能力，进一步凸显其德育主体意识，建成良性的师生互动模式。教师要成为课堂的组织者、参与者、引导者，创设师生互动的情境，进而使大学生逐步成为课堂的主动参与者，激发学生的主动性和参与性，构建良性互动的师生关系。

二 德育目标强调人的全面发展

高校德育共同体在目标上要求德育工作回归"关注人、培养人、发展人",最终促进人的全面发展。为了实现所有人的全面发展,首先必须实现单个人的全面发展。因此,人的"全面发展"并非同质化的均衡发展,而是异质化的个性发展。而"全面"也并非一个完整的过程,是一个逐渐生成的状态。总之,所谓"人的全面发展"即是指每个人都能得到的平等发展、完整发展、和谐发展和自由发展。人的全面发展的过程是一个不断接近和达到理想目标的历史过程。而中国特色的高校德育工作目标正是要强调"人的全面发展"和"道德品性的交互协同",从马克思主义以人为本的基本立场出发,将大学生的自由全面发展定位为自己的根本宗旨与目标。

三 德育内容注重结构化建构

高校德育共同体在内容上不应该只限于传统的"知识体系",而是应该对知识体系、情感体验和认知结构进行结构化建构。

知识体系是对德育内容进行结构化构建的基础,生成道德行为的前提和基础,也是大学生道德形成和发展的前提。尽管传统的以知识传授为主的德育内容有诸多弊端,但要解决这些弊端,并不意味着要摒弃知识体系,而是要进一步优化知识体系,构建基于生命、生活和生存的知识体系。中国特色社会主义大学除了传授基本的知识技能、科学理论,更要构建基于生命、生活、生存的德育知识体系,引导大学生进行主动建构,从尊重生命开始,进而反思自我的生存状态和生存价值,最终实现共同善[1]。情感体验是建立在知识体验之上的,通过情景教学、现场教学、角色体验等创设情感交流和体验的情境,在情感体验中培养道德情操,提升道德境界,生成道德行为,构筑精神

---

[1] 任少波、吕成祯:《德育共同体:中国特色社会主义大学的新认知》,《浙江大学学报》(人文社会科学版)2019年第5期。

家园，追寻自我价值的实现。

认知结构是对知识体系和情感体验的升华，是通过知识的体系和情感的体验，使学生认识、体验并最终掌握其内容，根本目的在于让学生掌握建构意义的方法。

由此可见，这三者是一个不断递进升华的过程。知识体系是情感体验的重要基础和重要条件，这两者又同时作用于认知结构，最终通过知识的习得和情感的体验，使学生生成认知结构。

四　德育场域回归"生活世界"

高校德育共同体在场域上要求德育工作回归"生活世界"，在现实的生活世界中完成。"生活世界才是人生的目的、意义和价值的来源，奠基于生活世界的实践之上，理论、科学及其他的观念化成果才得以可能。"[①]

回归"生活世界"，就是要尊重"生活世界的整体性"，不仅建构在"日常的生活世界"中，更要建构在"非日常的生活世界"中。如哈贝马斯所说："道德反思渗透于生活世界的每一个要素的功能之中从而推动整个道德生活持续的合理化，只有在生活世界中，平等交往的主体之间达成的价值共识能构成道德原则的普遍有效性基础。"[②]

回归"生活世界"的高校德育场域，一是要进一步丰富课堂的主渠道功能，从中寻找发掘丰富而生动的教育资源，根据时代的发展和大学生的特点突出生命的可贵性、生存的现实条件和生活的多样性，并选取与之相适应的德育内容。二是要体现"生活世界"的生活化，让学生在真实的生活情境和体验中，能够形成一种独立自主的思想意识，使每一个学生都能通过体验、感知和反思发现、发挥和加强自己的创造潜力，进而让学生在不知不觉中受到熏陶和感化，最终实现知

[①] 张彤：《胡塞尔的生活世界学说 对欧洲科学危机问题的思考》，《北方论丛》2011年第5期。

[②] 唐涛、陈中建：《个性·权力·传统：哈贝马斯面向生活世界的道德反思》，《求索》2013年第6期。

识的内化、道德思想的升华、情感的共鸣和自我的全面发展。三是要向网络等新领域延伸，在个人电脑、移动手机等逐步成为大学生生活必备品的前提下，高校德育工作者要积极占领并构建网络德育阵地，既要防止敌对势力在意识形态领域对大学生的渗透，也可以通过网络德育使大学生在上网的过程中受到潜移默化的熏陶。

五　德育路径强调"内化于心、外化于行"

高校德育共同体在路径上要求德育工作不论是角色德育，还是团体德育，抑或是实践德育，都是强调在体验的过程中潜移默化地达到育人的效果。"化人"就是在德育过程中塑造人、熏陶人、培养人、武装人、引导人，使人按照一定的方向发展。"化人"之"化"并不是教化，而是育化、养化和同化，具有自然性、潜在性和浸润性。因此，"化人"式的德育，其途径并不是教人知识、道理和规则；而是使人受到浸润、感染和启迪，在德育过程中去主动生成道德品性。

角色德育强调在角色中历练，是一种内化性的德育方式，学生通过扮演不同的角色，在角色体验中逐步掌握不同角色的规范，增强道德价值认同。团体德育注重大学生在团体中的成长，强调让学生在以主体培育、情境营造、手段改进等为主的团体活动中参与和体验，进而通过团体活动来承载德育、催生道德品性。实践德育强调在实践中的收获，德育内容内化于心和外化于行的过程都离不开实践，是内化和外化的重要媒介。因此，"化人"式德育的一个重要途径就是同化，主要包括"认同"和"转化"两个环节："认同"就是内化于心的过程，强调对于文化的接纳程度，是"化人"的起点；"转化"则是外化于行的过程，强调的是对人的熏陶和启迪，是"道德品性"催化的过程。

生机勃勃的新时代高等教育正向我们走来。当前，我们正从高等教育大国向高等教育强国迈进。高等教育入学率的提升，各层次高等教育体系的建立，"双一流"建设号角的吹响，无不昭示着一个伟大民族在世界舞台上的冉冉升起。尤其是在经济快速发展、信息浪潮澎湃的今天，回归教育的初心，促进人的全面发展依然是时代的主旋律。对高校来说，高校德育共同体不仅是德育的对象、目标、内容、场域以及路径的再认识、再反思和再探索，是高等教育改革发展的题中应有之义，更是促进大学生健康向上发展的必然要求。

第八章　新时代高校德育工作实践案例与启示

世界正经历百年未有之大变局，各种意识形态的渗透潜移默化地影响着人们的价值观念、行为方式、思想理念，加强公民道德建设、提高全社会道德水平是促进社会全面进步、人的全面发展的必然要求。中共中央办公厅、国务院办公厅《关于进一步加强和改进新形势下高校宣传思想工作的意见》强调："高校作为意识形态工作前沿阵地，肩负着学习研究宣传马克思主义，培育和弘扬社会主义核心价值观，为实现中华民族伟大复兴的中国梦提供人才保障和智力支持的重要任务"[1]。高校道德教育在公民道德建设中占有重要地位，面对日益复杂的形势和考验，高校德育实践的创新势不可挡。新时代高校的德育工作应该将"三全育人"作为人才培养的出发点，构建"十全育人"体系。

本章从全国各大高校基于新时代背景下做出的一系列的德育实践工作出发，探析其长处与不足，从中寻找共性的部分，以此为我国高校德育工作的全面开展提供参考。

案例一："互联网+德育"

一　案例综述

互联网技术的发展为我国高校德育工作提供了新思路，许多高校

---

[1] 中共中央国务院：《关于进一步加强和改进新形势下高校宣传思想工作的意见》，中办发〔2014〕59号，2015年1月19日。

使用云计算、大数据、移动互联网和物联网技术推进"互联网+德育",促进了互联网与高校德育的融合与创新。风险与机遇共存,"互联网+德育"也面临着许多挑战,尤其是如何利用互联网探索高校德育模式路径成为亟待解决的问题。当前,全国高校在"互联网+德育"的道路上不断摸索前进。

(一)建好学生喜爱的主题教育网站

"互联网+教育"的一个重要成果是产生了慕课,即通过大规模在线教育形成"共享名师和优课"模式。慕课自2012年出现,课程数量在全球呈飞速增长的趋势。"云课堂"将云端上课变为现实,教师运用直播的方式讲授课程,根据全国各地听课学生的视频反馈情况,及时调整授课方式。清华五道口云课堂于2020年2月底上线,经过持续迭代,从最初的公益学习计划成长为清华五道口推进金融教育普惠的综合学习平台。这些优秀的在线教育和推广新平台的建立巩固了在线思想政治教育和文化推广的地位,营造了在线文化教育氛围,创造了社会主义教育核心价值观的有效协同作用。

很多高校还举行线上讲座,将"育德"与"育识"相融合,将对学生理想信念、价值观念的塑造,优秀品德、文化精神的弘扬和诠释融入对专业知识的讲解中。如山东大学举办的"景行"大讲坛以"仰望高尚的品德,践行人生的光明大道"为宗旨,开展立德树人主题教育,在2020年爱国主义线上教育讲座的基础上,结合党史学习教育和"十四五"发展规划的要求,将党史教育与校史教育、学科史教育有机融合,打造特色德育工作品牌。

(二)建好功能多样化的网络社区

为充分发挥新媒体平台对高校思想政治工作的促进作用,推动高校公众号成为思政教育有效载体,2021年5月,中央宣传部、中央网信办、教育部、共青团中央对重点建设一批优质高校思政类公众号工作进行安排部署。此次公布的"首批高校思政类公众号重点建设名单",包括"清华大学""北大青年""中国大学生在线"等公众号,为网络思政教育增添了新力量。

2020年，清华大学官方抖音账号正式上线，开通当天即吸粉37万，成为学校宣传的重要平台之一。2021年，清华大学正式入驻快手短视频平台，发布了第一支短视频"在清华读书是什么体验"，涨粉近10万。学校党委宣传部大力推进校内媒体平台建设，从报、网、台等传统媒体到微博、微信、今日头条、人民号等资讯平台，再到抖音、快手、Bilibili、梨视频、央视频等视频和短视频平台的相继入驻，持续打造全方位一体化的校园媒体矩阵，全方位展示多彩校园生活、讲述清华百年历史和传递清华人积极向上的精神风貌。短视频活泼、形象化，更易接受、更具象，深受年轻人喜爱。因此，短视频平台已经成为高校网络思政育人载体和新媒体阵地的重要组成部分。

由于网络平台的建构，毕业生就业难的问题也得到了一定的缓解。针对新一代年轻人普遍通过互联网尤其是新媒体获取信息的特点，北京大学的开发人员站在用户的角度优化信息平台，加大了电脑端和移动端信息平台的建设力度。对学生、教师、用人单位和校友等不同用户，开发设置了不同的后台管理系统。在基本的招聘实习信息发布和通知公告发布的功能之上，集成实现了毕业生就业信息填报、职业咨询预约、招聘活动申请、笔试预约和面试预约等功能。受新型冠状病毒疫情的影响，为了让毕业生能够远程高效地办理各类就业手续，北大就业中心需要完成线上双选会系统建设，2020年2月17日，开学第一天，国内高校唯一一家自主研发的线上双选会系统在北大上线，该系统实现了毕业生线上编辑简历、一键投递简历、与用人单位线上互动、在线面试等功能。

国内各大高校大力推进信息技术改革，不断实现课程结构和信息技术的深度融合，并加强了学生网络素质课程的开发。不仅满足了学生的个人学习需求，还使学生能够在数字教室环境中扩展他们的知识和技能。而新媒体新技术的应用使得高校思想政治教育工作活起来，增强了时代感和吸引力。

（三）提升学生网络技能和素养

国内高校为响应国家的网络文化文明建设计划，大都举办了一系列利用网络进行文学、话剧、微电视、微视频等创作的校园活动。如北京大学实施"网络育人系统工程",2015年创建的"新青年网络文化工作室"入选教育部首批大学生网络文化工作室,并率先在全国高校连续四年举办"校园网络文化节"、评选"网络新青年",推出"阅读马拉松"等品牌活动。清华大学"深耕计划"以来,开设了学习党的十九大精神、宣传工作与网络思政、党政机关公文写作、"讲好清华故事"主题演讲比赛等活动。在新中国成立70周年之际,为更好地纪念"一二·九"学生爱国运动,进一步深化主题教育的价值导向,引导广大研究生同学知史爱党、知史爱国,围绕立德树人根本任务,清华大学各院系积极策划开展"一二·九"主题教育"四部曲"活动,分别以"青春告白祖国""青春建设祖国"为主题开展两阶段党团日活动50余场。

除了高校内部举办的活动,教育部带头推动思政课与文化融合,举办了大量的面向全国高校的文化艺术活动。以"庆祝改革开放40周年"为主题的第二届全国高校大学生思政课艺术作品展,鼓励支持艺术类专业学生结合思政课教学内容,开展文化艺术作品创作,引导学生坚定理想信念,传播青春正能量;以"我心中的思政课"为主题的第二届全国高校大学生微电影大赛,鼓励支持学生以"我心中的思政课"为主题,用微电影的方式,展现学生心中理想的思政课,呈现思政课学习过程中的精彩故事;以"昂首复兴路·最美新时代"为主题的第二届全国高校大学生讲思政课公开课,鼓励支持学生在思政课任课教师指导下组建团队,围绕思政课课程中的有关章节或专题进行教学设计、开展教学,引导学生深化对思政课教学内容的认识,展现了当代学生的马克思主义理论素养和精神风貌。这一系列优秀文化活动和文化品牌的打造,既传递了校园正能量,弘扬了社会主旋律,又提高了大学生思想政治教育的效果。

(四)提高办事效率和服务质量

随着互联网在人们生活中越来越广泛地应用,我国的高校管理服务也越来越多地与互联网技术相结合。清华大学在2019级迎新活动中，运用了5G、无人驾驶、4K/8K高清视频传送、物联网、VR、边缘计算等多种新技术，搭建4K清晰大屏，将新生报到的画面通过5G网络传到屏幕上，以5G和边缘计算技术进行相关的信息处理与计算达到人脸识别的目的。学生的宿舍管理也更加智能化，清华大学智能门锁可以实现校园一卡通刷卡开门，管理人员通过刷卡记录掌握学生的住宿生活行为规律。如遇重大灾害，管理人员可及时远程开锁实施安全救援。北京大学于2019年建立网上办事大厅，学校大多数部门都在"大厅"内入驻，审批服务事项均可在云端完成，极大地节省了师生现场处理业务的时间。在新型冠状病毒疫情的影响下，为了进一步方便全校师生的校园生活，北京大学计算中心在2021年配合校医院开通了在线查询核酸检验报告、在线打印办理疫苗接种证明的功能。同年，北京大学正式推出了数字校园卡服务，师生只需一部手机即可实现门禁、就餐、消费、图书借阅等功能。

科技改变生活，网上办事大厅和数字校园卡服务的推出让德育课堂管理也更加便捷，上课点名、签到、作业等活动均可以在线上完成。智能化的管理除了极大地便利了师生的日常生活之外，更是让管理更高效。

二 案例特征与价值

在此案例中，部分高校以新兴的互联网信息技术为先驱，坚持利用信息技术促进高校德育实践网络化。在社会主义核心价值观的指导下，高校充分利用信息技术和资源，努力建设德育互联网平台，有效利用文化互联网传播优势，在建设校园文化中树立网络根基，创造性地将公民意识与网络思想融为一体，提高了高校德育的有效性和吸引力。

学校利用信息技术促进学生思想政治教育的创新发展，既符合"互联网+"时代的发展趋势和要求，又满足了学生互联网生存状况的需要；既拓展了德育内容的资源，也有助于提高德育实效，为高校德育创造了新的平台，促进了高校德育的共同繁荣和资源共享，扩大了高校德育活动的辐射范围。

三 案例思考

本案例是学校面对"互联网+"时代带来的机遇和挑战,主动探索高校德育实践创新路径的经验做法,目前已经取得阶段性的成绩和效果。结合案例的特征,本书认为"互联网+"时代高校德育实践创新有以下几点值得思考:

第一,在研究网络德育活动的深度整合中,高校必须准确把握时代发展的方向,掌握话语权,在德育活动中占主导地位和主动性,引领主流的价值取向。其中,根据最新的政策内容和时事了解德育内容的方向是互联网背景下高校德育实践创新工作的重点。它在促进德育工作人员与学生之间的互动教育以及提高互联网环境中学生的整体素质方面起着非常重要的作用。在信息爆炸的今天,如何把握时代方向,使学生树立社会主义核心价值观是高校需要考虑的问题。

第二,互联网的广泛使用改变了传统面对面的交流方式,网络化社交使大学生能够跨越时空界限进行交流,每个人都可以参与信息的生产和传播。在这种新形势下,要实现高校德育实践的创新,必须要在互联网上建立德育资源,尊重大学生的实际需求,注重传播内容的互动性,提高亲和力,加强高校德育活动的实效性。

第三,高校德育实践的创新从来都是应该围绕学生的特点和需求开展的,"互联网+"时代学生们生活方式网络化、信息化的特点决定了高校德育实践要以信息化的方式不断提升德育效果,而信息化管理服务过程也使得德育过程更加的规范。信息化的管理服务改变了以往依靠人工进行管理的方式,信息技术的介入使德育过程更加科学,学生在德育过程中的成长痕迹被详细记录、清晰可见,德育过程更加的严谨和规范。截至2021年,我国共三千多所高校,并非所有的高校的德育建设都达到了较高的水平,甚至有的高校德育建设还处于初级阶段,更别提德育过程规范化了。德育过程在规范化的道路上还有很长的一段路要走。

第四，思想引领的朋辈素养有待提升。正如《荀子·劝学》中所说，"蓬生麻中，不扶而直，白沙在涅，与之俱黑"①，大多数学生在青少年时期的世界观、人生观、价值观尚未成型，思想道德和各方面的素质都易受影响而出现偏差，因此，教师的思想引领和朋辈的感染对学生德育的效果至关重要。高校德育实践的创新要加强德育工作队伍素养及学生群体整体素质的提升，培养广大德育教师的创新意识，通过学生喜爱和习惯的途径，如微博、微信等新媒体，深入学生群体中开展工作，加强对学生的思想引领和指导。除此之外，要不断提升学生道德素养，选拔培养优秀的学生骨干，作为意见领袖在学生群体中发挥引领作用，及时检测、发现和报送学生群体中的思想隐患，营造良好的朋辈道德成长氛围，切实提高学生群体的道德素养。

第五，"互联网+"时代的信息爆炸和多元化的价值观文化给高校德育实践提出了前所未有的挑战，学生价值取向的选择困惑现象频发。传统的高校德育过程中，由于德育内容的相对单一和稳定，学生的学习选择显得很简单，即老师怎么教就怎么学，不会存在更多的选择和可能。而"互联网+"时代带来了信息全球化的飞跃发展，思想观念和价值文化的发展与传播具备了超乎想象的活力，多元化的选择一方面有益于培养高校学生的开放态度和人文精神，另一方面，面对如此精彩、新奇和繁华的网络世界，多元的价值文化并存，让学生们往往眼花缭乱、不知所措，经常被价值标准混乱、价值选择迷惘所困扰。

四 案例启示

根据以上案例，不难得出如下启示。就互联网和德育之间的关系来说："互联网+"时代高校德育实践的发展和创新，不仅是时代的要求，而且是满足高校舆论，维护互联网秩序和利益的内在必要性。保持德育实践的先进性、有效性和德育过程的科学性，促进了大学德

---

① 荀子：《劝学篇》，吉林出版集团有限责任公司2011年版，第67页。

育实践过程中各个环节的整体优化是确保在"互联网+"时代的创新发展中,高校德育实践的方向变得更加精确、强大和更加自信的唯一途径。

(一) 建立"O2O模式",增强德育课程吸引力和实效性

长期以来,大学道德教育课程一直试图使学生遵循课程领导的方向。但是,随着互联网的发展改变了世界,传统课程的吸引力大大降低,德育课程的有效性也受到挑战。建立德育课程"O2O模式"是要充分利用互联网连接、开放集成和综合信息的优势,利用云计算和云平台技术交付在线德育课程。建立丰富、生机勃勃的德育课程资源,及时整合和反馈学习评估,有效促进德育课程向更加人性化、个性化和有效化发展。

1. 构建人性化的学习内容

O2O高校德育课程是O2O模式的创新重点之一,是传统课程的内容和形式与学生不断变化的认知需求之间矛盾的解决方法。随着"互联网+"时代的到来,人们的行为和生活方式发生了前所未有的变化。在高校中,学生的认知规律和学习习惯也发生了巨大变化。传统德育课程的内容越来越难以适应这种变化。"O2O模式"中的德育课程内容的构建主要基于新兴的信息技术。德育内容和资源是"装在新瓶里的老酒",使德育资源以崭新的面貌出现在学生面前,并利用云计算和云平台技术将德育内容发布到网络上并向学生提供随时随地学习的机会,调动学生的兴趣和热情。基于课程"O2O模式",需要做到以下几点。

一是建设丰富生动的德育内容。传统德育课程的大多数内容给人以死板的印象,特别是考虑到互联网上海量信息资源和多元文化主义的爆炸式增长,学生接触到的各种信息越来越时尚和生动,传统德育课程的内容也应该越来越时尚和生动。寓教于乐是道德教育活动的初衷,它注重经验和知觉。基于此,"O2O模式"德育课程内容的创建应充分利用新兴的信息技术来重新包装德育内容。例如,使用音频、视频、动画、PPT等多媒体形式创建课程内容,或创建轻松有趣的课程以获取操作经验，引导学生以任务导向的方式掌握知识，并得到有效反馈使道德养育过程得以体现。

二是根据学生的学习习惯，建立德育内容。随着互联网学习功能的不断发展，以教师为中心的学习方法已经发生了根本的变化。学生可以根据"传统"学习方法，随时随地使用互联网进行独立学习。德育课程的"O2O 创建内容"模拟器是基于学生分散的学习习惯而建立的。道德学位课程的内容分为几个与知识问题相关的部分，以便学生可以使用互联网随时随地学习，分散的学习时间可以极大地提高学习效率。

三是选择正确的教育资源。创建"O2O 模式"德育课程的内容时，应注意增加在线和离线德育资源。老师为在线课程提供适合课堂教学的教学资、学习材料、电子书、音频和视频文件。根据学生的学习特征和偏好以及在线学习和离线学习之间的关系映射，来选择教育内容、道德资源和学习方法。这种选择道德资源进行道德教育的方法更适合于学生的学习法则，并且可以在理解道德教育的内容方面带来更好的结果。

2. 满足个性化的学习需求

高校德育课程的"O2O 模式"是在信息技术引领下，在传统德育课程的基础上，将传统德育课程从线下转移到线上。增加在线和离线学习可以进一步提高学生的学习自主性，学习路径的多样化和学习进度也可以更多地考虑每个学生的实际情况，从而提高学习的活力和效率。

一是学习路径的个性化。德育课程的"O2O 模式"将传统的课堂教学转变为针对学生的学习方式。每个学生的基础知识、认知能力和学习兴趣都不同，这就是要根据学生的能力来教他们的原因。以"O2O 模式"授课的课程利用了云端的众多课程资源，教师将设定共同的目标和学习要求，而不是限制相同的学习进度。如标准的教学要求。通过教学过程，学生可以根据自己的兴趣、喜好、学习习惯、技能和其他个人差异来设计和选择学习时间、地点和时间表。完全按照学生的行为方式行事，打破了过去在德育过程中学生的消极处境，他们可以选择自己的顺序和学习路径，并满足个人的学习需求和差异。

二是线上线下相辅相成。德育课程"O2O模式"是典型的混合模式。在线和离线学习是学习德育课程的核心。这些课程包含离线教师和学生的个人内容，在线课程的自学相互补充。这就为学生学习提供了更多选择，同时也为教师提供了更多设计道德教育课程的机会。教师可以鼓励学生通过在线学习的自定进度，按照自己的节奏完成一些学习内容。这可以增加离线课程中的师生之间的互动，从而有助于提高课程质量。

3. 确保全方位的学习评价

道德教育课程的教学必须最终转化为学生对学习的理解和对道德教育内容的理解。传统德育课程的教师在课堂上授课，无法及时掌握学生的学习效果，也无法理解学生学习的差异。考试或课程论文无法准确反映学习效果。"O2O模式"的德育课程利用互联网信息化的管理优势，跟踪学生的学习过程，及时评估学习效果，并智能地支持存档学习过程。针对个人课程进度，师生之间可以及时互动。及时评估学习过程大大提高了德育课程的有效性。

德育课程"O2O模式"使学生能够根据预设的学习过程在学习系统的智能分析指导下逐步完成学习内容。该系统使用测试工具和方法手段即时显示学生的学习进度，并指示下一个学习计划，以确保每个学生完成在线学习。教师可以根据课程情况安排在线和离线学习内容，通过在线知情学习日志系统，准确记录每个学生的学习过程和轨迹，了解学生的学习习惯和一般问题，在下一堂课中讲授并专门解决。此外，来自学生的在线学习数据的"托管"不仅是对学生学习过程的监控和评估，更是师生互动的平台。若遵循传统教室中的一对多教学模式，大多数学生无法与老师进行一对一交流，并且大大降低了道德教育的效果。在线学习打破了时间和空间的界限，并提供了更多的师生之间的交流。开放和自由的师生互动更符合德育实践活动的基本要求，大大提高了德育课程的教学、学习和体验效果。

(二) 利用新媒体平台,增强德育实践的话语权和感染力

随着"互联网+"时代的到来,人们的日常生活越来越依赖于互联网,而传统媒体在人们的生活中所起的作用越来越小。特别是在具有最活跃的思维和学习技能的师生群体中,传统媒体的范围和影响正在缩小,而大学教师则是最活跃和最广泛采用新媒体技术的群体。在高校德育实践中,德育环境对德育实践的效果具有重要影响。德育环境渗透、引导和调节着学生的思想品德、道德素质和行为规范。在"互联网+"时代,新媒体已在很大程度上取代了传统媒体,这种趋势对学生的行为产生了深远的影响,已使新媒体平台成为道德教育实践的重要工具。如何利用新媒体技术加强高校德育工作新媒体载体的建设,提高高校德育工作在学生网络生活中的话语权和主导力,增强高校德育工作的吸引力,促进高校德育实践活动的开展,成为高校德育实践创新的重点。

1. 发展大众化的德育阵地

在"互联网+"时代,在万物互联和跨境融合的政策和市场决策中,人们的生活方式发生了巨大变化,现实生活已被更便捷的互联网方法所取代。如果仔细观察和总结我们的生活,就会发现传统的报纸、书籍、杂志、布告栏已经可以被互联网所取代。随着移动通信技术和互联网技术的发展,学生使用移动互联网终端更加方便。学生可以使用手机等移动设备进行信息、休闲、娱乐以及人与人之间的交互。可以看出,互联网几乎已经成为学生获取知识和扩展思想的最重要平台。高校传统的德育体系已经不能满足学生成长的需要,新的德育体系正在迅速兴起。使用新的"互联网+"时代媒体技术来推动德育工具的发展是确保德育实践对大学产生影响的最佳选择。

首先,移动互联网终端、移动客户端和应用程序(App)已经成为学生互联网生活的重要媒介。学生熟悉生活和交流的工具的形状和样式的使用。在访问互联网时,高校道德培训必须考虑道德教育的问题。创建一个应用程序将根据所需的学习方法和学生特点显示德育的内容,从而增加学生对学习内容的偏爱。

其次，目前微博、微信等新媒体已成为学生表达意见、交流情感、人际交流、休闲娱乐的主要平台。高校应充分利用互联网的普遍性，在这些平台上建立学校官方的账号，以使用这些新材料在学生的思想教育中发挥作用。亲密感、理解力和欣赏力的存在可以使德育变得真正地引人入胜。

2. 打造高质量的德育平台

话语权的斗争主要是关于如何吸引学生的注意力和德育的内容，以及德育学校的集体思想在创建学生德育方面的主导作用。作为德育的重要手段，新媒体平台将成为高校德育话语权的主战场。在新的媒体平台上，在道德教育实践中争取话语权的斗争应从"吸引力"和"依恋"两个方面开始。

首先，如何吸引学生使用大学建立的新媒体平台。高校首先应该考虑的是对"互联网+德育"的探索和创新。高校应鼓励学生在新的媒体生活平台上建立德育服务，让学生始终站在大学德育实践的触角上，因为学生在日常生活的浏览中总能有感兴趣的德育相关内容。道德教育的声音是润物细无声的、是无处不在的。德育平台的构建需要指导机制和智能计划的约束。根据对学生浏览学校相关网站的客观调查，浏览"学校思想和专题教育指南"内容的学生的数量并不乐观，而浏览生活的"必需品"的学生群体数量却十分庞大。因此，高中应将与学生在校园的学习和生活有关的教育新闻和管理服务内容纳入新的媒体平台。例如：学生课程选择、结果查询、信息注册、教学考试、学期总结、道德评估，奖学金和助学金申请、重要文件的出版等。这些新的内容增加了学生的教育管理的内容，获得了便捷有效的结果，使学生不得不参加主流系统。若学生主动进入大学的新媒体平台，就能浏览到有关德育教育的信息，并引起学生对教育平台的关注。新主流媒体媒介为德育教育创造了有利条件，在高校德育中发挥了重要作用。

其次，如何使学生在新媒体上的德育平台上稳定下来？新媒体德育平台的最显著的特点就是"改变了以往德育工作的面貌，将原来的德育说教变成一种媒体环境和文化，通过环境和文化的营造，让学生自主选择教育内容，通过新媒体达成师生的平等对话和互动交流，有效提升德育实践效果"[①]。学生之间的平等对话和互动交流大大提高了道德培训的效率。高校正在以新的媒介搭建德育的新平台，以下是具体的几个方面。第一，在尊重学生人格发展的基础上，不断提高微信官方德育网络文化的质量和深度。学校官网、微博、微信等新媒体平台在发布内容时应更加诚实和信息丰富，以便学生可以更轻松、更直接地阅读主流媒体。第二，应该对师生进行有意识地训练，使其成为校园内的网络专家和思想领袖。充分利用微博、微信和客户的领导作用来参与讨论和回应。第三，让老师，学生和员工发表评论，喜欢并分享核心主题的道德研究内容，创建一个干净的、道德的和精神的媒体网络环境。学生们会在新的媒体平台上获得满足感并感到自在，并逐渐养成从微博、微信等新媒体浏览这些官方账户的习惯。

（三）利用大数据分析，保证德育过程精细化

随着"互联网+"时代的到来，人们的行为和活动与互联网有着千丝万缕的联系，并且在先进的信息技术的支持下，人们生活中的几乎所有活动都可以以信息的形式反映出来。

大数据技术为高校德育实践的创新提供了革命性的技术支持。学校可以通过科学、快速的数据以数据形式动态收集和掌握每个学生的学习、生活、运动、娱乐和其他行为信息并进行分析。该分析反映了学生的行为和心理状态，并在高校德育过程中提供了及时的警告和提醒，以确保德育过程中决策的正确性。同时，高校可以通过创建利用互联网信息技术强大的计算机功能和智能分析功能的数字分析模型来检查、分析和处理学生的成长过程。数字模型的智能辅助功能已经真正成为一种学校德育实践智囊团，有效地保证了德育过程的精细化和准确性。

---

① 李刁：《"互联网+"时代高校德育实践创新研究》，博士学位论文，华中师范大学，2019年，第106页。

1. 大数据分析驱动德育过程精准决策

当前，随着我国社会信息化程度的不断深入提高，大多数高校已开始建设校园信息化。例如，校园一体化地图等信息化建设项目、用于高校德育实践的教育管理服务等系统。高校应继续利用"互联网+"时代的思想和技术优势，进一步促进学生校园行为数据的收集。依靠权威的数据支持，为道德上的精确决策创造可靠的基础，通过智能大数据分析功能进行教育过程。首先，为学生的行为创建一个可靠、动态且可互操作的基础数据库。学生行为的基本数据库是大数据分析的来源。高校应在学校整体发展战略的高度建立大数据思维，在校园内开放和连接"信息孤岛"，并确保学生行为数据库的唯一性和权威性。通过数据分析确保大数据的准确性。学校需要改进基础数据收集平台的设计，及时收集、存储、更新和组织学生行为数据，并保持动态和动态的数据收集，以确保基础数据库的有效性。学校需要统一思想和节奏，以实现学生学习、生活、练习和娱乐各个方面的数据的垂直和水平互连。通过连接所有学生行为数据，可以在学校中实现学生行为数据的完整性。

其次，建立一个智能分析和预警系统，并及时推广。数据分析和决策支持是大数据的基础。可以说，"互联网+"时代的所有学生行为都可以用数据来描述。原来的高校德育实践中对学生行为的全面管理，不仅难以及时发现学生成长中的困难和隐患，而且德育人员经常通过学生报告、亲身经历来对学生进行干预，教育效果十分不理想。高校应充分利用大数据技术，建立智能分析和预警系统。该系统依赖于可靠的、动态的且可互操作的基本学生行为数据库，用以了解学生的学习行为基本个人信息数据。通过比较和分析日常运营数据和其他大量数据，充分发挥学生个人成长数据的整体效果，充分准确地反映学生行为和思想的实际状态，将学生行为的概念表示进行可视化，并在基于数据的实践中转化为可靠的经验决策。同时，高校应完善智能分析预警系统的及时推送功能，并将分析结果和预警信息传播给予个人成长有关的父母、老师、同学及其他德育工作团队，动态地实现学生的个人成长过程。适当的监控和干预真正使每个责任者都能陪伴和培育学生的成长,并确保他们健康地成长和发展。

2. 数字化模型彰显德育智库的科学力量

"建立数字化模型"是时代创新型高校德育实践的重要举措。"互联网+"要求正确使用云计算大内存及互联网信息技术来了解学生的成长和发展状况。

整合大学德育过程的智能分析。数字化和规范化减轻了德育工作人员的负担和压力,并提高了德育实践的细化度和有效性。高校德育活动的规律性与互联网信息技术的智能相结合,为实践德育创造了思想库。

高校应该认真建立道德教育实践的数字化模型。数字建模旨在解决潜在的经济问题、学术问题、心理问题、大学安全以及学生面临的其他常见问题。在德育实践过程中创建管理模型和决策模型,包括建立科学的初始环境和操作过程的标准。从学生成长数据库中提取一致的行为数据,并经过详细分析,可以真实反映学生的状况。

案例二:"新育人模式"

一 案例综述

"新时代我们坚持着新时代中国特色社会主义思想,坚持'五位一体'和'四个全面'战略布局,无论是全国高校思想政治会议的召开,还是《关于加强和改进新形势下高校思想政治工作的意见》的颁布,都体现了国家将对青年一代的思想政治教育放在重要位置。"[①]工欲善其事,必先利其器。新时代对如今的青年提出了新的要求,当代的青年学生要"树立远大理想,热爱伟大祖国,担当时代责任,勇于砥砺奋斗,练就过硬本领,锤炼品德修为,不断提升自身素质,不

---

① 杨雅婷:《新时代高校思想政治教育问题及对策研究》,《产业与科技论坛》2021年第20期。

辜负党的期望、人民期待、民族重托，不辜负我们这个伟大时代，让青春在为祖国、为人民、为民族、为人类的奉献中焕发出更加绚丽的光彩，在实现中华民族伟大复兴中国梦的新征程上谱写更加壮丽的青春篇章"①。既然新时代对新青年的要求转变了，那么高校的育人模式也应当发生改变，要建设符合新时代的思政教育、探索出符合新时代的思政现代化道路、培育出符合新时代要求的好青年。

（一）实现"教书"和"育人"有机统一

中共中央国务院《关于加强和改进新形势下高校思想政治工作的意见》提出"全员全过程全方位育人"。其中，"全员育人"理念是指育人并非教师一人的责任，学校、社会、家庭以及学生本人都需要参与。在学校这个育人环境下，教师发挥的是主导作用，除了对教师自身的要求以外，学校育人还涉及高校的管理人员、行政人员和后勤人员等。全国大多数高校深刻认识到了这一点并做出了相应举措。

在加强高校教师队伍建设方面，国家于2018年实施"万人计划"高校名师教学培养计划，其遴选标准重点在教育教学一线工作实绩、候选人的政治和师德表现方面。在此之前，北京师范大学就把师德表现、课程教学、辅导员或班主任工作等作为教师晋升和考核的基本要求，旨在打造出一支潜心教书育人、党和人民满意的教学名师队伍。同济大学每年组织新进教师、新增研究生导师开展岗前培训。西北大学在教师招聘引进、培养发展、考核评价等各环节加强思想政治考察和师德师风考评。

在高校非教师队伍人才的培养方面，北京市率先制定加强高校党的政治建设、完善院系党建体制机制的政策举措。天津大学等高校出台加强领导班子建设意见，建立党委常委会重要议题磋商、书记和校长定期沟通等制度；北京科技大学坚持"党建进宿舍"，建立学生公寓党总支、楼层党支部、宿舍党小组；浙江工业大学以党建引领育人，依托校企党建共建，提升人才培养与社会需求的契合度。电子科

---

① 林江：《牢记总书记对新时代中国青年的要求》，《红旗文稿》2019年第10期。

技大学按照专职辅导员总数 20% 的比例设立"资深辅导员"岗位；协调落实全省公办高校专职辅导员编制，实现全省高校辅导员足额配齐。各地各高校按要求落实组织员、辅导员、思政课教师等队伍的编制配备和待遇保障。2020 年底，全国高校专兼职辅导员总数突破 20 万人，总量达到中央规定的 1∶200 配备要求。

"才者，德之资也；德者，才之帅也。"育人的根本在于立德，教师在立德树人的道路上是作为学生的镜子存在的，要想培育出符合新时代要求的新青年，教师就必须拥有高尚的人格魅力、模范的言行举止、专业的知识素养。学校、家庭、社会应该形成育人循环系统，在对学生的教育方面共同发挥作用。这些高校的举措，无疑为新时代育人了打造一个良好的开端。

（二）体现"学生为本"的办学理念

教育的对象是学生个体，因此，在德育过程中也必须体现"学生为本"的办学理念。为调动学生主体积极性，全国各大高校分别从学生自我管理、学生行为活动、学生社会实践等方面展开工作。

2021 年春，清华大学为了提升研究生德育工作助理身心健康工作专业化水平，培养一批掌握一定心理知识和团体活动技能的研究生骨干，面向全校党团班集体举办研究生朋辈训练营，通过让研究生德育工作助理学习并运用更专业的心理知识，积极促进温暖集体的建立，进而带动周边同学身心发展，充分发挥学生的自我管理、自我教育和自我服务作用，充分落实学生的德育主体地位。北京大学汇丰商学院除了在日常专业课程中融入对学生的思政教育，学院每学期至少举行四次"班会"形式的思政实践课，除了老师会对学生的思想动态进行汇报以外，学生也可上台分享对不文明现象、不道德行为的批评和建议，积极参与思政实践教育。南开大学经过一系列探索，形成了"师生同行、师生同学、师生同研、师生同讲"的"四同"社会实践创新育人模式。"四同"模式让学生在鲜活生动的实践中，充分发挥自身的积极性、创造性，强化内心的民族共同感，加深了德育的自身参与度。复旦大学为助力学生身心成长，举办心理健康教育活动，复旦大学、上海商业会计学校、上海戏剧学院分别展演了各自学校学生自编自导自演的校园心理情景剧。情景剧的内容不但呈现了大学生面临繁华喧嚣的诱惑险些自我迷失却因不忘初心而重回追梦之路的成长历程，提醒了新时代的学生要做到"不忘初心，方得始终"，而且也激发了学生对德育活动的积极性。

"任何教育只有转化为自我教育才真正达到教育的效果。德育不是去禁锢人、束缚人、约束人，而是创造条件去发展人。德育的根本目的是构筑精神支柱，培育道德智慧，发掘创造潜能。"[①] 以"学生为本"是教学的基本出发点，在德育教育中充分发挥学生主体的积极性是新育人模式的必然要求，只有协调好"教"与"学"的比例，才能真正让学生将德育内化于心、外化于行。

（三）建设"课程思政"和"思政课程"同向同行路径

实现"课程思政"和"思政课程"同向同行的前提是区分"思政课程"和"课程思政"。"思政课程"顾名思义，即高校的思想政治教育课程，仅仅是一门课程。"课程思政"是一个过程、一项举措，即将高校的课程思政化。"课程思政"不是在课程中加入政治思想就够了的，不能狭义地等同于"专业课+思政"。"课程思政"强调的是将思政元素融入教育的全过程、各方面，将世界观、人生观、价值观的教育贯穿学生的整个学习生涯。近年来，高校在"课程思政"方面做出不少努力。

浙江大学尤为重视"课程思政"的建设，从政策、教学、教师、考评等方面来推进"课程思政"建设。出台《本科课程教学质量通用标准（试行）》等文件，明确课程教学要弘扬社会主义核心价值观，将育人元素有机融入教学体系。遴选11门研究生课程开展课程思政试点，将课程思政落实到课程目标设计、教学大纲修订、教材编审选用、教案课件编写等各方面，贯穿于课堂授课、教学研讨、实验实训、作业论文各环节。在新教师入职培训、师德师风培训中设立

---

① 王荣德：《现代德育论》，中国社会科学出版社2016年版，第162页。

"课程思政"模块，开展专题培训，不断引导教师树立"育人职责人人肩负、育德使命门门落实"的意识。将课程思政建设作为学院（系）"双一流"建设、年度教学工作评价和领导班子任期目标责任制考核的重要指标，同时纳入学院（系）党建和思想政治工作考核评估体系，确保课程思政落地落细。深入挖掘课程思政建设先进典型和优秀成果，在学校党建工作主题展上专设"课程思政"栏目，充分交流课程思政经验。中山大学将德育与智育相结合，积极推动课程思政化，要求所开设课程都要落实课程思政要求，并在修订教学大纲时予以体现，重点建设"中华人民共和国对外关系""国际关系基本理论"等12门示范课。同时，中山大学持续开展"思政大讲堂"活动，紧贴当下热点问题，以深入浅出的分析，加强对学生的思想政治引领。

"课程思政"与"思政课程"能够解决学生对世界的认知问题、塑造学生的价值观，是实现"立德树人"这一任务的重要方式。在"课程思政"工作的过程中要注意课程与思政融合得很牵强的问题，这容易导致"课程是课程、思政是思政"的"课程思政"变质现象。

（四）建立德育评估体系

根据中共中央国务院印发的《深化新时代教育评价改革总体方案》第15条："完善德育评价。根据学生不同阶段身心特点，科学设计各级各类教育德育目标要求，引导学生养成良好思想道德、心理素质和行为习惯，传承红色基因，增强'四个自信'，立志听党话、跟党走，立志扎根人民、奉献国家。通过信息化等手段，探索学生、家长、教师以及社区等参与评价的有效方式，客观记录学生品行日常表现和突出表现，特别是践行社会主义核心价值观情况，将其作为学生综合素质评价的重要内容。"[①] 各大高校纷纷据此做出相应举措来完善德育评价体系。

---

① 中共中央国务院：《深化新时代教育评价改革总体方案》中发〔2020〕19号，2020年10月13日。

长安大学2018年颁布《长安大学本科生德育实践学分认定实施办法》，将学生德育成绩与学生评优评先、推优入党、推荐免试和学生毕业等切身利益相联系，开设德育工作坊，为德育成绩不合格的学生另行设置考核，考核合格者才能将上一年德育成绩记为合格。上海交通大学面向本科生设置了一套新型德育认证体系，德育认证从"个人荣誉、志愿公益、社会实践、科技创新、社会工作、文体发展"六大模块对学生进行综合评价，翔实记录了学生大学四年的德育履历，引导其在课外积极参与各类社会活动。北京理工大学有其独特的德育答辩制度，具体有三个关键环节：一年级时进行德育开题讲述规划目标；三年级时开展德育中期检视和完善规划；毕业时开展德育答辩。自2007年开始，北京理工大学就紧密围绕高校立德树人的根本任务，不断创新德育答辩工作方式方法，以培养"胸怀壮志、明德精工、创新包容、时代担当"的领军领导人才为目标，引导学生将个人理想融入中华民族伟大复兴的中国梦。西安交通大学设立唐仲英德育奖学金，用于奖励品学兼优、热心公益的优秀大学生，旨在增强青年学生"服务社会、奉献爱心"的责任感，并带动身边的人积极投身公益，助人为乐，回馈社会。

德育评价不仅是德育效果的反馈过程，也是评价者与被评价者相互了解的过程，更是运用评价对学生进行德育鼓励、促进德育发展的过程。完善德育评估体系，促进德育改革是构建新时代德育新模式的重要方案。

二 案例特征与价值

以上是国内部分高校构建新时代德育新模式的重要举措，国内高校基于对德育的理解，分别贡献了他们对于"新模式"的特色方案，大体从以下几个方面进行。一是德育的参与人员；二是德育的新方式。参与人员又分为教师和学生两部分。对于教师，大多数高校都加强了教师的师德师风建设，对于教师的道德素养有更高的要求；对思政教师的教学能力进行提升，积极促进思政教师与其他课程教师的交流，促进学科融合。在学生方面，高校积极响应国家政策，发挥学生主体作用，激发学生的积极性，让学生自我管理、自我创新。德育的新方式有很多，国内高校大多在课程思政化和德育评估机制方面进行改革创新，做出一系列对应举措，在一定程度上促进了国内德育教育的发展。

高校从教师和学生在德育过程中扮演的角色作用方面入手，符合总体教学原则中的启发性教学原则和因材施教原则，在符合传统教学规律的同时，又与新时代紧密结合，对教师、对学生都提出了新要求。在教学方式和德育实施过程方法方面，高校的这些举措有利于自身德育工作的顺利展开，帮助学生提高自身道德素养，更为实现中华民族伟大复兴提供了新鲜血液，供给了坚实的储备力量。

三 案例思考

以上案例是各大高校基于构建新时代"新育人模式"的大前提下，响应国家政策号召做出的一系列措施，目前已经取得了初步成效，但仍然暴露出一些问题，结合案例的特点，本书认为构建"新育人模式"有以下几点值得思考：

第一，在德育教育过程中，教师扮演的是主导者的角色，但在信息化的今天，学生不仅仅是从学校、从教师口中获取知识，他们不再被动地接受各种信息，他们在体验和参与中获得信息。通过互联网，学生能够全方位、多角度地获得不同领域的信息，除了不同领域的知识，多元文化的入侵，学生接触到不同的文化意识形态，树立正确的人生观愈发艰难，这无疑给教师带来了巨大的考验。

第二，高校学生的道德认知和道德行为存在不一致的现象。高校学生受到了多年的教育，具有一定的知识储备，接受知识并理解内涵的能力较强，对他们来说，理解道德规范较为轻松，但是在道德实践中践行这些道德规范却并非易事，很容易出现"知行分离"的状况。这种知行不一致的情况不仅违背了国家对青年培养的要求，还在一定程度上阻碍了青年自身的健康发展。

第三，虽然现在强调"全员育人"，学校、家庭、社会缺一不可，而这三者也确实在自身特点的基础上用特有的方式践行着育人的要求，但是三者之间的联系不密切，关联度不高，并未达到协同育人的目的。若是将三者比喻成房子，那么家庭教育是地基，为整体打下坚实的基础；学校教育是钢筋结构，它决定了整体的建造格局；社会教育是装潢设计，房子最后的收尾都仰仗它。这三者之间相辅相成、缺一不可，哪个环节出了问题，都不能建造出漂亮且坚固的房子。可是当今社会现实是家庭将教育全盘委任给学校，而学校所传授的大都是理论教育，社会实践少，解决实际问题的能力较弱，而社会教育的体制又不够健全，这就容易导致恶性循环。

第四，"课程思政"僵化，存在"课程是课程、思政是思政"、二者结合度不够的现状。各个高校基于自身学校的办学特点实施的思政化策略，并没有统一的考核标准，导致专业课教师不重视，教改方向不明确，教师自身都回答不了"课程思政是什么，怎么样进行课程思政，为什么要进行课程思政"等问题。同时没有专门的领导小组、专业的研究平台负责课程思政的对接工作，没有系统的管理，很多课程思政工作存在落实不到位的问题。

第五，目前的德育评价机制只是针对学生而言，然而德育过程却并非学生一人参与。现如今的德育评估仅仅是对学生行为的一个反馈，对学生起到正面或者负面的反馈作用，沟通与交流仅仅是在被评价主体与评价人之间存在，涵盖范围不够广泛。德育过程的全方面都应该建立评估机制，从而推动德育更好地发展。

四 案例启示

就构建"新育人模式"而言：新时代对育人提出更多的高要求，不仅要在课堂上育人，还要将培养高素养人才的目标融入各种社会实践中活动中，以确保真正实现"全员育人、全过程育人、全方位育人"。

立德树人这一总任务落实到学校教育教学活动关键在于新时代育人模式的构建。育人模式这个概念本就没有一个明晰的定义，根据结构主义功能学的观点，学校育人功能的发挥是由在一定价值导向下建构而来的育人模式主导的。在具体构建育人模式的过程中，要根据党和国家宏观教育方针政策，结合学校教育资源，系统设计学校的办学理念和办学目标。要聚焦学校教育，使其成为引领教育模式有效实施的"灵魂"主线。最后，创新育人目标，设计育人模式要素，实现"培养社会主义建设者和接班人"的基本任务。

（一）细分德育主体

教师和学生是德育的两大主要参与人员。除了这两类人员之外，还有行政人员、助教单位人员、后勤部门人员等。大学的主要任务之一是为国家培养人才，提供储备力量，学生群体无疑是教育活动的主体，而大道德知识的"教"与"学"、道德建设、德育工作等其他任务不能简单地定义为教育工作。培养人的品德、提高道德水平是新时代高校德育研究的持续、循序渐进的过程。学生群体既是德育的主体，又是道德建设的主体。作为教育工作者，无论是身处一线的专职教师，还是其他岗位的工作人员，始终受到道德教育，提高自己的道德水平，才能引领和影响学生。青年学生团体在高校德育工作中也发挥着重要作用。因此，要想有效开展高校德育工作，需要细化德育对象，在对这些对象分类之后增加工作的相关性，发挥育人目标的主体作用。

1. 细化学生群体

学生群体可以根据不同的分类标准以不同的方式细化。根据不同的教育水平可以分为本科、研究生和博士研究生。每个组可以按年级进一步细分，特别是本科生中的大一学生和大四学生，两组的学生差异很大。因此，德育工作需要针对不同的学生群体采取不同的工作方式，注重分层分类指导教育。总的来说，青年学生的敏感性很强，他们将道德要求和规范融入各种形式的主题和实践活动中，在更加直观和感性的环境中进行道德积极的感知，在进一步的道德实践中促进身份认同，将道德感知内化为自己的道德能力。

2. 细化教师群体

教师群体还可以分为不同的群体。根据课程所属范畴分为专业课教师、公共课教师、辅导员教师等。教师的工作是塑造人的灵魂，教师的思想品德素质直接关系到教育的质量和影响。近年来，党和国家出台了一系列的政策、颁布了一系列的相关文件，始终表现出对师德的重视和关注。好的老师要为学生树立好榜样，以身作则，从自己做起。从小学到大学，学生都会不自觉地模仿老师的言行，要想培育出道德品质优良的学生，教师必须通过道德的考验。不同的教师群体影响和塑造学生的不同方面的品德，故而教师群体的德育工作应该也要基于不同的教师类别来进行。只有提高教师的道德素养才能提高整体的德育水平，才能在学生德育工作中产生同样的定向叠加效应。在高校，专业课教师无疑代表了与学生接触较多、学生最信任的教师群体，因此，针对专业课教师的德育工作，提高其师德建设的整体效果具有重要的价值和意义。国家教育振兴发展需要高校大力培养出一支师德高尚、业务精湛、结构合理、充满活力的专业的、优秀的教师队伍。专业课教师往往具有良好的学术背景、专业的思想训练和特定领域的深厚理论知识，这就要求专业课教师的德育工作更加理性。不仅要为学生提供信息，而且要在道德层面教育他们。德育工作的成效在很大程度上取决于德育内容在逻辑和理论方面的说服力，这也对高校教师和负责德育工作的教师的工作部门提出了更高的要求。让教师以德立身、以德立学、以德施教、以德育德，统筹兼顾德与学。

（二）构建"知行合一"协同育人模式

"知行合一"是对学生群体提出的要求。对于道德规范，学生不仅要对其有一个清晰的认知，更要贯彻于社会实践之中。

"知行合一"的"知"是指高校需要拥有更高的教育水平，要求学生努力学习各种文化知识，提高德育水平，获得现代先进的科学技术知识。事实证明，科学技术是主要生产力。自人类诞生以来，社会生产力逐步提高，这与科学技术的发展密不可分。人类社会从农业时代进入蒸汽时代，再到电力时代，再到现代信息时代，这一切都是在科学技术的推动下演进的。因此，科学技术一旦应用到生产中，对社会和人的影响是不可估量的。新时代的学生必须学习人类已有的最先进的科学和技术，并用理论武装自身的头脑，必须做到有针对性有目的性地学习。每所高校和政府都应该重视知识的作用。当然，在理解了科学知识、掌握了科学技术之后，还涉及道德问题。科技的不正当使用会给人类带来无尽的伤害，只有在道德的支持下，知识才能发挥良好的作用。

"知行合一"的"行"是指新时代大学生必须将所掌握的知识付诸实践。学校和教师应该为学生提供良好的实践机会和条件，学校和企业需要有效协调。除了校企协调外，学生自己也要注意多加实践。无论是实习还是工作，都必须认真对待。事实上，这是一个创新的过程。首先，学生需要改变想法。在实践"知行合一"的过程中，要鼓励学生打破常规，勇于争先，不落俗套，不要害怕提出问题，勇于开拓和创新。此外，要特别注意学生个性的揭示，使他们能够在广泛的生活实践中发现并更新知识。其次，学生要培养完美健康的人格。很多学生性格内向，与外界沟通能力差，无法有效表达自己的看法和想法，久而久之便丧失了创新的能力。为了避免这一现象发生，必须将学生封闭的性格转变为开放包容的心态，培养其独立思考的习惯，不能将依赖他人当成是解决问题的办法，不要总是胆小怕事，做事情要有克服困难的决心和勇气，要有社会责任感和创新责任感。这样才能发挥创新人才的作用。

（三）健全管理和运行机制

改革开放以来，我国的课程改革由最初的实验阶段转变为全面实施阶段，由最初的学科本位转变为现在的德、智、体、美、劳全面发展，由最初的教师灌输式传授转变为现在的学生主动学习，由最初的课程内容老旧到现在的紧跟时事。时代在发展，社会在进步，进入新时代以来，课程思政化被提出并在课程改革中占重要地位，德育走进了人们的视野，变得愈发重要，德育管理和运行机制亟待完善。

1. 构建跨学科协同育人课程

无论是不同学科课程、同一学科不同课程，还是同一门课程的不同章节，它们之间一定有着内在的联系。课程思政要从这些联系入手，将思想政治的构建贯穿于每一门课程之中。对于与思想政治联系得并不那么密切的部分学科或是部分章节，在课程思政化的过程中就要做到各有侧重，这样才能互相呼应、相互印证，获得 1+1>2 的效果。课程思政化的过程可以看成一个圈层结构，最核心的部分是各学科的思政精品课程，由核心带动外层的课程，以点带面，从而实现思政课程全面覆盖到各学科领域。

一是加强课程各章节教育思想政治资源的统筹协调，实现以牺牲非重点章节为代价的重点章节的辐射。准确识别课程重点章节的思想政治要素，包括习近平新时代中国特色社会主义思想和中国梦、社会主义核心价值观、宪法、汉语学习、中华优秀传统文化、劳动、职业理想和职业道德、心理健康等，并将这些思想政治教育资源精准有机地整合到课程内容和体系结构中，形成隐性思想政治教育的样板篇章。通过对这些重点论证章节的梳理，将课程的思想政治内容贯穿于各个非重点章节，理顺课程本身的思想政治逻辑、整个课程的政治结构，从而实现思想政治教育全面化。

二是加强同一学科不同课程之间的合作，打造示范课程中心圈，由内圈影响外圈，带动次重点课程和非重点课程的思想政治建设。同一学科的公共基础课、专业课和实践课在示范课中分类培养，示范课的推出将带动其他同类课程的创建。还可以细分为公共课中的重点课和特色课，专业课中的必修课和选修课，实践课中的专业实验实践课、创新与创新教育课、创业与社会实践课等。同时，开展学生思想政治体制改革试点，进行课程教育目标制定、课程修订、教材选编和修订、教案和教材编写等方面的改革，建设其他同类课程，加快学科所有课程的改革。

三是加强不同学科之间的协同作用，发挥一流学科的作用，促进课程之间的融合与发展。一方面，要加强专业课程和思政课程的协调，特别是要重点加强一流学科专业课程和思政课程的协调。避免思政课程和专业课程之间产生内部矛盾从而产生"思政是思政、课程是课程"的现象，更好地发挥专业课的隐性育人作用，为其他学科领域的思想政治建设提供典型范例。另一方面，要加强基础学科与应用领域的协同，结合各学科特点，整合思想政治教育要素，防止思想政治教育与应用学科之间脱节现象的产生，防止两个学科之间自相矛盾，阻碍思想政治教育资源的再利用。

2. 完善德育考评制度

如今各大高校对学生的德育采取反馈考评的制度，但是对整体的德育过程、德育效果并没有一个完整的规范体系。首先，在学校层面，评估的指标应该包括德育过程如何系统化地实施以及德育效果的反馈情况。其次，在院系层面，评估应当包括组织领导、学生的教育管理以及分团委的建设工作等。最后，在学生层面，对学生的品行进行评估。学生的品德评估各大高校已经做出了一系列措施，这里主要介绍前两个层面。

一是建立和优化课程反馈信息系统。可以采用外部管理者模式，让外部管理者参与教育教学监控和课程反馈系统的建设，对现有系统进行完善，教育信息的不断扩展反馈到系统进而对系统进行优化，形成一个循环，以激发学生监督员和管理员的积极性，减少反馈不准确的情况。学习管理部门还应告知老师教学的实际反馈，以便老师及时调整上课方式。

二是建立检查制度。将学校校长、系主任、教研室主任、部分教师等作为指导委员会的成员，定期检查教师育人课程的发展进程，特别是培训计划、课程的执行情况、学期目标和面授课程等，核对并最终将结果上报给学习管理部门和教师，让他们总结反思，进一步改革和优化育人工作。

三是建立评价体系和奖惩机制。该机制的创建要以高校课程评价指标为依据，对整个教育过程进行评价，可以通过最高评价、学生评价、同行评价、上级评价等方式进行评估，以确保结果的公平性和客观性。除了对教师教学效果的精准评估,教师和学生之间的个体差异也必须在整个过程中体现出来,以实现全面发展。在奖惩方面,可将考核结果与教师业绩挂钩,或设立专项奖励基金,调动教师的积极性和创造性。

四是建立专业课和思政课教师相互交流体系。思政课教师和专业课教师的共同任务就是将学生培育为在理论和道德方面都具有高水平的新时代好青年。因此不同专业的教师必须定期进行交流和交流,定期举办科学会议、专题讨论会等,相互分享教育信息和经验。

参考文献

白翠红：《高校德育思维方式发展研究》，中山大学出版社2018年版。
陈桂生：《中国德育问题》，福建教育出版社2006年版。
陈娟：《信息技术与课程教学深度融合研究》，中国铁道出版社2017年版。
陈友松主编：《当代西方教育哲学》，教育科学出版社1982年版。
陈中建：《高校德育系统工程研究》，南京师范大学出版社2015年版。
陈中立、林振义、倪健民：《思维方式与社会发展》，社会科学文献出版社2001年版。
董刚：《新时期高校德育工作新机制研究》，电子科技大学出版社2009年版。
冯刚、张晓平、苏洁主编：《中国共产党高校思想政治教育发展史》，人民出版社2021年版。
冯建军：《当代主体教育论》，江苏教育出版社2004年版。
冯增俊：《当代西方学校道德教育》，广东教育出版社1993年版。
高德胜：《道德教育的时代遭遇》，教育科学出版社2008年版。
高德胜：《生活德育论》，人民出版社2005年版。
桂捷：《高校德育与心理健康教育研究》，东北大学出版社2018年版。
郭金鸿：《道德责任论》，人民出版社2008年版。
韩玲：《红色文化涵育社会主义核心价值观研究》，人民出版社2020年版。
胡树强、吴满意等：《大学生社会实践教育理论与方法》，人民出版社

2010年版。

霍福广、刘社欣等：《信息德育论》，人民出版社2008年版。

李刁：《"互联网+"时代高校德育实践创新研究》，华中师范大学出版社2019年版。

李红革：《现代思维模式研究》，湖南人民出版社2009年版。

李辉等：《大学生环境适应优化理论与方法》，人民出版社2010年版。

李辉：《现代思想政治教育环境研究》，广东人民出版社2005年版。

李景田、张恒山等：《中国特色社会主义制度中的政治法律建设》，人民出版社2019年版。

李敏：《大学生思想政治教育理论探索与实践育人体系建设研究》，中国水利水电出版社2016年版。

联合国教科文国际教育发展委员会：《学会生存》，教育科学出版社1996年版。

刘宏达、万美容等：《高校思想政治工作前沿问题研究》，人民出版社2019年版。

刘建军、曹一建：《思想理论教育原理新探》，高等教育出版社2006年版。

刘俊杰：《社会主义国家治理》，人民出版社2018年版。

刘庆昌：《教育思维论》，广东教育出版社2006年版。

刘书林主编：《思想道德修养：教师用书》，清华大学出版社2002年版。

刘小新等：《当代大学生主导价值观研究》，首都师范大学出版社2005年版。

刘忠孝、陈桂芝、刘金莹主编：《高校德育论》，黑龙江人民出版社2019年版。

刘卓红、钟明华等：《开放德育论：大学生思想政治教育继承借鉴与批判创新研究》，人民出版社2008年版。

刘祖云主编：《发展社会学》，高等教育出版社2002年版。

陆有铨：《躁动的百年——20世纪的教育历程》，山东教育出版社

1997年版。

骆郁廷主编：《高校思想政治理论课程论》，武汉大学出版社2006年版。

马建青：《心理卫生与心理咨询论丛》，浙江大学出版社2004年版。

苗丽芬：《大学生日常思想政治教育实效性研究》，高等教育出版社2009年版。

潘懋元：《高等教育学讲座》，人民教育出版社1993年版。

戚万学、唐汉卫编：《现代道德教育专题研究》，教育科学出版社2005年版。

邱伟光、张耀灿主编：《思想政治教育学原理》，高等教育出版社1999年版。

全国教育委员会：《中国普通高校德育大纲（试行）》，1995年版。

桑青松、江芳、王贤进：《学习策略的原理与实践》，安徽教育出版社2006年版。

沈壮海：《思想政治教育有效性研究》，武汉大学出版社2008年版。

石书臣：《主导论：多元文化背景下的高校德育主导性研究》，人民出版社2011年版。

苏振芳主编：《思想政治教育学》，社会科学文献出版社2006年版。

涂子沛：《大数据：正在到来的数据革命，以及它如何改变政府、商业与我们的生活》，广西师范大学出版社2015年版。

王道俊、郭文安主编：《教育学》，人民出版社2009年版。

王荣德：《现代德育论》，中国社会科学出版社2016年版。

王仕民：《德育文化论》，中山大学出版社2007年版。

魏贤超主编：《现代德育理论与实践》，杭州大学出版社1994年版。

徐大同主编：《20世纪西方政治思潮》，天津人民出版社1991年版。

徐涌金主编：《大学生素质教育教程》，中国标准出版社2008年版。

杨维、刘苍劲等：《素质德育论：大学生的现代适应与综合素质培养研究》，人民出版社2008年版。

于丹：《于丹〈论语〉心得》，中华书局2006年版。

岳澎、黄解宇主编:《现代组织理论》,中国农业大学出版社 2010 年版。

张雷声主编:《新时期思想政治理论课教学方法探讨》,高等教育出版社 2006 年版。

张鑫主编:《语言表达能力训练》,西南交通大学出版社 2011 年版。

郑永廷、江传月等:《主导德育论:大学生思想政治教育一元主导与多样发展研究》,人民出版社 2008 年版。

郑永廷、张彦:《德育发展研究:面向 21 世纪中国高校德育探索》,人民出版社 2006 年版。

郑永廷:《现代思想道德教育理论与方法》,广东高等教育出版社 2000 年版。

朱清时主编,徐迅雷编:《现代大学校长文丛·梅贻琦卷》,安徽教育出版社 2015 年版。

朱永新:《新教育之梦》,人民教育出版社 2002 年版。

[德] 赫尔巴特:《普通教育学、教育学讲授纲要》,李其龙译,浙江教育出版社 2002 年版。

[德] 黑格尔:《哲学史讲演录》,贺麟、王太庆译,商务印书馆 2017 年版。

[法] 爱尔维修:《论人的理智能力及其教育》,汪功伟译,上海三联书店 2021 年版。

[美] J. 莱夫、E. 温格:《情景学习:合法的边缘性参与》,王文静译,华东师范大学出版社 2004 年版。

[美] 伯顿·R. 克拉克:《探究的场所:现代大学的科研和研究生教育》,王承旭译,浙江教育出版社 2001 年版。

[美] 华生:《行为主义》,李维译,北京大学出版社 2012 年版。

[美] 拉瑞·P. 纳希:《道德领域中的教育》,刘春琼、解光夫译,黑龙江人民出版社 2003 年版。

[美] 理查德·哈什等:《道德教育模式》,傅维利等译,学术期刊出版社 1989 年版。

［美］麦金太尔：《追求美德——伦理理论研究》，宋继杰译，译林出版社 2003 年版。

［美］沃尔特·惠特曼：《草叶集》，邹仲之译，上海译文出版社 2015 年版。

［美］约翰·杜威：《我的教育信条》，彭正梅译，上海人民出版社 2017 年版。

［美］约翰·罗尔斯：《正义论》，何怀宏、何包钢、廖申白译，中国社会科学出版社 2009 年版。

［美］珍妮特·沃斯、［新西兰］戈登·德莱顿：《学习的革命》，顾瑞荣等译，上海三联书店 1998 年版。

［苏］瓦·阿·霍姆林斯基：《和青年校长的谈话》，赵玮译，上海教育出版社 1983 年版。

曹政、任少波：《论德育共同体的内生性、协同性与生态性》，《浙江社会科学》2020 年第 12 期。

陈龙国：《新媒体环境下高校德育创新研究》，《社会科学家》2014 年第 4 期。

陈玮：《在个体善和城邦善之间——亚里士多德论伦理学和政治学》，《浙江社会科学》2016 年第 7 期。

陈勇、贾蓉：《生态位视域下高校班主任德育工作的检视与反思》，《文教资料》2020 年第 34 期。

戴锐：《思想政治教育生态论》，《理论与改革》2007 年第 2 期。

邓振军：《个体性与共同善：格林的财产权话语》，《学术研究》2016 年第 12 期。

邓振军：《自由和共同善：格林的国家话语》，《浙江学刊》2016 年第 6 期。

钭利珍：《浅论高校思想政治理论课青年教师的自我培养与成才》，《现代教育科学》2007 年第 7 期。

杜晓平、毛宗福：《大学生思想政治教育融汇式教学实践探究》，《学校党建与思想教育》2018 年第 14 期。

段阳：《基于叙事疗法的高校思想政治教育工作研究》，《经济师》2021年第2期。

范树成、李海：《当代西方国家德育模式与方法的人本化趋势》，《外国教育研究》2006年第10期。

高宝全、王炜、吕平等：《高校大学生德育答辩工作的实践探索》，《绥化学院学报》2020年第12期。

高正荣：《论道德教育生态环境》，《中共福建省委党校学报》2002年第8期。

龚浩然：《П.С.维果茨基关于高级心理机能的理论》，《心理学报》1985年第1期。

郭雪：《自媒体时代高校思想政治教育面临的问题及对策》，《中共云南省委党校学报》2018年第5期。

郝立杰：《新媒体环境下高校德育的机遇、挑战及路径》，《高教学刊》2017年第23期。

贺路智：《〈新民说〉中私德的重新定位》，《青年时代》2019年第5期。

黄洪霖、程琳：《学校德育从集体主义到共同体精神的实践演进》，《教学与管理》2021年第1期。

靳芳卉：《高校校园媒体对高校德育工作的影响及其建设探讨》，《产业与科技论坛》2021年第2期。

寇杪：《"互联网+"时代高校德育实践挑战与应对》，《教育评论》2020年第1期。

李海霞：《国外教育技术主要研究内容及成效分析》，《内蒙古财经大学学报》2017年第3期。

李洪修、张晓娟：《大学"学习共同体"的实践困境》，《江苏高教》2015年第5期。

李慧玲、孟亚：《构筑道德共同体：高校德育生存状态的转向》，《重庆广播电视大学学报》2018年第2期。

李建华：《论道德情感培育的目标指向》，《常德师范学院学报》（社会科学版）2000 年第 3 期。

李静：《互联网时代高校思想政治教育工作创新探索》，《产业与科技论坛》2021 年第 4 期。

李明汉：《建构主义学习观与主体性德育模式》，《教育导刊》2003 年第 11 期。

李文斌：《班级德育建设策略新探》，《科学咨询（教育科研）》2020 年第 1 期。

李炫欣：《红色文化在高校思想政治教育中的时代价值、现实困境与实现路径》，《边疆经济与文化》2021 年第 11 期。

林江：《牢记总书记对新时代中国青年的要求》，《红旗文稿》2019 年第 10 期。

刘成立、王立仁：《人本观照下高校校园文化活动育人模式的构建》，《东北师大学报》（哲学社会科学版）2014 年第 2 期。

刘克方：《5G 时代高校思想政治教育面临的机遇和挑战》，《就业与保障》2020 年第 17 期。

楼艳、郭立群：《构建高校德育共同体：教育生态学的视角》，《国家教育行政学院学报》2021 年第 3 期。

楼艳：《德育共同体视角下高校思想政治教育协同育人机制探究》，《学校党建与思想教育》2020 年第 11 期。

卢飞霞、顾淑霞、王璐莎：《德育共同体视角下培养大学生家国情怀就业观的路径研究》，《中国大学生就业》2020 年第 20 期。

卢飞霞：《统筹推进高校德育问题研究》，《高校辅导员》2021 年第 2 期。

卢俊豪：《共同体感与道德赋能——论共同善的情感基础与实践机制》，《道德与文明》2020 年第 3 期。

卢兆美：《如何构建学校德育与学科德育共同体》，《教书育人》2020 年第 25 期。

鲁洁：《道德教育：一种超越》，《中国教育学刊》1994 年第 6 期。

吕成祯、任少波：《德育共同体：内涵、特征与时代使命》，《国家教育行政学院学报》2018年第4期。

马昌群:《人类命运共同体视域下的德育追求》,《中学政治教学参考》2020年第9期。

慕惠君:《新时期加强高校德育工作的思考》,《巢湖学院学报》2005年第4期。

彭巧胤、谢相勋:《再论第二课堂与第一课堂的关系》,《学校党建和思想教育》2011年第14期。

戚万学、唐汉卫:《以人为本的道德和以学生为本的道德教育》,《中国教育学刊》2003年第1期。

邱柏生:《要重视研究思想政治教育的生态环境》,《学校党建与思想教育》2004年第5期。

任少波、单珏慧:《构建基于"知识共同体"的"德育共同体"——高等学校立德树人的二维耦合》,《教育研究》2019年第7期。

任少波、吕成祯:《德育共同体:中国特色社会主义大学的新认知》,《浙江大学学报》(人文社会科学版)2019年第5期。

宋辉:《新时代高校德育工作的现状及其对策》,《中北大学学报》(社会科学版)2021年第3期。

苏静:《构建中学德育共同体的方法和策略》,《教育实践与研究》2020年第2期。

孙冬青:《高校校园文化活动的隐性德育功能探析》,《河南工业大学学报》(社会科学版)2016年第2期。

孙进:《浅析费尔巴哈人本主义思想》,《法制博览》2019年第9期。

檀传宝、陈国清:《改革开放40年我国德育学科建设的探索与进步》,《中国教育学刊》2018年第10期。

唐涛、陈中建:《个性·权力·传统:哈贝马斯面向生活世界的道德反思》,《求索》2013年第6期。

陶银鹦:《新时代下创新高校德育实效性的对策研究》,《知识经济》2018年第6期。

王丰林:《重构智育与德育平衡,打造班级共同体》,《教学管理与教育研究》2020 年第 14 期。

王海晗：《论梁启超"新民说"与鲁迅"立人"思想之关联》，《绍兴文理学院学报》（人文社会科学）2019 年第 1 期。

王海宁：《高校辅导员队伍专业化职业化建设的现实审视与优化路径——基于全国 4000 余名高校辅导员的问卷调查》，《思想教育研究》2020 年第 12 期。

王向华：《论大学的道德责任》，《教育研究》2018 年第 1 期。

王艳：《大学生道德情感的生成与涵育》，《高校辅导员学刊》2012 年第 2 期。

王云涛：《当代大学生践行社会主义核心价值观的接受学解读》，《思想教育研究》2013 年第 6 期。

王兆珍：《开发德育潜在课程：当今高校德育新的突破口》，《教育理论与实践》2005 年第 2 期。

危晓燕：《理解新时代高校德育工作的三重维度》，《学校党建与思想教育》2020 年第 7 期。

习近平：《思政课是落实立德树人根本任务的关键课程》，《求是》2020 年第 17 期。

习近平：《在庆祝中国共产党成立 100 周年大会上的讲话》，《求是》2021 年第 14 期。

习近平：《增强推进党的政治建设的自觉性和坚定性》，《求是》2019 年第 14 期。

肖苗：《网络直播对高校德育工作的影响与启示》，《电脑知识与技术》2020 年第 35 期。

徐凯：《优秀传统文化传承与高校德育效果提升融合互促路径探索》，《高教学刊》2021 年第 4 期。

徐锡叶：《思想政治教育价值取向新论》，《成人教育》2014 年第 8 期。

杨晟颢、尚春江、郑雅茜：《新时代优化中华优秀传统文化融入大学生思想政治教育路径探究》，《教育教学论坛》2019 年第 5 期。

杨薇：《网络环境下中职德育工作的创新分析》，《网络安全技术与应用》2021年第4期。

杨雅婷：《新时代高校思想政治教育问题及对策研究》，《产业与科技论坛》2021年第20期。

张初平：《学校德育工作的思路与方法》，《教师教育论坛》2015年第12期。

张丹：《浅谈罗杰斯人本主义理论在高校思想政治教育中的运用》，《教育教学论坛》2018年第23期。

张国民、郝志杰、李扬：《论立德树人是高等教育的根本任务》，《山西高等学校社会科学学报》2013年第6期。

张俭民、董泽芳：《对话德育：高校传统德育的困境与超越》，《教育科学》2017年第2期。

张睿、吴志鹏、黄枫岚：《"00后"大学生的思想观念及行为倾向研究》，《思想理论教育》2021年第6期。

张彤：《胡塞尔的生活世界学说 对欧洲科学危机问题的思考》，《北方论丛》2011年第5期。

张展、周琪超：《基于"00后"大学生的德育实效性研究》，《学校党建与思想教育》2021年第4期。

赵德乔、陈悦：《新媒体时代高校思想政治教育面临的问题及对策研究》，《文化创新比较研究》2021年第8期。

赵莉雅：《理性看待信息技术对学科教学的影响》，《中国信息技术教育》2021年第1期。

赵颖、姚斌：《大学生心理健康水平的发展趋势研究》，《中国医学伦理学》2017年第4期。

智倩玉：《梁启超〈新民说〉研读综述》，《北方文学》2019第18期。

周光迅、张卫东：《美国高校德育的多维度透视》，《学校党建与思想教育》1996年第2期。

周庆元、黄耀红：《走向课堂的生态和谐》，《高等教育研究》2008年第 3 期。

朱淑敏：《德育回归生活，实践助力成长——生活德育师生发展共同体研究》，《华夏教师》2020 年第 5 期。

左殿升、张莉、冯锡童：《新中国成立 70 年来高校德育的发展进程及启示》，《学校党建与思想教育》2019 年第 19 期。

曹立中：《研究生德育创新研究》，硕士学位论文，华中师范大学，2012 年。

管甜甜：《青少年德育教育创新研究》，硕士学位论文，信阳师范学院，2014 年。

何柳珊：《高中地理课程思政实践及其对学生价值观的影响研究——以佛山市西樵高级中学为例》，硕士学位论文，海南师范大学，2020 年。

李刁：《"互联网＋"时代高校德育实践创新研究》，博士学位论文，华中师范大学，2017 年。

李海燕：《基于网络媒介的高校辅导员德育工作创新研究》，硕士学位论文，辽宁大学，2012 年。

李琳：《全球化背景下中国德育内容的创新》，硕士学位论文，河北师范大学，2010 年。

刘羽薇：《我国高等学校德育目标发展与创新研究》，硕士学位论文，兰州大学，2010 年。

罗静：《高中思想政治课故事化教学实验研究》，硕士学位论文，贵州师范大学，2020 年。

彭庆：《创新人才培养视阈下的大学德育》，硕士学位论文，河南理工大学，2012 年。

吴同发：《新媒体环境下高校德育创新研究》，硕士学位论文，青岛理工大学，2016 年。

吴珍婷：《班级德育生态问题及对策研究》，硕士学位论文，杭州师范大学，2020 年。

杨金铭：《高校德育现代化研究》，博士学位论文，哈尔滨师范大学，

2017年。

余霞:《中学创新人才成长的德育环境及其优化路径研究》,硕士学位论文,华中师范大学,2017年。

郑元洁:《关于创新德育的思考》,硕士学位论文,首都师范大学,2007年。

朱家安:《德育生态论》,博士学位论文,华中师范大学,2008年。

竺丽英:《以实验为基础的高中化学教学设计》,硕士学位论文,浙江师范大学,2005年。

李志楠:《基于大学生自主发展特征的高校德育创新研究》,辽宁省高等教育学会2017年学术年会,沈阳,2018年4月。

郝德永:《"会教书""教好书"还不够——做好老师的学问》,《光明日报》2019年8月27日。

沈壮海、刘灿:《中国式现代化的鲜明特征(观察者说)》,《人民日报》2021年4月16日。

武贵龙:《奏响"三全育人"最强音》,《光明日报》2019年2月26日。

朱永新:《破除"重智轻德"呼唤新德育》,《中国青年报》2020年11月2日。

后　　记

　　高校立身之本在于立德树人，立德树人之本在于育德。古今中外，德育兼有，尤其是在根植于五千年文明史的中华大地上，有关"德"的观念更是深入人心。近年来，德育范畴与时俱进，不断丰富，德育战略地位不断提高，教育界更是将德育与智育相提并论。当前，我国正处于中华民族伟大复兴战略全局和世界百年未有之大变局的同步交织的新时代背景下，中华民族伟大复兴的历史使命需要一代代全面发展，锐意进取的青年人不断努力，奋勇拼搏。在这样的发展关键期，如何把握时代脉搏、迎接高校德育工作面临的挑战，如何把握德育发展规律、培养全面发展能当大任的时代新人，如何坚定理想信念、巩固马克思主义意识形态的地位，如何发展德育、开展育德、继承和弘扬中华传统文化，是高校德育工作者需要解决的重大问题。

　　近年来，我一直坚守在学生工作第一线，与学生齐奋斗、同进步、共发展。在基层工作岗位上，迎来了一批批朝气蓬勃的新生，他们的成长进步令我感到喜悦和满足，也见证了一届届毕业生走出校园迈向社会，他们的成人成才让我收获幸福和自豪。但复杂的基层工作和措手不及的突发事件也时常令人身心俱疲。一时灵光乍现，萌生了好的想法，还未落笔，就又湮没在琐碎的事务中了；每每结束一天工作归家，疲乏得连书本都不愿触碰，更别提思考和写作了。回顾学生工作的点点滴滴，回想思考、提笔、写作的无数深夜，回望途中情绪畏难、内心动摇到自我调整、思想坚定、持之以恒……途中艰辛如人饮水，冷暖自知，唯有初心不忘，咬牙坚持。

研究与写作赋予我的快乐于我而言又是无法言语的。在此漫漫征程中，我有幸得到恩师、领导、朋友、家人的支持与鼓励，也有幸结识了一些给予我帮助的有缘人。因此感激之情一直萦绕心间。

感谢西南科技大学肖素梅教授、陈清贵教授对本书出版给予的大力支持。感谢四川文化艺术学院董事长兼校长龚珍旭博士、耿纪朋教授、柯小杰教授、焦虎三研究员对研究提出的宝贵意见和建议。

西南科技大学硕士研究生王美娅、陈瀚胤、纪雪霏、程杰、王文洁、李丹、蒲吉、李轩逸、詹慧欣参与了本书部分章节的撰写，并为本书的研究资料整理和校对工作付出了大量辛勤劳动。

小书草成，阶段性的研究也将画上圆满的句号，但学习、研究、实践却是永无止境的。我将带着问题意识和研究意识去工作，紧密结合实践，勤思善学，争取能够以更宽阔的视野，站在更高的高度，采取更科学的方法来指导实践、开展工作，培育新人。

本书由王静统稿定稿，在书稿的写作过程中，研究团队成员参考了大量的研究资料和相关著作，虽经过多次增删和修订，但深知理论研究永无止境，实践方能出真知，仍有许多新认识，新思考未能一一说明。由于作者知识水平有限且时间仓促，书中不免存在一些疏漏和不足，真诚希望学界各位前辈、同仁和广大读者朋友批评指正。

作者

2022 年 1 月 8 日